Helga Tiscenko
Erdbeeren mit dem Führer

Das Buch:
Helga Tiscenkos Vater, Hermann Höfle, steigt unter Adolf Hitler zum General der Waffen-SS auf. Nach dem Krieg wird er 1947 in der Tschechoslowakei hingerichtet. Die Beschäftigung mit der Vergangenheit ihrer geliebten Eltern führt in ihrer Autobiografie zu einer Auseinandersetzung mit den eigenen vom NS-Regime geprägten Kindheitsidealen. Ein weiteres Kapitel im ungewöhnlichen Leben der Helga Tiscenko ist 1951 die Auswanderung nach Neuseeland, wo sie und ihr russischer Ehemann Nick als „Pioniere" in die fremdartige Umgebung einer nur durch Wasserkraftenergie versorgten Gemeinde auf der Südinsel geschickt werden.
Nach seiner Veröffentlichung 2000 schaffte es das Buch innerhalb kurzer Zeit auf Platz 1 der neuseeländischen Bestsellerliste.
Ebenfalls unter dem Titel „Strawberries with the Führer" drehte die neuseeländische Filmemacherin Amy O'Connor 2011 einen 30-minütigen Dokumentarfilm über Helga Tiscenko.
Internet: www.strawberrieswiththefuhrer.com

Die Autorin:
Helga Tiscenko, 1929 in München geboren, wuchs als behütete Tochter in einem fanatisch nationalsozialistischen Elternhaus auf. Ihr Vater Hermann Höfle, General der Waffen-SS, wurde 1947 in Bratislava hingerichtet. 1951 wanderte Helga Tiscenko gemeinsam mit ihrem russischen Ehemann Nick nach Neuseeland aus, wo sie aus der Distanz von mehreren Jahrzehnten und einigen tausend Kilometern ihre Autobiografie verfasste.

Helga Tiscenko
Erdbeeren mit dem Führer
Vom Dritten Reich nach Neuseeland

Autobiografie

Deutsch von
Katja Mollenhauer und Claudia Ziegler

MANA-Verlag

Die Originalausgabe erschien 2000 unter dem Titel »Strawberries
with the Führer« bei Shoal Bay Press Ltd (NZ), © Helga Tiscenko
© 2012 MANA-Verlag, Berlin
2. Ausgabe, 1. Auflage
Satz und Layout: MANA-Verlag
Umschlaggestaltung: MANA-Verlag, Jürgen Boldt
Druck und Bindung: Aalexx, Großburgwedel, Deutschland, EU
ISBN 978-3-934031-21-0
Titelbild: Tiscenko

Widmung

*Für unsere Kinder und deren Ehepartner
Michael und Amanda, Sonja und Richard,
Katerina und Mark und unseren Enkelkindern
Tatjana und Ruby.
Sie sind die Zukunft.*

*Und in liebender Erinnerung an
Hermann und Elisabeth.
Sie sind die Vergangenheit.*

Hinweise der Autorin

Danksagung
Ich bedanke mich bei meiner Freundin Dietlind Grundberger und meinem Verleger Hartmut Jäcksch für ihre Hilfe bei der deutschen Ausgabe meines Buches, bei Owen Marshall, Anna Rogers und David Elworthy, durch deren Hilfe die neuseeländische Ausgabe ermöglicht wurde, und bei Nick, meinem treuen Ehemann.

Persönlichkeitsrecht
Einige Personen wurden nicht erwähnt bzw. Namen wurden geändert, um das Persönlichkeitsrecht zu wahren.

Hinweis
Mein Vater Hermann Johann Mathäus Höfle wurde am 12. September 1898 in Augsburg geboren und am 9. Dezember 1947 in Bratislava hingerichtet.

Inhaltsverzeichnis

Prolog	8
Anfänge	10
Großeltern	21
Berlin	29
Vor dem Krieg	36
Der Krieg	41
Zakopane	46
Garmisch	50
München	57
Erika	61
Bad Harzburg	69
Glücklichere Zeiten	79
Erwachsenwerden	83
Der Anfang vom Ende	91
Die Flucht	95
Dachau	104
Die letzten Tage im Dritten Reich	107
Kreuth	112
Unter Besatzung	116
Das Mottenschloss	124
Die Prinzessin	128
Schwere Zeiten	132
Mein Vater	142
Nachkriegsjahre in München	151
Die Kalmücken	163
Nick	169
Die Emigration	175
Nummer 169	179
Ankunft in Neuseeland	183
Die Zeit in Pahiatua	189
Roxburgh	197
Die Lehrjahre	208
Michael	217
Stratford	224
Nachtrag 1	234
Nachtrag 2	236

Prolog

Ich sitze auf der Terrasse. Es ist ein friedlicher Sommerabend. Die letzten Sonnenstrahlen schimmern durch die Bäume und malen goldene Streifen auf die Wiese. Indi, unser altes Pony, steht zufrieden und verträumt neben dem Wassertrog. Auch ich träume und bin zufrieden. Das Schicksal war mir wohlgesinnt.

Mein Leben war gut. Jeden Tag, den ich in meiner Wahlheimat Neuseeland genießen kann, empfinde ich als Geschenk. Jetzt gehöre ich hierher. Die Zeit des Heimwehs nach Deutschland liegt hinter mir. Was bleibt, ist die Liebe zu dem Land meiner Vorfahren und meiner Kindheit. Sie wird bereichert durch die Liebe zu Neuseeland, der Heimat meiner Kinder, die hier aufgewachsen sind. Was bleibt, ist auch die Erinnerung an das, was war. Die Erinnerung ist in mir. Sie ist lebendig und immer gegenwärtig.

Nun, hier ist meine Geschichte. Sie soll weder eine Chronik meiner Kindheit im Dritten Reich sein noch eine genaue Beschreibung der Nachkriegszeit oder der ersten Jahre als Emigrantin in Neuseeland. Ich habe keine Tagebücher geführt.

In meiner Geschichte erinnere ich mich an Ereignisse, die ich vor langer Zeit erlebte und ich beschreibe, was ich damals empfand und wie ich heute darüber denke.

Es ist mir nicht leicht gefallen. Viele schmerzvolle Erinnerungen musste ich nochmals durchleben und ich musste mich mit den Idealen meiner Jugendzeit auseinander setzen.

So viele Jahre hatte ich die Vergangenheit hinter einer fest verschlossenen Tür in meinem Gedächtnis bewahrt. Es war besser so gewesen. Es war besser zu schweigen. Das Leben verlangte von mir, nach vorn zu schauen und nicht zurückzublicken.

Doch als meine Kinder erwachsen waren, wollten sie wissen, wie es damals gewesen war, und so öffnete ich die Tür. Nun öffne ich sie für all diejenigen, die mich fragten: »Wie war´s denn damals für dich?«

Die folgenden Geschichten kommen aus meinem Herzen.

Ich lege meine Meinung und meinen Standpunkt dar. Sollten meine Erinnerungen an bestimmte Ereignisse mit denen meiner Zeitgenossen in Deutschland oder Neuseeland nicht übereinstimmen, sollte mein Buch jemanden kränken oder jemandem Kummer bereiten, so würde mir dies aufrichtig Leid tun.

Ich hoffe, dass mein Buch dazu beitragen kann, Vorurteile abzubauen und dass es mehr Verständnis zwischen Menschen unterschiedlicher Herkunft, Ansichten oder Ideologien schafft.

Kapitel 1

Anfänge

Eine Fotografie liegt vor mir. Sie zeigt meine Mutter, Elisabeth Schäfer, und ihre jüngere Schwester. Das Bild wurde um 1902 aufgenommen. Meine Mutter war damals etwa vier Jahre alt, ihre Schwester zwei Jahre jünger. Die kleinen Mädchen sitzen an einem Tisch. Sie tragen weiße Sonntagskleidchen, die an Ausschnitt und Ärmeln mit Stickereien verziert sind. Das wellige schulterlange Haar meiner Mutter wird von einer weißen Schleife zusammengehalten. Ihr Schwesterchen hat glattes Haar und trägt einen kurzen Pagenschnitt, der ihr kleines linkes Ohr frei lässt. Damals waren beide blond, später dunkelte das Haar nach und schimmerte rötlich braun. Die kleine Schwester hat beide Ärmchen auf den Tisch gelegt, ein Patschehändchen über dem anderen. Elisabeths linker Arm ruht auch auf dem Tisch, während ihre rechte Hand wie beschützend die Schulter der Schwester berührt, die sich eng an sie schmiegt. Beide schauen direkt in die Kamera. Die Augen meiner Mutter sind dunkler, der Mund klarer gezeichnet und die Lippen sind voller als die ihrer kleinen Schwester. Doch die beiden ähneln sich und haben die gleiche hohe Stirn, eine ebenmäßige Nase, gerade Augenbrauen und je ein Grübchen im Kinn. Für dieses Porträt zu posieren, muss die beiden wohl sehr beeindruckt haben. Die Mädchen sehen gespannt und ernst aus, als erwarteten sie, dass gleich etwas Unheimliches geschehen würde. Das kleine Schwesterchen wirkt traurig, als habe es resigniert. Ob sich in ihrem Blick bereits der tragische Verlauf ihres Lebens erahnen lässt?

In ihrer Familie von fünf Schwestern und zwei Brüdern waren die beiden das vierte und fünfte Kind. Man erzählte mir, dass sie eine glückliche, wenn auch sehr reglementierte Kindheit hatten. Alle Geschwister trugen im Sommer weiße und im Winter marineblaue Matrosenkittel. Wieso es ausgerechnet Matrosenkittel waren, wusste niemand mehr zu sagen. Vielleicht weil sie damals modern oder einfach praktisch waren. Sobald eines der Kinder herausgewachsen war, konnte das kleinere ihn tragen.

Offenbach am Main, wo meine Mutter aufwuchs, war eine Industriestadt und stand seit jeher im Schatten der größeren Nachbarstadt Frankfurt. Immerhin konnte Offenbach sich rühmen, die Lederstadt Deutschlands zu sein.

Die Eltern meiner Mutter waren Kaufleute, die mit Leder handelten und es in ihrer Fabrik verarbeiten ließen. Sie waren wohlhabend, konservativ und kinderreich. Auf alten Familienfotos stehen alle sieben Kinder wie die Orgelpfeifen aufgereiht. Sie wirken wohlerzogen und ernst und werden seitlich von den Eltern eingerahmt. Das Haus, welches mein Opa für seine Familie baute, hat den Zweiten Weltkrieg überlebt. Es ist aber nicht mehr in Familienbesitz, alle sieben Kinder sind schon lange tot. Es ist ein vierstöckiges Gebäude aus dunkelgrauem Stein, mit Säulen am Vordereingang und Fenstern, die mit Ornamenten aus der Gründerzeit verziert sind. Obwohl der Vorgarten und der hohe schmiedeeiserne Zaun verschwunden sind, ist das Haus gut erhalten geblieben, und es scheint die Narben der Bombenangriffe mit Würde und Gelassenheit zu tragen.

In den frühen Jahren des 20. Jahrhunderts ging es der Familie finanziell sehr gut. Der Erste Weltkrieg hatte sich kaum auf ihr Leben ausgewirkt. Opa war in seiner Lederfabrik unentbehrlich und erst gegen Kriegsende wurde der älteste Sohn zum Militärdienst eingezogen. Die anschließenden Hungerjahre und die große wirtschaftliche Depression allerdings waren für die Familie verheerend. Die Auftragslage der Fabrik verschlechterte sich dermaßen, dass viele Arbeiter entlassen werden mussten. Die Situation der Arbeitslosen war hoffnungslos und es kam zu Protestmärschen und Ausschreitungen. Der Tag, an dem der Mob ihre Straße entlangstürmte, den Gartenzaun niederriss und Steine in die Fenster warf, muss die Familie sehr erschreckt und verängstigt haben. Viele Jahre später sprachen meine Mutter und Tanten immer noch entsetzt von diesem Vorfall.

Die Familie meiner Mutter. Vorn von links: Maria, Hans mit dem kleinen Ludwig und Louise. Dahinter: Rosel, Johanna und meine Mutter, Elisabeth, genannt Lis.

Lis und Rosel.

Lis, die Krankenschwester, 1920.

1918, nachdem der Krieg vorüber war, sah die deutsche Wirtschaftslage düster aus. Und in Industriestädten wie Offenbach, wo die Zahl der arbeitslosen Menschen besonders hoch war, war die Situation einfach trostlos.

Meine Mutter hatte ihre Ausbildung als Krankenschwester beendet und arbeitete in einem Kinderheim. Die meisten Kinder waren unterernährt und litten an Rachitis. Viele starben während der Grippeepidemie von 1919. Heute frage ich mich, ob das, was sie damals erlebte, mit ein Grund dafür war, in den zwanziger Jahren der Nationalsozialistischen Deutschen Arbeiterpartei beizutreten. Um die Stimmung in jener Zeit zu beschreiben, kann ich mich nur auf das berufen, was mir berichtet wurde. Die Deutschen hatten unter dem autoritären Regime der Monarchie gelebt. Sie waren Recht und Ordnung gewöhnt und hatten stets die von oben erlassenen Anordnungen befolgt. Patriotismus, Loyalität und Gehorsam gegenüber dem Kaiser, der Kirche und dem Staat gehörten zur Tagesordnung. Eine ähnliche Atmosphäre herrschte in anderen europäischen Ländern.

Im Ersten Weltkrieg hatten deutsche Soldaten, genau wie ihre Gegner, auf den Schlachtfeldern und in den Schützengräben für ihr Vaterland gekämpft. Die Gefechte waren brutal und erbarmungslos gewesen. Der strenge Versailler Vertrag, welcher der Kapitulation Deutschlands folgte, wurde hierzulande als ungerecht angesehen. Deutschland musste einen Großteil des Rheinlands an Frankreich und einen Teil Ostpreußens an Polen sowie Böhmen und Mähren an die neu gegründete Tschechoslowakische Republik abtreten. Und natürlich verlor Deutschland seine Kolonien in Übersee. Die Monarchie musste abdanken. Deutschland hatte hohe Reparationszahlungen zu leisten, und die mit Verbot verhängte Stahlproduktion legte die Schwerindustrie lahm.

Der Versailler Vertrag sollte dafür sorgen, dass Deutschland für lange Zeit weder eine Weltmacht sein noch am Welthandel teilnehmen konnte. Zudem demütigte dieses Abkommen ein ehemals stolzes Volk. Die Deutschen hatten vergeblich gekämpft und gelitten. Nun waren ihre Werte und Überzeugungen zutiefst erschüttert. Es kann nicht leicht gewesen sein, angesichts der Skandale und Machtkämpfe zwischen den politischen Parteien und Fraktionen einer Regierung in der jungen Weimarer Republik zu vertrauen. Außerdem stellte der Kommunismus eine ständige Bedrohung dar. Russland, Deutschlands größter und mächtigster Nachbar, war dem Kommunismus zum Opfer gefallen. In Berlin, in den nordwestlichen Industrieregionen und sogar im konservativen München fanden kommunistische Aufstände statt. Um 1923 war die Volkswirtschaft völlig zusammengebrochen. Die Inflation ließ sich nicht kontrollieren, es wurde gewuchert und der Schwarzhandel blühte. Überall herrschten Arbeitslosigkeit, Armut, Hunger und Verzweiflung.

Zu diesem Zeitpunkt waren meine Eltern fünfundzwanzig Jahre alt. Sie stammen aus konservativen Familien, deren Lebensstandard und Wertvorstellungen nun massiv bedroht waren. Mein Vater, Hermann Höfle, war streng katholisch erzogen worden und hatte sich als Siebzehnjähriger freiwillig zum Kriegsdienst gemeldet. Er hatte an der Westfront gekämpft und war für seine Tapferkeit mit dem Eisernen Kreuz Erster Klasse ausgezeichnet und zum Leutnant befördert worden. Nach Kriegsende beschloss er, weiter in der Armee zu dienen, und so begann seine Laufbahn als Berufssoldat. Er gehörte einem Heer an, das durch den Versailler Vertrag nur noch 100.000 Mann stark war. Er liebte sein Vaterland und hielt bis zum Tode an seiner patriotischen Einstellung fest. Im Kommunismus, den er zeitlebens ablehnte, lag für ihn nichts Gutes und er sah die deutschen Tugenden und kulturellen Werte bedroht.

Meiner Mutter Elisabeth hatte der gewalttätige Mob Angst gemacht. Im Kinderheim, wo sie arbeitete, sah sie täglich die Folgen, der großen Armut. Sie muss mit den leidenden Kindern gefühlt und die wirtschaftliche Not dieser Eltern als frustrierend empfunden haben.

Obwohl sich die Wirtschaftslage zwischen 1924 und 1929 etwas stabilisierte, gab es erhebliche Unzufriedenheit und Unruhe im Volk. Während dieser Zeit wurde die Nationalsozialistische Deutsche Arbeiterpartei (NSDAP) durch Adolf Hitler immer bekannter.

Der Nationalstolz war durch den Versailler Vertrag tief erschüttert worden, und die Patrioten (Nationalisten) brannten darauf, die *Ordnung wieder herzustellen*. Die Idee von *Nationalismus und Sozialismus und Gerechtigkeit für alle in einer Gesellschaft ohne Klassenunterschiede* klang verlockend.

Der Nationalsozialismus unterschied sich scheinbar deutlich vom Kommunismus, welcher mit seinen internationalen und proletarischen Ideen die Gesellschaftsordnung Deutschlands zu bedrohen schien.

Die große Depression machte alle Hoffnung auf eine stabile Wirtschaft zunichte. 1932 erreichte die Inflation ihren Schwindel erregenden Höhepunkt und die Arbeitslosenzahl war auf sechs Millionen angestiegen. Diese neue Krise brachte einen Aufschwung für den Nationalsozialismus und Hitlers Partei. Obwohl Hitler 1932 bei der Kanzlerwahl gegen Hindenburg unterlag, wurde er im Januar 1933 zum Reichskanzler ernannt. Wahrscheinlich dachten die Politiker, ihn innerhalb der Regierung besser kontrollieren zu können.

Meine Eltern begegneten sich in Garmisch-Partenkirchen. Lis und ihre beste Freundin Trudl, meine spätere Patentante, machten dort mit anderen Krankenschwestern Urlaub. Sie bewohnten ein Chalet am Fuße des Kreuzeck. Hermann war ebenfalls auf Urlaub und besuchte seinen Onkel, der Oberförster in Garmisch war. Hermann wollte in der Umgebung ein wenig klettern und auf die Jagd gehen.

Das junge Paar lernte sich während eines Gewitters kennen. Mein Vater machte sich bei den Damen beliebt, als er ritterlich eine nach der anderen Huckepack durch Regen und Schlamm vom Kreuzeck-Hotel zu ihrem Chalet trug. Dadurch wurden deren Tanzschuhe nicht ruiniert. Meiner Mutter zufolge waren alle entzückt von ihm und baten ihn, am nächsten Tag anzurufen, was er dann auch tat. Er fragte Lis, und zwar nur Lis, ob sie ihn auf eine Bergtour begleiten wollte. Mutter sagte zu und Trudl und die anderen waren enttäuscht.

Opa Schäfer mochte Hermann, und Lis' ganze Familie freute sich, als sich die beiden verlobten. Weniger erfreut reagierte Hermanns Mutter, Oma Höfle. Als strenge Katholikin war es ihr gar nicht recht, dass ihr einziger Sohn eine Ketzerin, eine Protestantin, heiraten wollte. Als Hermann einmal mit einem Blinddarmdurchbruch darniederlag, erklärte sie dies als Strafe Gottes. Diese Äußerung konnte ihr Hermann erst Jahre später vergeben. Doch Oma Höfle verstand sich im Laufe der Zeit sehr gut mit ihrer Schwiegertochter und wurde eine liebevolle Großmutter für mich.

Meine Eltern Elisabeth und Hermann Höfle an ihrem Hochzeitstag am 20. November 1925. Mein Vater in der Uniform eines Offiziers des 100.000-Mann-Heeres.

Das Hochzeitsbild meiner Eltern, aufgenommen am 20. November 1925, zeigt Lis in einem tief taillierten, dreiviertel langen Kleid. Sie trägt lange Handschuhe, Seidenstrümpfe und Spangenschuhe, alles in Weiß. Ihr langer Schleier ist an einem Kranz aus Rosenknospen in ihrem Haar befestigt. Die junge Braut sieht zart und hübsch aus. Hermanns prächtige Uniform ist beeindruckend, doch es wird wohl schwierig gewesen sein, sich darin zu bewegen. Die engen langen Reitstiefel reichen ihm bis ans Knie. Seine rechte Hand mit dem Ehering umfasst den langen, mit einer Quaste festlich verzierten Säbel. Die Bügelfalten der weit geschwungenen Reithose sind messerscharf, und der Kragen der Uniformjacke ist so hoch und steif, dass für den Kinnriemen des Stahlhelms kaum Platz ist. Der Helm sitzt tief im Gesicht und wirkt viel zu groß für ihn. Auf der rechten Seite der Uniformjacke trägt er seine Militärorden, wobei das Eiserne Kreuz herausragt. Er erweckt den Eindruck, selbstsicher und entschlossen zu sein. Doch genau wie seine Braut wirkt er sehr jung und verletzbar.

Die Jungvermählten zogen in München in die Borstei, einer modernen Wohnsiedlung, in der zumeist Armeeangehörige wohnten. Hermann wurde zum Oberleutnant der 9. Artillerie-Kompanie befördert.

Die ersten Ehejahre waren von unsicheren und turbulenten Zeiten geprägt und verlangten von ihnen etliche schwere Entscheidungen. Hermann war der dominantere Partner und wahrscheinlich beeinflussten seine patriotischen Ansichten meine Mutter in entscheidendem Maße. Bitter enttäuscht über die politische Entwicklung der Nachkriegsjahre, trat Hermann dem Freikorps bei, das sich aktiv gegen die Regierung unter Reichspräsident Ebert stellte.

Wann meine Eltern der NSDAP beitraten, kann ich nicht sagen. Doch Hermanns Entscheidung fiel, als Hitler und seine Anhänger am 9. November 1923 zur Münchener Feldherrnhalle marschierten. Diese war das Kriegsdenkmal am Ende der Ludwigstraße. Die Armee hatte den Befehl, den Marsch zu verhindern. Hermann und seine Soldaten hatten ihren Posten in einer Mauernische des Hofburggartens bezogen. Sie hielten ihre Maschinengewehre bereit, um jederzeit loszuschießen. Als die Demonstranten in Schussweite kamen, erkannte mein Vater einige Freunde und er entschloss sich, mit seinen Männern den Posten zu verlassen und mitzumarschieren. Aber die Soldaten auf der anderen Straßenseite eröffneten das Feuer auf die Demonstranten und etliche wurden tödlich verwundet. »Ich konnte nicht auf meine Kameraden schießen«, sagte Hermann später vor dem Kriegsgericht aus. Der Marsch zur Feldherrnhalle scheiterte und endete in Blutvergießen. Hitler wurde verhaftet und in die Festung Landsberg gebracht, wo er Mein Kampf schrieb. Die NSDAP zergliederte sich in mehrere kleine Gruppierungen. Trotzdem hatte sie mit ihm ihren Märtyrer, und vielleicht gewann sie auch deshalb später an Popularität.

Obwohl Hermann in der Armee bleiben durfte, folgten für ihn und Elisabeth unsichere und magere Jahre, bevor Hitler Reichskanzler wurde. Später wurde Hermann dann der Blutorden verliehen, ein Prestige-Orden, den nur Teilnehmer des verhängnisvollen Marschs zur Feldherrnhalle tragen durften. Als eines der ersten Parteimitglieder erhielt Elisabeth das Goldene Parteiabzeichen. Damit war ihr Schicksal praktisch besiegelt, denn meine Eltern schworen Hitler und der NSDAP den Treueid und Adolf Hitler wurde ihr Führer, dem sie bis zum bitteren Ende folgten.

Ich kann nicht verstehen, wie meine Eltern, zwei rechtschaffene und intelligente Menschen, die Zeichen nicht erkannten, die auf Hitlers Größenwahn und Irrsinn hinwiesen. Wie konnten sie die Manifestationen des Rassenhasses, der schließlich zum Holocaust führte, einfach ignorieren? Wie konnten sie den ganzen Unsinn mit dem arischen Blut hinnehmen? Und wie konnten sie, die ein so mitfühlendes Wesen besaßen, mit diesem kaltblütigen Regime übereinstimmen? Konnten sie nicht sehen, dass ihre Partei für das Leiden von Millionen von Menschen verantwortlich sein würde? Es muss in ihren Herzen und in ihrem Verstand Konflikte gegeben haben. Ich kann nur vermuten, dass der Ehrenkodex von Deutscher Treue sie abhielt, sich gegen die Parteidoktrin zu stellen.

Heute erscheint mir das alles so sinnlos und unverständlich. Für mich wird dieser innere Konflikt immer bestehen. Einerseits liebte und liebe ich meine Eltern noch immer von ganzem Herzen. Andererseits weiß ich, dass sie einer Ideologie anhingen, die ich meinerseits vollkommen ablehne. Dies ist die Bürde, die ich, wie viele andere meiner Generation, zu tragen habe.

Zum Gedenken an den verhängnisvollen Marsch zur Feldherrnhalle wurde dieser am 9. November alljährlich wiederholt. Jene, die damals dabei waren, marschierten nach Rangordnung, mein Vater in der neunten Reihe. Ich erinnere mich, wie er an Mutter und mir vorbeischritt. Und wie verwirrt und den Tränen nahe ich war, als er mir nach der Gedenkfeier die Nische zeigte, wo er hinter Sandsäcken verschanzt, das Maschinengewehr auf seine Freunde gerichtet hatte. Dieses Kindheitserlebnis hinterließ in mir einen so tiefen Eindruck, dass ich nicht mit meiner Tochter Sonja darüber sprechen konnte, als wir vierzig Jahre später im Hofburggarten standen. Für sie war es Geschichte. Sie wollte wissen, was genau geschehen war und welche Rolle ihr Großvater gespielt hatte. Doch mich schmerzte es noch immer, wenn ich versuchte, mich mit den Idealen meiner geliebten Eltern und meinem eigenen Kindheitsglauben auseinander zu setzen. Alles hatte sich als so falsch herausgestellt!

Hermann und Elisabeth waren bereits vier Jahre verheiratet, als ich 1929 zur Welt kam. Es war an einem 26.September, dem Geburtstag meiner Mutter. Lis hatte eine unproblematische Schwangerschaft gehabt. Sie war fit und gesund und war noch einen Tag vor der Entbindung im Schwimmbad ihre üblichen zehn Bahnen geschwommen. Hermann war überzeugt gewesen, einen Sohn zu bekommen. Während er, wie es damals für werdende Väter üblich war, im Flur das freudige Ereignis abwartete, spielte die Militärkapelle ihr sonntägliches Repertoire auf dem Rasen vor dem Krankenhaus. Als man meinem Vater sagte, dass die Geburt kurz bevorstünde, hastete er die Treppe hinunter und hinaus zum Kapellmeister: »Bitte spielt den Radetzkymarsch. Meine Frau bringt gerade unseren Sohn zur Welt!«

Als er wieder, völlig außer Atem, vor dem Entbindungssaal ankam, schaute der Arzt durch einen Türspalt und gratulierte ihm zu einer gesunden Tochter. Man erzählte mir, dass er zum Fenster stolperte, sich hinauslehnte, mit den Armen winkte und krächzte: »Einen Walzer, einen Walzer, bitte! Es ist ein Mädchen!«

Kapitel 2

Großeltern

Meine Großmutter mütterlicherseits starb, kurz bevor ich das Licht der Welt erblickte. Aber dank der vielen Geschichten, die ich über sie erfuhr, war sie mir dennoch vertraut. Ihre Familie hatte dem französischen Adel angehört. Da sie Hugenotten waren, flüchteten sie nach Deutschland und bauten sich dort ein neues Leben auf. Meine Großmutter vergaß ihre französische Herkunft nie. In meiner Vorstellung war sie eine etwas korpulente kleine Dame, mit dunkelbraunem Haar, das zu einem Knoten auf dem Kopf aufgetürmt war. Sie trug ein graues, raschelndes Seidenkleid, saß sehr aufrecht in einem Rohrsessel und streckte einem die Hand entgegen. »Bonjour, grand-mère«, man knickste und berührte ihre Hand leicht mit den Lippen. Dies war das Begrüßungsritual, das sie von ihren Enkeln erwartete.

Ein anderes Familienmitglied aus der französischen Linie war meine Patentante *Non-Non*. Ich liebte und bewunderte sie. Obwohl ihr richtiger Name Louise war, nannten wir sie immer *Non-Non*, weil sie fast jede unserer Fragen so beantwortete. Der Grund dafür war, dass sie einfach kein Deutsch sprechen konnte. Da sie es für Zeitverschwendung hielt, weigerte sie sich, die Sprache zu erlernen. Und dies, obwohl sie eine sehr glückliche Ehe mit einem Deutschen führte. Onkel Jo war ein angesehener und beliebter Rechtsanwalt und Notar in einer bayerischen Kleinstadt, deren Bürger seine exzentrische französische Ehefrau mit freundlicher Verwunderung akzeptierten.

Wenn sie mich auf einen ihrer Einkaufsausflüge mitnahm, war ich oft über ihr Verhalten erstaunt und auch etwas verlegen. Besonders, wenn sie das Obst und Fleisch mit fein manikürter Nagelspitze auf Frische und Zartheit prüfte. Es war eine französische Angewohnheit, die von den Ladenbesitzern gutmütig toleriert wurde.

Tante *Non-Non* war eine große, schlanke und elegante Frau mit dunklem Teint, schwarzem und später ergrauendem Haar, das am Hinterkopf locker zu einem Knoten zusammengefasst war. Sie hatte dunkle, ausdrucksvolle Augen, einen großzügig geschwungenen Mund und sehr weiße Zähne, die jedesmal aufblitzten, wenn sie amüsiert lächelte.

Der französische Kachelofen in ihrem Wohnzimmer reichte vom Fußboden bis zur Decke und war ein Kunstwerk aus blau-weißen Kacheln. Sie waren mit mittelalterlichen Dorfszenen und Blumenmotiven verziert. Tante *Non-Nons* Kochkunst war faszinierend fremdartig für mich: Gedünstete Salatblätter in einer Knoblauch-Rahmsoße waren ebenso köstlich wie ihre appetitlich pikanten Pasteten. Aber ich konnte mich nie durchringen, die Weinbergschnecken zu probieren, die mit einem speziellen Besteck aus ihren Schneckenhäusern herausgepult und von Feinschmeckern, die einen widerstandsfähigeren Magen als ich hatten, mit offensichtlichem Vergnügen verspeist wurden. Tante *Non-Non* überlebte die turbulenten Zeiten des Zweiten Weltkriegs mit eleganter Gelassenheit. Sie blieb ihren französischen Wurzeln standhaft treu, wurde deswegen aber niemals belästigt.

Mein Großvater mütterlicherseits wurde dreiundachtzig Jahre alt und an ihn kann ich mich noch sehr gut erinnern: Der zarte Tabakduft seiner schlanken Zigarillos, seine kratzig rauen Jackenärmel, wenn er mich umarmte, seine auf Hochglanz polierten Schuhe und wie weich sich sein gewachster Bart anfühlte. Ach ja, sein Bart! Schneeweiß war er, leicht gewellt und so lang, dass ich ein dünnes rotes Seidenband hineinflechten konnte. Und ich habe viel geflochten. Immer musste ich meine Finger beschäftigen, wenn er mir mein Lieblingsmärchen vom *Treuen Hans* erzählte. Dies half mir, den Kloß in meinem Hals und den Schmerz in meiner Brust zu ertragen.

Hans, der schöne, tapfere Schimmel, rettete auf dem Schlachtfeld seinem schönen, tapferen Reiter das Leben und brachte ihn in Sicherheit, obgleich er selbst tödlich verwundet war. »…Das Blut des treuen Pferdes und das seines Reiters vermischte sich, als es in einem Strom über seine weißen Flanken floss…«

Opa Schäfer erzählte mir viele Geschichten, doch die vom *Treuen Hans* war die beste und ich wollte sie immer wieder hören. Ich liebte es auch, in den Sachen seiner Vergangenheit herumzustöbern. Geschäftlich hatte es ihn oft »bis in die weitesten Steppen Russlands« geführt, um dort Pelze und Felle zu kaufen. Die hohe Astrachan-Mütze und sein riesiger Lammfellmantel, die beide köstlich nach Kampfer rochen, wurden in einem Kleiderschrank aufbewahrt. Wenn es einem gelang, den schweren Mantel vom Kleiderbügel herunterzustemmen, konnte man sich in ihm verstecken und einbilden, in einem Zelt oder einer Höhle zu sein.

Manchmal zeigte er uns Enkelkindern auch die anderen Schätze in einer Truhe. Da waren seine Fellstiefel, die uns bis übers Knie reichten, so dass wir unbeholfen mit steifen Beinen und gespreizten Füßen herumstolperten. Und da war sein Geldgürtel aus weichem Leder und mit vielen Schnallen, Riemen und Taschen, die einmal echte Goldrubel enthalten hatten. Die Pistole, in deren Silberverzierung seine Initialen eingraviert waren, ruhte auf einem purpurroten Samtbett und war in einer hölzernen Schatulle sicher verschlossen. Opa Schäfer hatte die Pistole einst gebraucht, um sich »gegen Wölfe und Banditen zu wehren«. Von all diesen wunderbaren Schätzen war unser Lieblingsstück der Stockdegen. Opa verbot uns strengstens, diesen je zu berühren, »weil er so tödlich ist«, flüsterten wir uns zu. Natürlich galt es als Mutprobe, ihn trotzdem anzufassen. Der Stockdegen stand gut getarnt zwischen Regenschirmen und normalen Spazierstöcken in einem Messingbehälter in der Eingangshalle. Er unterschied sich nur durch seinen silbernen Griff, der wie ein Fabelwesen, halb Schuppenfisch, halb Raubtier, geformt war. Wenn man am Griff drehte, sprang eine lange funkelnde und sehr scharfe Klinge aus dem hölzernen Schaft. Einmal schnitt ich mir damit in den Zeigefinger und es blutete und tat sehr weh. Ich hatte mich furchtbar erschrocken und weinte. Aber Opa schimpfte nicht, er sagte nur: »Jetzt weißt du, warum«, wickelte einen dicken Verband um meinen Finger und fütterte mich zum Trost mit Weinbrandkirschen.

Die Familie meines Vaters lebte in Augsburg, der alten Reichsstadt, die vor mehr als zweitausend Jahren vom römischen Kaiser Augustus gegründet wurde. Ein Teil der römischen Festungsmauer ist neben dem Augsburger Dom erhalten geblieben. Im Mittelalter ein blühendes Handelszentrum, kann sich die Stadt der ältesten Wohnsiedlung für Ruheständler rühmen. Im 16.Jahrhundert wurde die *Fuggerei* von der Kaufmannsfamilie Fugger für schuldlos verarmte Bürger gestiftet und als Siedlung innerhalb der Stadt erbaut, um alten Menschen in einem kleinen gemütlichen Häuschen einen geruhsamen Lebensabend zu garantieren. Genau wie vor vierhundert Jahren wohnen dort noch heute ältere Bürger und zahlen eine so genannte *Pfefferkorn-Miete*.

Von der Familie meines Vaters weiß ich nicht viel. Die wenigen Verwandten, die ich kennen lernte, lebten auf dem Lande rings um Augsburg. Der Familienname *Höfle* bedeutet *Kleiner Hof*. Mein Großvater war vermutlich der Erste, der in die Stadt zog. Als Oberpostmeister war er wohlhabend und geachtet. Opa Höfle starb, als ich noch ein Baby war. Mir wurde erzählt, dass er seine goldene Taschenuhr über meinem Körbchen hin- und herpendelte und freudig lächelte, als meine winzige Faust danach griff. »Sie wird einmal ihre Zeit sinnvoll nutzen!«, hatte er prophezeit.

In meiner Vorstellung war Opa Höfle der Engel, der auf dem Marmorsockel des Familiengrabs stand. Mit ausgebreiteten Flügeln, das Gesicht himmelwärts gerichtet, einen Palmenzweig haltend, war er auf dem Wege zum lieben Gott. Wenn ich bei Oma Höfle zu Besuch war, gingen wir täglich an Opas Grab. Insgeheim hoffte ich, dass er bei unserer nächsten Wallfahrt nicht mehr da und der Marmorsockel leer sein würde und er sich nachts ins Himmelreich davongemacht hätte. Aber er hat es nie getan. Oma betete stets für seinen Seelenfrieden und wenn sie damit fertig war, bekreuzigte sie sich und forderte mich auf, es ebenso zu tun. »Sie geht ans Grab, um Buße zu tun. Sie hat ihm das Leben schwer gemacht«, kommentierte mein Vater zynisch dieses Ritual. Die »heiligen Sonntagskräche« seiner Eltern, scheinbar auch ein Ritual vor jedem Kirchgang, waren für ihn bittere Kindheitserinnerung geblieben.

Oma trug stets lockere knöchellange Kleider in dunklen Farben, so wie es sich für eine Witwe schickte. Irgendwo zwischen Busen und Hüfte baumelte an einer langen silbernen Kette eine Lorgnette. Sie hielt sie vor ihr rechtes Auge und inspizierte die Verkäufer und deren Waren, bevor sie sich entschloss, etwas zu kaufen und das abgezählte Geld aus ihrer Beuteltasche zu fischen. »Nur um Eindruck zu machen. Sie hat Adleraugen«, meinte mein Vater. Jedenfalls erzielte sie stets die gewünschte Wirkung. Mit ihrer Stielbrille vorm Gesicht sah sie sehr beeindruckend aus und jeglicher Versuch, sie übers Ohr zu hauen, wurde im Keim erstickt.

Oma wohnte im dritten Stock ihres soliden, grauen Hauses. Genau wie die Nachbarhäuser hatte es doppelt verglaste Fenster und schwere Eichentüren und man betrat es direkt vom Bürgersteig. Aus dem Wohnzimmerfenster konnte sie auf den Friedhof schauen. Oma führte ein sehr geregeltes Leben. Jeden Mittwoch traf sie sich mit ihren Freunden zum Stammtisch im Wirtshaus. Dort tranken sie Malzbier, aßen Weißwurst oder Leberkäse mit Brezeln und spielten Skat – und zwar um Geld!

Opa Schäfer, der Vater meiner Mutter.

Auf Besuch bei meiner Großmutter, Oma Höfle.

Samstag abends ging sie beichten und sonntags früh zur Messe. Nach dem Gottesdienst pflegte sie Opas Grab und steckte frische Blumen in die steinerne Urne am Fuße des Engels. Sie nahm immer eine kleine Schaufel und eine harte Bürste mit, die sie in einer mit Rosen bestickten Tasche trug. Manchmal durfte ich die Tasche tragen und ab und zu sogar die goldenen Buchstaben auf dem Grabstein abbürsten.

Wenn wir bei Oma übernachteten, schliefen wir in Federbetten. Die dicken Daunendecken hüllten uns vollkommen ein, wir sanken in ein warmes Nest, aus dem wir nur mühsam herausschauen oder herausklettern konnten. Oma wärmte die Betten mit großen kupfernen Bettpfannen vor. Mit kochend heißem Wasser gefüllt, mussten die schweren ovalen Gefäße vorsichtig herausgehoben werden, ehe wir uns in die herrlich vorgewärmten Betten kuschelten. »Sonst würdet ihr euch die Füße verbrühen«, sagte sie.

Einmal verbrachte ich die Osterferien bei Oma. Palmsonntag gingen wir gemeinsam in die Kirche. Ich war stolz auf das Sträusschen aus frischen Weidenzweigen, das sie für mich gebunden hatte. Es sah sehr hübsch aus. Die rötlichen Zweige mit den hellgrauen *Weidenkätzle* waren mit bunten Bändern geschmückt. Nach dem Gottesdienst bespritzte Oma mich und das Weidensträusschen mit Weihwasser. Und als wir zu Hause ankamen, sollte ich ein Weidenkätzle essen. »Jetzt wirst du das ganze Jahr kein Halsweh kriegen!«, verkündete sie triumphierend, nachdem ich das haarige Ding geschluckt hatte. War das Aberglaube? Wer weiß? Ich vermute, wenn es einem gelingt, ein haariges Weidenkätzchen herunterzuschlucken, sind die Mandeln ohnehin in Ordnung – mit oder ohne Weihwassersegen.

Oma besaß zwei riesige Wäscheschränke. Die waren aus dunklem Holz, standen auf klobig runden Füßen und waren mit schmiedeeisernen Schlössern versehen. Im Innern befanden sich viele Regale, auf denen wunderschöne bestickte Tischdecken, Laken, Bett- und Kissenbezüge sowie Bade- und Handtücher lagerten, die mit Seidenschleifen bündelweise zusammengehalten wurden. Duftkissen, mit getrockneten aromatischen Rosenblättern und Lavendel gefüllt, hielten die Leinenwäsche frisch, die aber niemals benutzt wurde. »Sie ist ein Teil meiner Mitgift gewesen«, sagte Oma. »Ich vermache sie dir, wenn du heiratest.«

Aber dazu kam es nicht. Die Arme starb an Krebs im Sommer 1945. Kurz vor ihrem Tod hatten ihr entfernte Verwandte erzählt, dass mein Vater und seine Familie umgekommen wären. Daraufhin überschrieb sie ihr Hab und Gut diesen Verwandten. Vielleicht hatten jene in gutem Glauben gehandelt und da sie ausgebombt waren, konnten sie Omas Hinterlassenschaft gut gebrauchen. Traurig war nur, dass sie sich weigerten, Omas Erbe mit uns zu teilen, nachdem sich herausgestellt hatte, dass wir den Krieg überlebt hatten.

Als meine Mutter im Herbst 1945 nach Augsburg reiste und auf Omas Hilfe hoffte, war diese leider schon verstorben und an Opas Seite begraben. Ihre Wohnung war an Fremde vermietet. Und was war mit der Engelskulptur geschehen? Als dreißig Jahre später eine Schnellstraße durch das Friedhofsgelände gebaut wurde, benachrichtigte die Stadtverwaltung die Grabeigentümer und erkundigte sich nach deren Wünschen. Der Engel ziert seitdem ein Familiengrab unserer Verwandten auf dem Lande. Wahrscheinlich schaut der *Opa-Engel* dort noch immer geduldig himmelwärts.

Da sie gute Katholiken waren, schickten Opa und Oma Höfle ihren Sohn auf eine christliche Schule, die von Benediktinern geleitet wurde. Die Mönche trugen Sandalen und lange braune Kutten, die mit einer weißen Kordel um den Bauch zusammengerafft wurden. Wenn die Mönche gemächlich über die Steinfliesen wandelten, machten die Sandalen und Kutten ein geheimnisvolles Geräusch. Es beeindruckte meinen Vater so sehr, dass er ebenfalls Mönch werden wollte, sobald er erwachsen wäre. Dieser fromme Wunsch wurde von den Benediktinern freudig begrüßt. Ich frage mich, was sie wohl dachten, als er stattdessen General wurde.

Ob er in dieser Schule eine ausreichende Allgemeinbildung erhielt, weiß ich nicht. Jedenfalls war er gut in Latein und Musik unterrichtet worden, lernte Klavier und Orgel spielen, war diszipliniert und entwickelte einen wunderbar respektlosen Sinn für Humor. Seine Liebe zur Musik bereitete ihm ein Leben lang Freude. Immer wenn sich die Gelegenheit ergab, ging er in eine Kirche und spielte Orgel, meistens Bach oder Händel. Oft half ich ihm und durfte den Blasebalg bedienen. Leicht war das nicht! Mich an eine Stange festklammernd, musste ich zwei schmale Bretter, die Fußpedale, rauf- und runterbewegen, manchmal langsam, manchmal rasend schnell, je nach Tempo und Lautstärke. Es machte Spaß, war aber ziemlich anstrengend und Schwindel erregend.

Während seiner Schulzeit spielte Hermann bei den sonntäglichen Gottesdiensten die Orgel. Manchmal, wenn es ihn langweilte, dasselbe Repertoire zu wiederholen, steigerte er beim letzten Lobgesang dermaßen das Tempo, dass die Gemeinde durch ihre Hallelujahs hetzen musste und er endlich gehen konnte.

Trotz seiner Ergebenheit gegenüber Hitler und dem Nationalsozialismus blieb mein Vater mit der katholischen Kirche eng verbunden. Dieser scheinbare Widerspruch war damals nicht ungewöhnlich und jener Klerikale Faschismus, der die Einstellung der katholischen Kirche gegenüber Hitlers Deutschland, Francos Spanien und Mussolinis Italien beschreibt, war weit verbreitet. Diese faschistischen Regimes waren entschiedene Gegner des Kommunismus, der mit seiner atheistischen Ideologie und der Opposition zu der traditionellen Gesellschaftsordnung die Existenz der Kirche bedrohte. Unter kommunistischer Herrschaft war religiöse Aktivität verboten, gläubige Menschen wurden verfolgt und bestraft und Kirchen entehrt. Obwohl der Faschismus in Wirklichkeit seinem Todfeind dem Kommunismus in vielem ähnelte, wurde der Faschismus als Bollwerk gegen die revolutionären Kräfte des Bolschewismus verstanden.

Das Motto des Faschismus: »Credere, Obitere, Combatere« (glaube, gehorche, kämpfe), könnte ebenso gut als das Motto einer militanten christlichen Kirche verstanden werden, als das Motto der Kreuzritter, der Conquistadores Lateinamerikas, oder der Inquisition.

Kapitel 3

Berlin

Als ich drei Jahre alt war, zogen meine Eltern von München nach Berlin. Der Ortswechsel hing mit der Karriere meines Vaters zusammen. Ich bin mir nicht sicher über seine damalige Stellung und den Rang. Doch erinnere ich mich, dass er in seiner feldgrauen Uniform und hohen schwarzen Reitstiefeln sehr gut aussah.

Hoch im Sattel auf Rudi, dem Reitpferd meines Vaters.

Vielleicht war er zum Hauptmann befördert worden. Jedenfalls war er beritten wie die meisten Offiziere zu jener Zeit. Er hatte einen Fuchs namens Rudi, und manchmal hob mich mein Vater hinauf in den Sattel. Für mich war es das vollkommene Glück, hoch oben auf dem Rücken seines Pferdes zu sitzen und in gemächlichem Schritt durch den Tiergarten geführt zu werden.

Wir wohnten im dritten Stock eines großen grauen Mietshauses in der Albrechtstraße in Steglitz. Die Straße war mit Bäumen gesäumt, aber der Balkon führte zum Hinterhof hinaus. Wir hatten keinen Garten und gingen deshalb oft im Tiergarten spazieren, fütterten die Tauben und fuhren dort im Winter Schlitten.

1934 schenkten mir meine Eltern zu meiner großen Freude einen jungen Hasen. Ich nannte ihn *Fürst* und er wuchs zu einem großen graubraunen Rammler heran. Sein Stall stand auf dem Balkon vor meinem Schlafzimmer und er konnte jederzeit durchs Fenster hinein- oder hinaushoppeln. Eines Tages hüpfte er jedoch in die falsche Richtung. Er flog über das Geländer, stürzte drei Etagen tiefer und landete auf dem harten Pflaster. Während ich laut weinend die Treppe hinunterraste, hatte er sich schon wieder aufgerappelt, saß da und nieste. Ein Tröpfchen Blut sickerte aus seiner Nase und ich glaubte, er hätte Kopfschmerzen, denn er war sehr ärgerlich und biss mich, als ich ihn aufhob. Er hatte den rechten Hinterlauf gebrochen, aber nachdem der Tierarzt einen dicken Gipsverband darum gewickelt hatte, war *Fürst* wieder so gut wie neu. Der Gips musste dreimal erneuert werden, weil er immer wieder brach, wenn Fürst mit dem Hinterlauf wütend trommelte, was er sehr oft tat. Er trommelte, wenn die Spatzen sein Hasenfutter stahlen, wenn ich abends seine Stalltür zumachte, wenn ich versuchte, ihn von seinem Versteck unter meinem Bett hervorzuholen, und er trommelte, wenn ich ihn bürstete. Überhaupt war er ein übellauniger Hase, aber ich hatte ihn trotzdem lieb und weinte bitterlich, als er im hohen Alter von fünf Jahren starb. Dennoch, seine Beerdigung wurde eine ziemlich lustige Angelegenheit. Einige meiner Freundinnen halfen mir, sein Grab mit bunten Murmeln zu schmücken, und all die kleinen Trauergäste erfrischten sich hinterher mit Eis und Schokoladenkuchen.

Kurz nach Fürsts Ableben bekamen wir den ersten von einer langen Reihe von Hunden, die unser Leben so sehr bereichern sollten. Unser viel geliebter Waldi, *der Erste*, ein schwarzer Rauhaardackel, begleitete uns überall hin. Machten wir einen Ausflug, war er stets als erster im Wagen, und es war dann schwierig, selbst noch ein Plätzchen auf dem Rücksitz zu finden. Denn dort hatte sich Waldi schon in voller Länge ausgestreckt. Während wir einmal das Auto beluden, setzte mein Vater Waldi auf das zusammengefaltete Verdeck, wo er sich zusammenrollte und einschlief. Leider vergaßen wir ihn da oben und fuhren los. Als wir um die erste Ecke bogen, fiel Waldi vor unseren entsetzten Augen in einen Busch. Mit dem Schlimmsten rechnend, hielten wir mit quietschenden Reifen und nur wenige Zentimeter vor einem Laternenpfosten an. Doch unser Waldi kam schwanzwedelnd aus dem Busch hervor. Glücklicherweise hatte er nur einen Kratzer auf der Nase abbekommen.

Waldi hatte leider die Unart vieler Dackel. Er gehorchte nur, wenn es ihm beliebte. Und es beliebte ihm nie, besonders wenn er sich seiner Leidenschaft hingab, Karnickel, Dachse oder Füchse aufzustöbern. Seine kurzen krummen Vorderbeine waren zum Graben ideal, und er grub sich schnell und tief in jeden Kaninchenbau, den er finden konnte. Immer hoffte er, eine Beute aufzuspüren. Oft war er stundenlang in irgendeinem unterirdischen Labyrinth zugange. Meistens auf allen Vieren kriechend und mit dem Ohr nahe über dem Waldboden, folgten wir seinem gedämpften Bellen und Winseln. Ein in seinem Bau bedrängter Dachs oder Fuchs kämpfte um sein Leben und unser Waldi, viel kleiner als seine Beute, war in Todesgefahr. Wir hatten immer einen Spaten im Kofferraum und mein Vater verbrachte viele ängstliche Stunden damit, Waldi herauszubuddeln, ehe ihm etwas passierte. Manchmal erwischte Vater sofort die richtige Stelle und konnte Waldi an seiner Rute oder den Hinterbeinen herausziehen. »Gerade noch rechtzeitig«, atmeten wir dann erleichtert auf. Aber meistens tobte Waldis Schlacht irgendwo neben dem Loch, welches mein Vater gegraben hatte. »Schnell, hier rüber!«, schrien wir und er fing erneut zu graben an. Mehrmals. Ich erinnere mich an die fürchterlichen Drohungen, die mein Vater dabei ausstieß: »Der kriegt aber eine richtige Tracht Prügel, wenn ich ihn erwische!« Oder er hörte auf zu graben und schimpfte: »Soll er da unten bleiben, der Sauhund! Geschieht ihm recht, wenn er übel zugerichtet wird!« Aber jedesmal, wenn Waldi endlich wieder auftauchte, untersuchte er ihn liebevoll, strich das Fell sauber und trug ihn zum Auto zurück.

Unser erstes Auto war ein elegantes dunkelblaues Cabriolet mit einem langen Trittbrett, zwei Ersatzreifen auf der hinteren Stoßstange und einem Verdeck, das man nach hinten falten konnte. Das sah sehr sportlich aus. Leider ließ sich das Verdeck nicht

Unser erstes Auto, ein Adler mit faltbarem Verdeck.

schnell genug heraufklappen, wenn es plötzlich zu regnen begann, und so wurden wir oft nass. Aber wir sahen sehr schick und modern aus, wenn wir mit unseren weißen Leinenmützen und dunklen Schutzbrillen durch die Gegend fuhren.

Ich war Vatis Mädchen. Manchmal nahm er mich mit in sein Büro in die Kaserne. Es machte Spaß, auf den Drehstuhl zu klettern, denn er schraubte ihn so hoch, dass ich auf einer Schreibmaschine herumklappern konnte. Es war interessant, die Soldaten kommen und gehen zu sehen, wie sie salutierten und dabei die Hacken zusammenschlugen.

Einmal hatte es wohl Ärger gegeben, denn ich hörte meinen Vater sagen, dass er seinen Stab *zusammenstauchen* müsse. Als seine Leute versammelt waren und stillstanden, bemerkte er, dass ich dort in der Ecke auf meinem Drehstuhl saß, ganz erwartungsvoll und mucksmäuschenstill. Er forderte mich auf, schnell herunterzuhüpfen und draußen zu spielen, doch ich antwortete: »Aber Vati, ich will doch zuschauen, wie du deinen Stab zusammenstauchst!« Die Anwesenden grinsten, meinem Vater verschlug es die Sprache und für eine Weile nahm er mich nicht mehr mit.

Zwischen 1934 und 1940 boten sich für meinen Vater mehrere Aufstiegsmöglichkeiten. Zu dieser Zeit war die deutsche Regierung mit dem chinesischen Generalissimo Chiang Kaishek freundschaftlich verbunden. Das war wahrscheinlich deshalb so, weil der General ebenfalls gegen den gemeinsamen Feind, die Kommunisten, kämpfte. Die Tatsache, dass Madame Chiang aus Wien stammte, spielte vielleicht auch eine Rolle. Mein Vater war nach China abkommandiert worden, um dort als militärischer Berater von Chiang Kaishek zu dienen. Er freute sich sehr über diese Aufgabe, hatte schon die Koffer gepackt und traf auch für uns Vorbereitungen, um ihm nach China zu folgen. Doch plötzlich wurde die Berufung aufgehoben. Er war sehr enttäuscht. Ich sehe ihn noch vor mir, einen Fellstiefel in jeder Hand haltend und vor sich hinmurmelnd: »Verdammt, all das umsonst!«

Mein Vater und ich im Sommerurlaub.

Heinrich Himmler wollte damals, dass mein Vater der Schutzstaffel, also der SS, beitrat. Er kam eines Abends, um diesen Vorschlag zu besprechen. Ich erinnere mich an ihn als einen untersetzten Mann mit rundem Gesicht und mausbraunem Stoppelhaar. Er trug eine graue Uniformjacke. Zum Abendessen gab es Spaghetti Bolognese, Himmlers Lieblingsgericht. Er war sehr freundlich und lustig und wollte mich auf sein Knie nehmen. Aber ich rutschte sofort wieder weg. Ich mochte ihn nicht – seine Brillengläser glitzerten. Vielleicht mochten meine El-

Meine Mutter und ich mit Peter, meinem Teddybär.

tern ihn auch nicht, denn mein Vater lehnte sein Angebot ab. Kurz darauf ging mein Vater nach Spanien und kämpfte im Spanischen Bürgerkrieg. Wir vermissten ihn sehr und meine Mutter muss sich große Sorgen um ihn gemacht haben. Jeden Abend schauten wir zusammen durch das hohe Fenster ihres Schlafzimmers und sagten:

»Sternlein behüt´ uns den lieben Vati.«

Obgleich ich mich an viele meiner Kindheitserlebnisse von 1934 bis 1939 nur bruchstückhaft erinnere, ist ein Erlebnis so deutlich haften geblieben, als ob es gestern geschehen wäre. Es war der Tag, an dem ich mit meiner Mutter zu der großen Parade gehen durfte, die zwischen dem Brandenburger Tor und Unter den Linden stattfand. Ich glaube, es war der 20. April, Hitlers Geburtstag. Lange rote Fahnen flatterten an Fahnenstangen und an den hohen Gebäuden beiderseits der breiten Straße, alles erstrahlte festlich im hellen Sonnenschein. Es war laut und heiß und aufregend. Ich trug ein hellblaues Kleid mit Seidenkragen, weiße Söckchen und neue Sandalen, die ein wenig drückten. Damit ich nur nichts verpasste, hatte ich mich in die erste Reihe der auf dem Bürgersteig versammelten Menschen vorgedrängelt. Als die Flugzeuge über uns dröhnten, musste ich mir die Ohren zuhalten und die Augen zusammenkneifen. Während die riesigen Panzer vorbeirasselten, bebte der Boden und ich hielt mich am nächstbesten Hosenbein fest. Ich bewunderte die tapferen Soldaten, die mit ihren bronzefarbenen Gesichtern aus der Panzerluke herausragten. Sie schauten alle geradeaus und die dunklen Barette saßen schnurgerade auf ihren Köpfen. So ein Käppchen wollte ich auch haben!

Die Truppen marschierten in so großen Kolonnen, dass sie die ganze Straßenbreite einnahmen. Ihre schwarzen Stiefel bewegten sich rhythmisch, eine Reihe nach der anderen, und das Sonnenlicht spiegelte sich in dem glänzenden Leder. Beim Salutieren streckten sie die Arme schräg hoch, eine Reihe nach der anderen, eine Kolonne nach der anderen und das Gebrüll der Menschenmasse am Straßenrand hob und senkte sich: »Sieg Heil, Sieg Heil!«. Und ich rief ebenso laut: »Sieg Heil,

Sieg Heil!«, bis ich einen dicken Kloß im Hals verspürte, weil mir alles so aufregend und fabelhaft vorkam und weil ich so stolz auf meinen Vater war, der auch dazugehörte, obwohl ich ihn nirgends sehen konnte.

Später stieg ich neben meiner Mutter die breiten Stufen der Reichskanzlei empor. Behutsam hielt ich ein Sträußchen Vergissmeinnicht in der Hand. Es ging immer weiter nach oben, durch das hohe Eingangsportal und noch etwas weiter, bis wir in einen Saal kamen. Dort waren zahlreiche Leute versammelt und da war er – plötzlich stand ich direkt vor dem Führer und brachte von all den Geburtstagswünschen, die ich auswendig gelernt hatte, kein einziges Wort heraus. Ich hielt ihm das Sträußchen hin, er nahm es und lächelte. Er hatte die blauesten Augen, die ich je gesehen hatte. »Danke, Vergissmeinnicht sind meine Lieblingsblumen«, sagte er, gab mir einen leichten Kuss auf die Wange und fragte mich, ob ich Erdbeeren mit Schlagsahne essen wollte. »Nicht mit Schlagsahne, lieber mit Vanilleeis, bitte«, flüsterte ich und spürte, wie ich rot wurde, weil alle über mich lachten. Aber der Führer lachte mich nicht aus. Er setzte sich neben mich und dann aßen wir zusammen Erdbeeren mit Vanilleeis. Ich passte auf, dass ich nicht auf mein blaues Kleid kleckerte und mein Kinderherz schlug nur für ihn. Wenn er mich in diesem Moment gefragt hätte, ob ich hier und jetzt für ihn sterben würde, hätte ich ohne Zweifel ja gesagt.

Kapitel 4

Vor dem Krieg

Nachdem mein Vater vom Spanischen Bürgerkrieg zurückgekehrt war, es muss 1937 oder 1938 gewesen sein, zogen wir nach Lichterfelde-West um. Damals zählte es zu Berlins Villenvierteln. Wir mieteten das Erdgeschoss einer zweistöckigen Villa, in der Kyllmannstraße 7. Das Haus gehörte einem älteren Herrn namens Holz. Als Goldgräber hatte er in Australien sein Glück gemacht. An seiner Uhrenkette baumelte ein riesiger, echter und von ihm selbst ausgegrabener Goldklumpen. Herr Holz konnte mit durchdringender Stimme »Coö« rufen, was bewies, dass er tatsächlich einmal ein abenteuerliches Leben *Down Under* geführt hatte.

Im ersten Stock wohnte der Intendant der Berliner Staatsoper, Ernst Legal. Aufgrund ihrer gemeinsamen Liebe zur Musik wurden er und mein Vater gute Freunde. Oft spielten sie zweihändig auf *Vatis bestem Stück*, einem Steinway Flügel. Anders als bei den beiden Männern entwickelte sich zwischen unseren beiden Haushälterinnen keine freundschaftliche Beziehung. Die zwei konnten sich aus irgendeinem Grund nicht ausstehen. Auf der Hintertreppe herrschte Feindseligkeit und es wurde mit böser Zunge gesprochen. Im Wintergarten, wo meine Mutter ihren Dschungel an Zimmerlinden, Philodendren und Begonien pflegte, spielten wir Kinder Theater, meistens Cowboy- und Indianerspiele. Ich war immer der edle Häuptling, denn ich besaß zwei dafür notwendige Requisiten: Ein Indianerkostüm mit Federschmuck und mein Schaukelpferd, das mit echtem Fell bezogen war und einen echten Pferdeschwanz hatte. Es waren auch stets zwei Prinzessinnen oder gute Feen dabei, weil wir auch für diese Rollen schöne Kostüme hatten.

Die Villa war von einem großen Garten umgeben, der an das Grundstück der berühmten Regisseurin Leni Riefenstahl

Die Villa in der Kyllmannstraße 7.

grenzte. Eines Morgens gab es große Aufregung. Bei Leni Riefenstahl war eingebrochen worden und nun rückten bewaffnete Polizisten mit Sirenengeheul an und umstellten ihr Haus. Es wurde laut durch ein Megaphon gerufen und ein paar Männer huschten durch unseren Garten. Erschrocken und fasziniert zugleich beobachteten wir alles vom Dachbodenfenster aus. Sophie, Ernst Legals Drache, wie wir sie heimlich nannten, stand diesmal sogar in friedlicher Eintracht neben Helene. Beide sahen gebannt zu, wie sich nebenan das Drama abspielte. Wir hörten Schüsse, aber zu unserer großen Enttäuschung waren es nur explodierende Tränengaspatronen. Es floss kein bisschen Blut. Die fünf Einbrecher kamen völlig verschüchtert aus dem Keller und wurden schnell in die *Grüne Minna* verfrachtet.

Als Nachbarin war Leni Riefenstahl nicht besonders freundlich. Wenn unsere beiden Schildkröten durch den Zaun krabbelten, um ein wenig an Lenis Kopfsalat zu knabbern, rief sie bei uns an und beschwerte sich. Einmal schmiss sie sogar unsere armen Lieblinge über den Zaun zurück.

Maria und Maritza waren Schildkröten, so groß wie Suppenteller, und sie führten ein aufregendes Leben. Sie reisten auf Heu gebettet in unserem Kofferraum von Jugoslawien nach Deutschland mit. Aber es gefiel ihnen wohl nicht bei uns und sie entschlossen sich offenbar, nach Hause zurückzuwandern. Doch da sie ziemlich langsam und schwerfällig waren und sich unterwegs oft ausruhen und erfrischen mussten, konnten wir sie meist wieder einfangen, bevor sie durchs Gartentor entwischten. Nur einmal schafften sie es bis halb über die Straße, wo Maritza von einem Lieferwagen überfahren wurde. Glücklicherweise war ihr Panzer so hart, dass sie nur an den rechten Vorderkrallen leicht verletzt wurde. Zwei Jahre lang lebten sie bei uns. Zweimal erwachten Maria und Maritza in ihrer Holzkiste, die mit Heu und Holzspäne gefüllt war, aus dem Winterschlaf. Sie waren gesund und munter. Dann, während eines Kälteeinbruchs im Herbst, gruben sie sich still und leise ein Winterquartier im Komposthaufen. Das war ihr Untergang. Wir fanden ihre traurigen Überreste erst im folgenden Frühling, ganz unten im Komposthaufen. Von ihnen waren nicht mehr als zwei leere Schildkrötenpanzer und ein paar Knöchelchen übrig geblieben.

In jener Zeit gingen meine Eltern abends oft auf Konzerte, in die Oper oder ins Theater. In mein Bett gekuschelt, bestand ich darauf, nach dem Gute-Nacht-Kuss von ihnen in den Schlaf gesungen zu werden, ehe sie prächtig gekleidet fortgingen. Meine Lieblingslieder waren *Guten Abend, Gute Nacht* und *Der Mond ist aufgegangen.*

Meine Mutter besaß zwei Abendkleider, die besonders schön waren. Das schwarzweiße im klassischen Stil nannten wir Haile Selassie, genannt nach dem äthiopischen Kaiser, der gerade Berlin besuchte. Das andere, in schimmerndem Hellblau, war die *Robe des Heiligen Geistes.*

Als ich acht Jahre alt war, begann ich mit meinen Klavierstunden bei »Papa Steiner«, der einige Häuser weiter wohnte. Er hatte mehrere Söhne, alle talentierte Musiker. Einer von ihnen war Max, der ein berühmter Komponist in Hollywoods Filmindustrie wurde. Papa Steiner war ein sehr liebenswürdiger und geduldiger älterer Herr. Ich mochte ihn sehr gern, er war stets gut gelaunt und die Klavierstunden bei ihm waren interessant und lustig. Er brachte mir bei, meine Finger ruhig über die Tasten gleiten zu lassen, indem er mir zwei Himbeerbonbons auf die Handrücken legte. Wenn sie beim Üben der Oktaven nicht herunterfielen, durfte ich sie anschließend lutschen. Papa Steiner förderte mein Musikverständnis, lehrte mich Noten lesen, sie richtig zu singen und einfache Klavierstücke zu spielen. Doch zu seiner großen Enttäuschung war ich nicht talentiert genug, um so berühmt wie sein Sohn Max zu werden.

Nachdem ich einige Monate lang wiederholt Bauchschmerzen gehabt hatte, wurde schließlich eine Blinddarmreizung festgestellt. »Raus damit!«, bestimmte mein Vater, und ich wurde sofort in die Privatklinik von Professor Sauerbruch eingeliefert. Der Professor, ein überaus angesehener Chirurg, kümmerte sich natürlich nicht persönlich um meinen unbedeutenden Blinddarm. Irgendetwas war wohl bei der Operation schief gelaufen, denn ich musste die nächsten sechs Wochen mit einer schmerzhaften Wundentzündung in der Klinik liegen. Die Wunde wurde täglich gesäubert und mit Gaze ausgetupft. Es war eine Tortur, der ich mich nicht gerade würdevoll unterwarf, bis zu jenem Tag, an dem wir eine Abmachung trafen.

Ich hatte mir schon lange ein Fahrrad gewünscht, war aber bei meinen Eltern auf Ablehnung gestoßen. Sie hatten angeblich kein Geld dafür. Laut unserer Vereinbarung konnte ich mir nun selbst das Geld verdienen. Jedesmal, wenn ich bei der Wundbehandlung weder schrie noch wild um mich schlug, erhielt ich zehn Mark für meine Sparbüchse. Von da an biss ich mir beim Verbandwechseln auf den Daumen und sparte mir auf diese Weise dreihundert Mark zusammen. Als ich wieder zu Hause war und aufrecht gehen konnte, kaufte ich mir ein Fahrrad. Es war leuchtend gelb, hatte eine Lampe und eine silberne Klingel am Lenker.

Die Schuljahre in Berlin sind in meiner Erinnerung ziemlich verschwommen. Es gibt ein Foto von meinem ersten Schultag, auf dem ich mit Hut, Mantel, weißen Kniestrümpfen und Pausentäschchen wirklich gut ausgerüstet bin. Die traditionelle große Schultüte, die ich im Arm halte, ist voller Naschereien, die mir und meinen neuen Schulfreundinnen den Tag versüßen sollten. Waldis Leine halte ich fest in der linken Hand, denn ich weigerte mich, ohne ihn in die Schule zu gehen.

Die einzige Lehrerin, an die ich mich noch erinnere, war eine sehr strenge Engländerin, die in »India« gelebt hatte. Ihre Haut war ganz ledern, braun und verschrumpelt. Sie roch nach Gewürznelken und trug immer Kleidung aus Tweed. Wir mussten eine perfekte Aussprache einüben. Deshalb beugte sie sich mit ihrem ledernen Ohr dicht an unsere Münder, während wir wiederholen mussten: »Try, try and try again.« Jenen Unglücksraben, die das englische »R« nicht richtig rollen konnten, schlug sie mit einem Elfenbein-Lineal auf die Finger. Glücklicherweise konnte ich das »R« genau so rollen, wie sie es verlangte. Doch mit der perfekten Aussprache der »Vs« und »Ws« habe ich noch heute meine Schwierigkeiten; vom »H« vor einem »U« wie im Wort *huge* ganz zu schweigen.

Kapitel 5

Der Krieg

In den Monaten, bevor im September 1939 der Zweite Weltkrieg ausbrach, erzählte man sich Geschichten über Polen, die Volksdeutsche misshandelt oder gar getötet hatten. Schauplatz dieser Ereignisse war der polnische Korridor, jener Teil Ostpreußens, der dem Versailler Vertrag zufolge an Polen abgetreten worden war. Noch immer erinnere ich mich an das Zeitungsbild, das mich damals sehr entsetzt hatte. Es zeigte den Körper einer ermordeten Frau, die auf einem Bürgersteig lag und deren Blut in den Rinnstein floss.

Ich glaube, der *Blitzkrieg* gegen Polen wurde von der breiten Öffentlichkeit gutgeheißen. Die Deutschen waren durch den Propaganda-Apparat so sehr beeinflusst worden, dass sie dafür waren, »den Polen eine Lektion zu erteilen«, »unsere Volksdeutschen vor polnischen Schurken zu schützen« und deutschen Grund und Boden zurückzufordern, der nach dem Ersten Weltkrieg annektiert worden war. Die Eingliederung Österreichs und des Sudetenlands (Böhmen und Mähren) war erfolgreich verlaufen. *Heim ins Reich*, so hatte die wirksame Parole gelautet, und das sollte nun auch für die Gebiete Ostpreußens gelten. »Es ist das Recht der Volksdeutschen, in Großdeutschland zu leben«, stand in den Zeitungsschlagzeilen. Dass der *Blitzkrieg* gegen Polen zum Zweiten Weltkrieg führen würde, hatte vermutlich kaum jemand geahnt.

Der britische Premierminister Neville Chamberlain und sein französischer Amtskollege Edouard Daladier erklärten, dass zwischen Großbritannien, Frankreich und Großdeutschland weiterhin Friede herrschen würde. Großbritannien hatte Schottland, Wales und Irland in sein *Reich* eingegliedert. Man glaubte, die Engländer würden den Wunsch der Deutschen, ihre eigenen Landsleute im Deutschen Reich zusammenzubringen, anerkennen. Frankreich hatte sich nicht sonderlich aufgeregt, als Elsass-Lothringen wieder unter deutsche Verwaltung gestellt wurde. Außerdem gab es einen soliden Grenzschutz zwischen den Deutschen und Franzosen: Die Siegfriedlinie auf der einen und die Maginotlinie auf der anderen Seite. Beide Staaten hielten ihre Grenzen für unantastbar. Deutschlands Ostflanke war durch den geheimen Nichtangriffspakt mit der sowjetischen Regierung gesichert. Beide Regierungen waren damals ohne Weiteres bereit, ihre ideologischen Auffassungen beiseite zu legen, denn sie wollten Polen untereinander aufteilen. Obgleich die deutsche Öffentlichkeit nichts davon wusste, spielte dieser Pakt wahrscheinlich die entscheidende Rolle für die Kriegserklärung und den Einmarsch in Polen.

Deutschlands südliche Nachbarn stellten kein Problem dar. Die Slowakei und Ungarn waren uns freundlich gewogen, und Mussolinis Italien war ebenso ein Partner der Achse wie Japan auf der anderen Seite der Welt. Folglich wurde der *Blitzkrieg* gegen Polen als eine rasche militärische Aktion betrachtet, die für die übrigen europäischen Staaten ohne Konsequenzen ausgehen würde. (Die Tatsache, dass mein Vater, der damals Major war, im August 1939 einen Monat Urlaub in Spanien machen durfte, bestätigte diese Hypothese für mich.)

Im Sommer 1939 verbrachten unsere Haushälterin Helene, Waldi und ich einen idyllischen Monat in Feldafing, am Ufer des Starnberger Sees. Wir wohnten in einem Holzhaus auf einer kleinen Lichtung, zwischen einem Buchenwald und dem Schilfgürtel des Sees gelegen. Da meine Eltern in Spanien waren, konnte ich tun und lassen, was ich wollte, vorausgesetzt ich beachtete Helenes Wünsche und respektierte ihre Phobien. Helene hatte panische Angst vor Gewitter und besonders davor, dass ein Blitz einschlagen könnte. In jenem heißen Sommer gewitterte es häufig, und jedesmal scheuchte sie mich ins Haus, verschloss sämtliche Türen und Fenster und machte sogar die Fensterläden zu. Samt Waldi krabbelten wir unter den massiven Esstisch. Ich gehorchte, ohne zu widersprechen. Doch konnte ich nie ganz verstehen, warum sie stets jeden Metallgegenstand, den sie finden konnte, von Besteck, Töpfen, Pfannen bis zu Scheren und Nagelfeilen rasch in Tisch-

und Wolldecken zusammenraffte und nach draußen auf den Rasen warf. Sie erzählte mir schauderhafte Geschichten von Feuerbällen, die durch offene Fenster hüpften, auf der Suche nach Metallutensilien; und von unglückseligen Hausbewohnern, die zu Asche verbrannt waren, weil sie, anders als Helene, keine Vorsichtsmaßnahmen getroffen hatten. So kauerten wir gemeinsam stundenlang im Dunkeln unterm Tisch und schwitzten und zählten die Sekunden zwischen Blitz und Donnerschlag:» …23, …24, …25.« Jede Sekunde, die wir zählten, bedeutete, dass der Blitz einen Kilometer von uns entfernt einschlug. Während des Gewitters durfte ich nichts essen, denn der Feuerball hätte das Essen in meinen Händen aufgespürt!

Helene hatte eine elegante Lösung gefunden, mich zu verpflegen. Sie kochte nicht gern und ließ es daher ganz sein. Trotzdem aßen wir sehr gut dank der Feldküche, die den Arbeitstrupp versorgte, der unweit von uns eine Straße durch den Wald baute. Wir aßen gern, was die Arbeiter bekamen: Leberkäse, Kartoffelsalat, Knödel und Gulasch. Jeden Vormittag gegen elf Uhr wanderten wir den Berg hinauf zum Küchenwagen, wo uns der nette Koch für drei Mark so viel Essen in die Behälter füllte, dass es fürs Mittagessen und meist auch fürs Abendessen reichte.

Wir hatten ein kleines Motorboot, mit dem wir zum Einkaufen fahren konnten. Aber nachdem wir es beim ersten Versuch, es rückwärts aus dem Bootshaus zu steuern, im Schilf festgefahren hatten, blieben wir lieber in unserer kleinen Bucht und ließen uns von dem Hausmeister versorgen. Wir nannten ihn »Herr Fabelhaft«. Herr Fabelhaft, ein gut aussehender und athletischer junger Mann, war unser Held. Er konnte alles reparieren, er wusste über alles Bescheid, er brachte uns alles herbei, was wir brauchten. Jeden Abend paddelte er mit seinem Kanu an unseren Steg, sprang ans Ufer und vergewisserte sich, ob alles in Ordnung war. Eines Sonntags kam er schon morgens, das war ungewöhnlich. Noch ungewöhnlicher war, dass er uns schon von weitem etwas zurief. Wir liefen zum Steg. »Packt sofort eure Sachen, ihr müsst zurück nach Berlin. Der Krieg ist ausgebrochen!«, rief er.

Während des ersten Kriegsjahres blieben wir in Berlin. Als Zehnjährige kam es mir nicht in den Sinn, dass der Krieg für unsere Familie, Freunde oder Bekannten lebensbedrohlich sein könnte. In den Radionachrichten hörten wir von erfolgreichen Feldzügen und Schlachten, die unsere tapferen Soldaten gewonnen hatten, und vom Vormarsch der Armee in feindliche Gebiete. Unser Heer schien unbesiegbar zu sein.

Als dann die ersten Bomben fielen und die Sirenen bei Fliegeralarm aufheulten, gingen wir in unseren Luftschutzkeller, tranken Kakao, aßen Kekse und spielten *Halma* oder *Mensch ärgere dich nicht*. Manchmal, wenn eine Bombe in der Nähe einschlug, wackelte der Tisch und die bunten Spielfiguren fielen um. »Oh, das war aber knapp.«, sagten wir dann und Herr Holz ging nach oben und sah nach, ob das Haus brannte. Glücklicherweise war das nie der Fall, und er rief »Coö« und wir kamen alle aus dem Keller und schauten zu, wie das Flakfeuer und die Scheinwerfer den Himmel erleuchteten.

Nach einem nächtlichen Luftangriff begann die Schule erst um zehn Uhr. Das war für meine Schulfreunde und mich eine Gelegenheit, Schrapnelle aufzusammeln, was wir begeistert taten. Nicht nur, weil daraus wieder Bomben gemacht wurden und diese über dem Feind niederhagelten und das unserem Vaterland diente. Sondern auch deshalb, weil man zur Belohnung für fünf Kilogramm der Geschosse einen »Tommy-Helm« erhielt. Ich war die erste in meiner Klasse, die sich solch einen Helm der Engländer verdient hatte. Mit diesem auf dem Kopf spazierte ich hocherfreut nach Hause, doch meine Mutter war nicht besonders stolz auf mich. »Du hättest in tausend Stücke zerrissen werden können! Und der Helm hat vielleicht einem armen Jungen gehört, der in Dünkirchen ums Leben gekommen ist«, sagte sie. Ich durfte nie mehr Schrapnelle suchen gehen und sie nahm mir außerdem den Helm ab.

Zu Anfang des Krieges ahnten wir nichts von der verheerenden Zerstörung, die Berlin erleiden würde. Es gab natürlich die Verdunkelung, was bedeutete, dass die Straßenlaternen nur schwach leuchteten und bei einem Luftangriff ganz ausgeschaltet wurden. Luftschutzwarte kontrollierten, ob kein Lichtstrahl durch die Fensterverdunkelung schien. Alle Wohnhäuser mussten einen Luftschutzkeller haben und es musste dafür gesorgt sein, dass dort alles vorhanden war, was man im Notfall brauchte: Rationen von Wasser und Nahrung, Wolldecken, ein Rotes-Kreuz-Köfferchen, Taschenlampen, Kerzen und Streichhölzer, einen Feuerlöscher und mehrere Eimer voll Sand, genügend Sitz- oder Liegeplätze für sämtliche Hausbewohner. In unserem Luftschutzkeller hatten wir auch ein Radio, einen Tauchsieder, einen Küchenschrank mit Lebensmitteln und Geschirr, einen alten Kleiderschrank mit warmer Kleidung und einen Kartentisch, an dem wir zum Zeitvertreib unsere Spiele aufbauten. Während des Aufheulens der Sirenen nahmen wir Waldi auf den Arm und gingen hinunter in den Luftschutzkeller. Sobald der monotone Entwarnungston erklang, stiegen wir wieder nach oben. Fliegerangriffe erschienen mir damals kaum etwas Furchterregendes zu sein. Wahrscheinlich lag es daran, dass wir in einem Vorort wohnten, weit weg von strategisch wichtigen Zielen wie Fabriken oder Bahnhöfen, die sich im Zentrum der Drei-Millionen-Stadt befanden.

Im Laufe der Zeit häuften sich jedoch die Luftangriffe. Als wir eines Nachts im Keller saßen und *Mensch ärgere Dich nicht spielten*, landete eine Bombe im alten Fliederbusch am Ende des Gartens. Statt des Flieders klaffte dort ein tiefer Krater, die meisten Fensterscheiben des Hauses waren zerborsten und etliche Dachziegel lagen entzwei im Gras. Das schockierte uns ziemlich.

Im Sommerhaus in Fildafing erfuhren wir vom Ausbruch des Krieges.

Kapitel 6

Zakopane

Im Winter 1939-1940 waren meine Mutter, Waldi und ich für ein paar Tage in Zakopane, einem Ferienort inmitten schneebedeckter Berge in der Hohen Tatra in Polen. Polen war besiegt und befand sich unter deutscher Besatzung. Obwohl polnische Partisanen noch immer aktiv waren, hielt mein Vater Zakopane für einen sicheren Ferienort. Nachdem er uns in dem luxuriösen Hotel abgesetzt hatte, fuhr er wieder fort und beabsichtigte, uns in zehn Tagen abzuholen.

Die kleinen Bauernhäuser, von denen viele leuchtend blau angestrichen waren, unser schickes Hotel, der Souvenirladen, wo ich eine bunte Holzschlange kaufte, und vor allem die Pferdeschlitten, all dies sehe ich noch deutlich vor mir. Eine Schlittenfahrt war wunderbar! Bevor es losging, musste man in Schaffellsäcke schlüpfen. Sie reichten bis zu den Achseln und an den Fußenden war ein heißer Stein, so dass man im offenen Schlitten nicht zum Eisklumpen gefror. Zwei stämmige, dickfellige Panjepferde zogen den Schlitten trabend oder im Galopp durch den Schnee, und die Glöckchen an ihrem Geschirr klingelten lustig. Der Kutscher stand vorn auf einem niedrigen Brett. Er trug weiße Filzhosen, die mit bunten Blumen bestickt waren, einen ebenfalls bestickten zotteligen Schaffellmantel und eine Pelzmütze. Einmal durfte ich neben ihm auf dem Brett stehen und die Zügel halten. Er knallte mit der Peitsche und ich rief: »Huija!«, und »Wychta!«, und wir sausten los. Schnee- und Eisklümpchen, von den Hufen aufgewirbelt, flogen mir ins Gesicht und der Kutscher hielt mich fest im Arm und er roch herrlich nach Pferd und Schaf, und ich war im siebenten Himmel.

Wie es damals in guten Hotels üblich war, stellte man abends die Schuhe vor die Zimmertür und fand sie am nächsten Morgen blitzblank geputzt vor. Eines frühen Morgens hörte ich ein

Geräusch vor unserer Tür. Der Schuhputzer war gerade damit beschäftigt, unsere Schuhe ordentlich in eine Reihe aufzustellen. Ich sagte: »Danke«, und er antwortete: »Bitte schön« und ging schnell weiter den Flur entlang. Später am selben Tag sah ich ihn vom Badezimmerfenster aus. Er war unten im Hof und spielte mit einem lebhaften schwarzen Hirtenhund. Natürlich musste ich hinunter zum Hof, um den Hund kennen zu lernen. Trotz der Sprachbarriere verstanden wir uns gut. Sein Hund hieß Rex. Beim Abendessen wickelte ich heimlich mein Bratenstück in die Serviette und später, als ich eigentlich im Bett liegen und ein Buch lesen sollte, schlich ich mich mit meinem Geschenk die Hintertreppe hinunter. Rex freute sich sehr, doch der Schuhputzer schien über meinen Besuch irgendwie beunruhigt zu sein. Ich sah, dass er einen schmutzigen Lappen um seine linke Hand gewickelt hatte. Sogleich fühlte ich mich wie die gute Fee und bat ihn, mir seine verwundete Hand zu zeigen. Ich erschrak, als ich die klaffende Wunde sah, die sich vom Daumen bis übers Handgelenk zog. Ich rannte die Treppe hinauf, holte unseren Erste-Hilfe-Kasten und bestand darauf, die Wunde zu säubern und zu verbinden. Der Schuhputzer war sehr tapfer und zuckte nur einmal, als ich etwas Jod über seine Hand träufelte. Er sagte: »Danke«, als seine Hand frisch verbunden war, und ich sagte: »Bitte schön«, und wir lächelten uns an. Zuerst schimpfte meine Mutter mit mir, weil ich mich heimlich fortgeschlichen hatte. Aber sie verstand meine Beweggründe, schließlich war sie ja selbst Krankenschwester. Am nächsten Morgen ließ sie den Schuhputzer kommen, wechselte seinen Verband und sagte, ich hätte die Wunde richtig behandelt. Von nun an durfte ich Rex mitnehmen, wenn wir spazieren gingen. Er vertrug sich sehr gut mit Waldi, beide apportierten Stöckchen und rollten sich gern im Schnee.

Nahe hinterm Hotel befand sich die Talstation der Gondelbahn, die hinauf zu einem Gipfel schwebte. Dort oben konnte man sich in Liegestühlen sonnen oder im Restaurant sitzen und Kakao trinken. Von der Terrasse konnte man die Aussicht genießen und die Skifahrer bewundern, die die Piste hinunterkurvten. Weshalb wir an jenem Nachmittag dort oben waren oder wie wir dorthin gelangten, weiß ich nicht mehr. Doch ich erinnere mich lebhaft daran, was dann geschah und wie unser Urlaub zu einem jähen Ende kam. Ich entsinne mich, dass wir Waldi im Hotelzimmer gelassen hatten, denn der Schnee oben auf dem Berg war für seine kurzen Beinchen zu tief. Ich weiß noch, dass wir Rex mitgenommen hatten, dass es wieder angefangen hatte zu schneien und wie sehr wir uns ängstigten. Wir waren am Restaurant angekommen und hatten es geschlossen vorgefunden. Alle Türen waren zu, innen war es dunkel und niemand antwortete auf unser Klopfen und Rufen. »Wir fahren mit der nächsten Gondel runter«, sagte meine Mutter, nahm mich fest an die Hand und marschierte zur Bergstation. Aber auch dort war alles verriegelt und kein Mensch zu sehen. »Wir gehen jetzt schnell über die Abkürzung ins Tal zurück«, flüsterte meine Mutter und umklammerte meine Hand so fest, dass ich spürte, wie nervös sie war und wie dringend sie von hier weg wollte. Die Abkürzung war ein steiler Zickzackpfad, der sich neben den Gondelmasten durch den dunklen Tannenwald schlängelte. Wir liefen den Pfad hinunter, schneller und schneller. Es schneite immer heftiger, und wegen der Abenddämmerung war es schon sehr dunkel im Wald. Abbrechende Äste erschreckten uns. Es gab Wölfe in dieser Gegend und die Tollwut war ausgebrochen. Wir waren mit Rex ganz allein. Es war zwecklos nach Hilfe zu rufen, niemand hätte uns gehört oder hätte uns helfen wollen. Mein Vater hatte uns gewarnt: »Seid vorsichtig, die Polen haben keinen Grund, uns zu mögen!« Rex zerrte an seiner Leine und jaulte immerzu. Es ging nun steiler bergab und bis ins Tal war es noch weit. Wir liefen immer rascher. Rundherum knackten und brachen Äste unter der Last des Schnees. Auf einmal hörten wir einen Schuss und einen erstickenden Schrei. In einiger Entfernung donnerten noch mehr Schüsse. Panisch vor Angst begannen wir zu rennen. Und plötzlich tauchte vor uns, neben einem Baumstamm, eine dunkle Gestalt auf. Ein Gewehrlauf blitzte kurz auf. Vor Schreck waren wir wie gelähmt, außer Rex, der heulte und bellte und wild umhersprang. Ich konnte ihn kaum halten. Die Gestalt kam näher und eine Stimme zischte eindringlich: »Gut. Freund. Komm!« Es war der Schuhputzer.

So leise und schnell wie möglich liefen wir den restlichen Pfad entlang, während der Schuhputzer einige Schritte hinter uns blieb und sein Gewehr schussbereit in den Händen hielt. Kurz bevor wir den Lichtschein des Hotels erreichten, verschwand er. Im Foyer erwartete uns bereits der Adjutant meines Vaters. Mit ernster Miene forderte er uns auf, sofort mit ihm nach Krakau zu fahren, wo wir meinen Vater treffen würden. Waldi und das Gepäck waren bereits unterwegs. Es blieb mir gerade noch Zeit, mich zu Rex hinunterzubeugen, ihn zu umarmen und ihm heimlich meine goldene Halskette umzuhängen, ehe wir ins Auto stiegen. Mit bewaffneter Eskorte fuhren wir los.

Obwohl *der Vorfall in Zakopane* geheim gehalten werden sollte, fand ich heraus, dass mehrere Soldaten und Zivilisten getötet worden waren, die an einer Partisanen-Aktion teilgenommen hatten. Die Partisanen gehörten einer Untergrundbewegung polnischer Freiheitskämpfer an, die die deutschen Besatzer überfielen und sabotierten, wann und wo immer sich eine Gelegenheit bot.

Eigentlich rechnete ich mit Ärger, sobald der Verlust meiner Halskette herauskommen würde. Schließlich war sie aus einem Teil von Opas Uhrenkette angefertigt worden und Oma Höfle hatte sie mir zum Geburtstag geschenkt. Als meine Mutter fragte, ob ich wüsste, wo die Kette wäre, antwortete ich mit schlechtem Gewissen: »Ja, sie hängt am Hals von Rex.« Daraufhin schaute sie mich wortlos an, umarmte mich und ihre Augen glänzten. Der Vorfall in Zakopane wurde in unserer Familie nie wieder erwähnt, aber ein wenig später schenkte mir meine Mutter ein Armband, welches ebenfalls aus Opas Uhrenkette gemacht worden war. Ich besitze es noch immer.

Kapitel 7

Garmisch

Im Frühjahr 1941 meinte mein Vater, Berlin wäre für uns kein sicherer Wohnsitz mehr und so zogen wir in die Berge Süddeutschlands, nach Garmisch. Dort mieteten wir die erste Etage im Hause meiner Tante Emma, die Vaters Kusine war.

Tante Emma hatte einen persischen Saluki-Hund namens Sascha. Er sah sehr aristokratisch aus, sein schwarzweißes Fell war seidenweich, die Rute ähnelte einer Fahne, sein Kopf war langschnäuzig und er hatte einen kühnen Blick. Leider war Sascha nicht besonders intelligent. Er jagte instinktiv allem nach, was sich schnell bewegte. Er rannte neben Zügen her und war schneller als die meisten Autos auf der Landstraße, was jeden Spaziergang mit ihm zu einem nervenaufreibenden Erlebnis machte. »Er ist genauso verrückt wie sein Frauchen«, stellte mein Vater schonungslos fest.

Ganz so unrecht hatte er nicht, denn Tante Emma hatte seltsame Angewohnheiten. Vormittags verhielt sie sich vergleichsweise normal. Doch nachmittags schlüpfte sie oft in ein buntes Seidenkleid, deckte den Wohnzimmertisch mit dem feinsten Leinen und besten Teeservice, dazu der silberne Samowar und Blumengebinde, und zog dann die Vorhänge zu und wartete ab. »Ich erwarte den Kaiser von China«, verkündete sie durch einen Türspalt. »Sagt mir bitte Bescheid, wenn er hier ist, und erweist seiner Majestät den gehörigen Respekt.« Das hätten wir gerne gemacht, aber zu unserer und ihrer großen Enttäuschung erschien der Kaiser von China niemals zum Nachmittagstee, obwohl sich Tante Emma stets erneut auf seinen Besuch vorbereitete. Ich vermute, er hatte in seinem Reich dringenderen Angelegenheiten nachzugehen, wie zum Beispiel sich um den Ärger in der Mandschurei und um Chiang Kai-shek und Mao Tse-tung zu kümmern.

In Garmisch wohnten nun viele Familien, die aufgrund der

Fliegerangriffe auf die großen Städte hierher gezogen waren. Das Lyzeum, die Oberschule für Mädchen, konnte keine neuen Schülerinnen mehr aufnehmen. Also bestanden meine Eltern darauf, mich auf das Gymnasium, die Oberschule für Jungen, zu schicken. Das Gymnasium wurde von Jesuiten geleitet, die nicht gerade begeistert waren, ein Mädchen in ihrem Männerbetrieb zu haben. »Sie muss sich unserer Schulordnung anpassen und Latein lernen«, forderten sie, doch meine Eltern ließen sich nicht so leicht entmutigen. Ich war elf Jahre alt, trug eine Zahnspange, und da meine Körpermaße um Brust und Taille gleich waren, sah ich wie eine Tonne aus. Meiner Ansicht nach waren alle Jungen scheußlich und zweifellos dachten sie genauso über mich. Sie ließen die Luft aus meinen Fahrradreifen entweichen, klauten meine Buntstifte und riefen mir unanständige Wörter hinterher. Im Klassenzimmer saß ich neben einem besonders grässlichen Jungen, der nie seine Lateinaufgaben machte. Ich machte meine, denn ich hatte Latein gern. Er schrieb alles aus meinem Heft ab und wenn ich protestierte, kniff er mich, und zwar so fest, dass ich am linken Oberschenkel blaue Flecken bekam. Eines Tages zahlte ich es ihm heim. Im Klassenzimmer war es ganz still, unser Lehrer war hinter seinem Pult eingenickt. Wir schrieben einen Test und mein unausstehlicher Nachbar wollte mal wieder von mir abschreiben.

Er kniff mich, aber diesmal packte ich seine Hand und biss so fest zu, dass sie anfing zu bluten. Er brüllte wie am Spieß, der Pater schreckte aus seinem Halbschlaf hoch und kam ärgerlich zu uns. »Sie hat mich gebissen!«, jammerte der Junge und streckte seine blutende Hand aus. »Er hat mich gekniffen!«, schrie ich und zeigte ihm die blauen Flecken auf meinem Oberschenkel. Unsere Klassenkameraden jubelten und klatschten laut Beifall. Der Pater rauschte aus dem Klassenzimmer und kehrte kurz darauf mit dem Monsignore, unserem Schuldirektor, zurück. Ruhe und Ordnung waren sofort wieder hergestellt, der Kneifer wurde bestraft, aber der Monsignore sagte zu mir kein einziges Wort. Vielleicht sah er ein, dass ich mit Recht zugebissen hatte, vielleicht amüsierte ihn der Vorfall insgeheim, vielleicht war er aber auch überfordert mit einem beißenden Mädchen, das ihren Oberschenkel entblößt hatte. Jedenfalls hörte die Kneiferei auf und ich hatte die Anerkennung meiner Klassenkameraden gewonnen. Von nun an gehörte ich zu ihnen. Noch heute mag ich Latein, es hilft bei der Rechtschreibung. Und während einer Unterhaltung beiläufig ein lateinisches Sprichwort einzuflechten, hat zudem einen gewissen *Snobwert*. Es kommt kaum darauf an, ob das Zitat der Situation angemessen ist. Ein *Navigare necesse est* oder *Scientia potestas est* gleichzeitig mit weisem Kopfnicken gemurmelt, wird gewöhnlich sehr gut aufgenommen. Heutzutage gibt es nicht viele Leute, die noch fließend Latein sprechen können!

Als im Lyzeum ein Platz frei wurde, musste ich in diese vornehme, von Nonnen geleitete Mädchenschule wechseln. Ich verließ meine Klassenkameraden nur ungern und es fiel mir schwer, mich von nun an damenhaft zu benehmen. Im Schulgebäude mussten wir Pantoffeln tragen, weil die Schwestern sehr stolz auf ihren spiegelblank polierten Fußboden waren. Es hatte auch einen Vorteil: Sobald keine Schwester in Sicht war, nahmen wir Anlauf und schlitterten in halsbrecherischem Tempo die Korridore entlang. Im Klassenzimmer mussten wir Schürzen tragen und jeden Morgen wurde kontrolliert, ob wir ein sauberes Taschentuch eingesteckt und saubere Fingernägel hatten. Es dauerte etwas, bis ich mich daran gewöhnte. Abgesehen davon, dass nun gute Manieren und Sauberkeit an erster Stelle standen, verlief der Schulwechsel problemlos und es war nicht mehr nötig, jemanden zu beißen. Während meiner gesamten Schulzeit besuchte ich acht verschiedene Schulen. Nicht etwa, weil man mich aus sieben Schulen herausgeschmissen hätte, sondern weil unsere Familie so oft umziehen musste. Ich hob diesen Umstand gegenüber meinen eigenen Schülern besonders hervor, als ich später Lehrerin war und meine Bildungslücken erklären wollte. Meine Schulkenntnisse weisen nämlich einige Besonderheiten auf. Zum Beispiel nahm ich in Erdkunde Nordamerika dreimal durch, wohingegen ich niemals etwas über Asien gelernt hatte. Was

Mathematik anbelangt: Ich kann recht gut multiplizieren und dividieren, aber das Geheimnis um die Quadratwurzel oder *die Sätze des Pythagoras* sind für mich bis heute ein Buch mit sieben Siegeln geblieben.

In einem kleinen Holzhaus, ein wenig bergauf von uns, wohnte ein älterer Herr mit einem runden rosigen Gesicht, das immer glatt rasiert war. Auch war er stets gut gekleidet, meistens trug er eine Fliege und hielt eine wohlriechende Pfeife in der Hand. Wir wussten nicht, wie er hieß, für uns war er einfach *der Amerikaner*. Meine Freundin und ich besuchten ihn gern, denn er war immer gut gelaunt und freute sich, wenn wir ihm Gesellschaft leisteten. Vielleicht waren wir die Einzigen, die ihn beim Schreiben und dem Übermitteln von Nachrichten unterbrachen. »Howdy!«, grüßte er uns lächelnd durchs Fenster, wenn wir ihm zuwinkten.

Seine Tür war stets verschlossen und er raschelte geheimnisvoll herum, bevor er uns öffnete. Auf seinem Schreibtisch stand ein Mikrofon und lag ein Kopfhörer, außerdem verschiedene schwarze Kästen mit Wählscheiben und ein Stapel von Aktenmappen und Papieren.

Wir pflückten oft wilde Erdbeeren für ihn, die er so gern aß, und er gab uns Süßigkeiten, die er *candy* nannte. Es amüsierte ihn, wenn wir mit unserem Schulmädchen-Englisch versuchten, mit ihm zu kommunizieren. Und er brachte uns einige mehr oder weniger anständige amerikanische Slangwörter bei, wie: *kid, buster, okay*. Rückblickend betrachtet, war er vermutlich mit Propagandasendungen oder dem Entschlüsseln von geheimen Nachrichten beschäftigt. Vielleicht war er schon ein Außenseiter in seiner Heimat gewesen und hatte auch in Deutschland ein einsames Leben geführt? War er ein Spion? Ein Doppelagent? Spielte seine innere Überzeugung oder die Liebe zum Geld eine wichtige Rolle bei seiner Arbeit? Was wurde aus ihm? Wer oder was er auch war, für uns war er eine freundliche, großväterliche Person, während wir in Garmisch wohnten.

Zu den anderen Nachbarn hatten wir kaum Kontakt. Der militärische Herr von Zigesar wohnte gegenüber von uns. Er war ein alter Monarchist und bestand darauf, dass man ihn mit *Exzellenz* ansprach. Er stolzierte so steif umher, als hätte er einen Besen verschluckt. Stets hielt er einen Spazierstock mit silbernem Knauf in der Hand, den er drohend schwang. Sein schütterer Bart ähnelte dem eines Ziegenbocks und deshalb nannten wir ihn »Seine Exzellenz von Ziegenbart«.

Bergab von uns wohnte der Komponist Richard Strauß. Hinter hohen Bäumen und einem schmiedeeisernen Tor verborgen, komponierte er vor sich hin. Wahrscheinlich war der alte Herr damals mit seiner eleganten Oper *Capriccio* beschäftigt und brauchte seine Ruhe. Ab und zu beschwerte er sich über unseren Waldi, dessen Gekläff für die sensiblen Ohren eines Komponisten unerträglich sein musste.

In Garmisch sah ich meinen Vater nur selten. Er war *fort im Krieg* und kam nur ab und zu für einige Tage vorbei. An solchen Tagen waren wir besonders glücklich. Meine Mutter lebte auf und führte ernste Gespräche mit mir. Beruflich hatte sich für ihn einiges geändert. Er war nicht mehr Armeeoffizier, sondern unter Hühnlein zweiter Befehlshaber des NSKK, dem nationalsozialistischen Kraftfahrkorps. Anstatt hinter einem Schreibtisch zu sitzen, wäre er, so glaube ich, viel lieber als Soldat an der Front gewesen.

Der Krieg hatte sich inzwischen enorm ausgeweitet. Deutsche Truppen und ihre Verbündeten kämpften nun gleichzeitig an vielen Fronten: In Nordafrika, Griechenland, auf dem Balkan und schließlich auch in der Sowjetunion. Obwohl die meisten Feldzüge noch immer erfolgreich verliefen, muss Hitlers Stellvertreter, Rudolf Hess, die Zeichen der Zeit erkannt haben. Im Mai 1941, am Vorabend des deutschen Angriffs auf Russland, war er in geheimer Mission allein nach Schottland geflogen, um mit den Engländern und Amerikanern ein Friedensabkommen auszuhandeln. So seltsam es heute erscheinen mag, damals wurden die westlichen Alliierten, trotz gegenseitiger Bombenangriffe, nicht als Erzfeinde angesehen. Im

Feldzug in Nordafrika herrschte ein Geist von Ritterlichkeit vor, und auch bei Gefechten auf See hielten sich die Gegner an einen Ehrenkodex.

Der Kampf gegen die Kommunisten hingegen war ein Kampf gegen den Erzfeind. Der Krieg in der Sowjetunion war gnadenlos. Gräueltaten wurden auf beiden Seiten verübt. Zwei Ideologien prallten aufeinander. Der Kommunismus wurde als eine neue Weltordnung angesehen. Das Klassensystem, die Religion und die nationalen Identitäten mussten zerstört werden, um das Ideal einer klassenlosen internationalen Gesellschaftsordnung zu erlangen.
Der Nationalsozialismus verstand sich als Bollwerk gegen *die Roten* und wollte nicht nur die deutsche Nation, sondern das gesamte kulturelle Erbe der westlichen Zivilisation beschützen. Tatsächlich ähnelten sich Nationalsozialismus und Kommunismus in mancherlei Hinsicht. Beide Systeme sollten den Lebensstandard ihres jeweiligen Volks verbessern. Es waren autoritäre Regime, die bedingungslose Loyalität gegenüber ihren Führern verlangten. Sie verfolgten ihre entsprechenden Ideale mit fanatischer Leidenschaft, die keinen Raum für Gnade, Toleranz oder pragmatisches Denken zuließen.

In Garmisch gab es keine Bombenangriffe, so dass mich der Fortgang des Krieges als Zwölfjährige kaum beschäftigte. Allerdings erinnere ich mich an die Kolonnen der Gebirgsjäger-Einheiten, die auf dem Weg zu ihrer Kaserne vorbeimarschierten und dabei sangen: »Auf dem Berg da blüht ein kleines Blümlein und das heißt Edelweiß«. Braungebrannt, gesund und froh sahen sie aus und ich sah ihnen stolz hinterher. Diese jungen Gebirgsjäger mussten schon bald an die russische Front, wo viele von ihnen in den grausamen Winterfeldzügen und bei der Belagerung Stalingrads ums Leben kamen.

Innerhalb weniger Monate hatte ich mich von einem pummeligen Mädchen mit Zöpfen zu einem langbeinigen Teenager entwickelt. Ich hatte nun schulterlanges Haar, das ich abends auf

Lockenwickler drehte. Für Jungen interessierte ich mich noch nicht, doch meine beste Freundin Gerda und ich führten ernste Gespräche über Babys und dergleichen. Wir dachten es wäre unmöglich, unsere Mütter in diesen heiklen Angelegenheiten zu befragen. Daher beruhte unser Wissen lediglich auf falschen Informationen oder Anekdoten, die unsere Mitschülerinnen zusammengetragen hatten. Noch heute verbindet mich mit Gerda eine enge Freundschaft. Mittlerweile sind wir Großmütter. In Anbetracht dessen, dass wir je drei Kinder geboren haben, kann man daraus schließen, dass wir uns die notwendigen Informationen in den zurückliegenden fünfzig Jahren angeeignet haben.

Im Frühjahr den ersten blauen Enzian zu finden, wilde Primeln und winzige Walderdbeeren zu pflücken, im Sommer im Rissersee zu schwimmen, mit der Drahtseilbahn zum Kreuzeck zu schweben, mit Waldi und dem verrückten Sascha durch Wiesen und Wälder zu spazieren und im Winter Skifahren – mit all diesen unbeschwerten Dingen war es vorbei, als wir nach München zogen.

Kapitel 8

München

Es fiel mir sehr schwer, mich von meiner liebsten Freundin Gerda, von den anderen Schulfreundinnen und dem Amerikaner zu verabschieden, als wir nach München umzogen. Wir wohnten dort in einer geräumigen Wohnung in der Widenmayerstrasse. Zum ersten Mal in meinem Leben hatte ich mein eigenes Zimmer. Sowohl das Zimmer als auch der Fahrstuhl, der uns in den dritten Stock brachte, gefielen mir sehr. Aber ich vermisste die Berge und das unbeschwerte Leben, das wir in Garmisch geführt hatten. Höchstwahrscheinlich hing unser Umzug wieder einmal mit Vaters Karriere zusammen, und auch hier war er nur^ selten bei uns. Wir gewöhnten uns langsam an das Stadtleben und ich wurde an der konservativen, katholischen Mädchenschule Sankt Anna angemeldet, was mir sehr mißfiel. Es herrschte dort strikte Disziplin. In den Pausen liefen wir zu zweit oder zu dritt, ordentlich und zahm, im Kreis im Schulhof herum.

Im Herbst 1942 wurden die Bombenangriffe heftiger. Weil totale Verdunkelung angeordnet war und kein Lichtstrahl durch die Fenster dringen durfte, zogen wir allabendlich die schweren Vorhänge zu. Zwei- oder dreimal in der Woche gab es Fliegeralarm und wir mussten hinunter in den Luftschutzraum. Dieser war genau in der Mitte des Kellers und angeblich der sicherste Ort im Gebäude. Ich lernte Ordnung zu halten, denn sie war wichtig, um während eines Fliegeralarms möglichst schnell in den Keller zu gelangen. Die Schuhe mussten vor dem Bett stehen, mit offenen Schnürsenkeln und den Strümpfen oben darauf, so dass man auch im Halbschlaf hineinschlüpfen konnte. Die Kleidung musste so auf dem Stuhl angeordnet werden, dass die warme Jacke unten und die Unterwäsche zuoberst lag. Eine Taschenlampe ruhte griffbereit unterm Kopfkissen. Ein kleiner Koffer mit Ersatzkleidung für jedes Familienmitglied, die Kiste mit der eisernen Lebensmittelration und Waldis Ersatzkörbchen hatten wir in unserem eigenen verschließbaren Kellerraum deponiert. Waldi musste während der Fliegerangriffe dort alleine sitzen, denn Hunde waren im Gemeinschaftskeller verboten. Abends behielt er nun immer sein Halsband samt der Leine an, so dass wir ihn schnell erwischen und die Hintertreppe hinunter galoppieren konten. Den Fahrstuhl konnte wir nicht benutzen, denn es hätte jederzeit einen Stromausfall geben können. Das Ganze war nun ziemlich ernst, und niemand kam mehr auf die Idee, im Keller *Mensch ärgere Dich nicht* zu spielen.

Nicht alle Hausbewohner gingen hinunter in den Schutzraum. Manche blieben lieber in ihren Wohnungen. Doch die Familie, die über uns wohnte, kam auch immer hinunter. Ihr Sohn Helmut und ich lächelten uns von Pritsche zu Pritsche zu, und aus diesem Lächeln entwickelte sich meine erste platonische Romanze. Die Familie unter uns kam auch stets in den Schutzraum. Es waren mehrere quengelnde Kleinkinder, eine überforderte Mutter und ein Vater, der ein dünnes Männchen war und kleine schwarze Augen hatte. Wir nannten ihn den *Goldfasan*, weil er in der goldbraunen Uniform eines Parteifunktionärs herumstolzierte, jedem seinen Platz zuwies und uns für den Feuerlöschdienst instruierte. Herr und Frau Mothwurf, das betagte jüdische Ehepaar aus dem ersten Stock, waren gewöhnlich als erste im Keller. Hand in Hand saßen sie in der hintersten Ecke und flüsterten miteinander. Unter den übrigen Hausbewohnern kam selten ein Gespräch zustande, wir saßen alle da und lauschten ängstlich dem Pfeifen der Bomben. Wenn man sie pfeifen hörte, wusste man, dass sie woanders einschlugen. Man hatte uns gesagt, dass es bei einem direkten Einschlag keinen Pfeifton gäbe. Die Flieger warfen auch viele Brandbomben ab. Es waren schwarze, hohle Röhren, die mit Phosphor gefüllt waren. Sie zischten einige Minuten, bevor sie explodierten, brennenden Phosphor versprühten und alles in Brand setzten. Sobald die Bombeneinschläge, das Pfeifen und das ak-ak-ak-Geräusch des Flakfeuers eine Weile aussetzten, rannten wir in Windeseile die sechs Stockwerke hinauf auf den Dachboden und sahen nach, ob Brandbomben durchs Dach eingeschlagen waren. Wenn man schnell genug war, konnte man die zischenden Stäbe am anderen Ende packen und aus dem Fenster in den Garten schleudern. Dort richteten sie weniger Schaden an. Einmal fand Helene, unsere unerschrockene Haushälterin, eine Brandbombe und nahm sie beherzt in die Hand, obwohl das Ding schon bedrohlich zischte. Dann aber rannte sie panisch umher. »Schmeiß sie runter!«, schrien wir ängstlich. Helene öffnete die Klappe des Rauchabzugs und schmiss die Brandbombe den Schacht hinunter. Das Ding landete im Keller und explodierte im Ofen der Zentralheizung. Alle Hausbewohner mussten eine Woche lang ohne Heizung auskommen und Helene erfreute sich während dieser Zeit nicht besonderer Beliebtheit.

Die schlimmste Nacht im Bunker war jene, als eine Bombe das Nachbarhaus traf und die Trümmer unseren Kellerausgang verschütteten. Wir saßen stundenlang im Dunkeln. Es gab keinen Strom und wir wollten die Batterien unserer Taschenlampen schonen. Wir lauschten dem tropfenden Geräusch einer zerborstenen Wasserleitung und hofften, dass die Gasleitung noch intakt war. Wir wussten, dass man uns irgendwann retten würde, hatten aber große Angst. Es war stockdunkel, die Luft staubig. Ab und zu schluchzten leise die Kinder des *Goldfasans*, ansonsten herrschte Totenstille. Doch plötzlich erhob sich eine Stimme. Es war der *Goldfasan*: »Bevor wir alle hier unten ersticken, erschieße ich die Juden. Es sind ihre Freunde, die Bomben auf uns werfen!« Herr und Frau Mothwurf sagten kein Wort. Auch wir schwiegen. Dieser unerwartete Ausbruch von Hass verschlug uns die Sprache. Glücklicherweise blieb es bei dieser leeren Drohung, und kurze Zeit später wurden wir aus den Trümmern befreit. Die Mothwurfs kamen nie mehr in den Bunker. Sie stellten zwei Stühle und einen Tisch in ihren eigenen Kellerraum und saßen dort ganz allein – genau wie Waldi.

Der Krieg ging weiter. Wir hatten uns daran gewöhnt, Lebensmittel und Kleidung nur noch mit Rationskarten kaufen zu können. Obwohl wir nicht alles kaufen konnten, (so gab es während dieser Zeit keine Bananen oder Orangen), hatten wir doch bis zu den letzten Kriegstagen genug zu essen und einfache Kleidung. Auch hatten wir uns an die Sirenen gewöhnt. Die Bombenangriffe fanden meistens nachts statt, und es war fast Routine geworden, in den Luftschutzkeller zu gehen. Nur wenn die Bomben zu nahe einschlugen, bekamen wir Angst. Jeden Abend verfolgten wir die Nachrichten von den Fronten. Bei guten Nachrichten, wenn eine Schlacht gewonnen oder unsere Truppen auf dem Vormarsch waren, freuten wir uns und waren zuversichtlich. Über schlechte Nachrichten wurde kein Wort verloren. Bisher war der engste Familienkreis von den Folgen des Krieges verschont geblieben.

Die Schlachten wurden noch außerhalb der deutschen Grenzen gefochten, das Sterben und die Verwüstung waren zu weit entfernt, als dass es meine alltäglichen Gedanken beeinflusst hätte. Zu jener Zeit wusste ich, dass es in Dachau ein Konzentrationslager gab, wohin man *Verräter* und Juden schickte. Ich glaubte ernsthaft, diese Menschen sollten dort lernen, sich auf positives patriotisches Denken zu *konzentrieren*. Von den Gräueltaten, die in Dachau begangen wurden, wusste ich nichts. Über Verräter, Konzentrationslager oder Niederlagen an der Front zu sprechen, war schlichtweg tabu. Dies zu erwähnen, wäre meinem Vater als auch dem Führer gegenüber, dem man den Treucid geleistet hatten, illoyal gewesen. Auch wäre es für andere gefährlich gewesen, in meiner Gegenwart *verräterische* Ansichten zu äußern. Ich hätte sie schließlich weiterplappern können.

KAPITEL 9

Erika

Der Umzug von Garmisch nach München bedeutete für mich der Abschied von meiner Kindheit. Das Leben war nun nicht mehr so einfach wie früher, neue Gefühle und Eindrücke strömten auf mich ein. Erika, die meine beste Freundin in München wurde, hatte mir einiges an Lebenserfahrung voraus und sie gab den Anstoß für reichlich neue Erlebnisse. Wir gingen beide in die Sankt-Anna-Schule, und weder sie noch ich entsprachen dem Bild von einer wohlerzogenen jungen Dame, wie man es von uns erwartete. Wir mochten uns vom ersten Augenblick an gut leiden, und als Gleichgesinnte hielten wir durch dick und dünn zusammen. Dass wir aus sehr unterschiedlichen Elternhäusern kamen, spielte keine Rolle.

Erika war eine zierliche Person mit blondem Haar, strahlend blauen Augen und einem runden, fröhlichen Gesicht. Sie träumte davon, eine berühmte Ballerina zu werden, und absolvierte eine Tänzerausbildung in der Ballettklasse an der Münchner Staatsoper. Dort eröffneten sich für sie und damit auch für mich Zukunftsperspektiven, die weit entfernt von jenen Sankt-Annas waren. Ich begleitete sie oft zu den Proben, die auf der Bühne, hinter dem heruntergelassenen Vorhang, stattfanden. Solange ich unauffällig in einer Ecke stand, verschmolz ich praktisch mit der Kulisse. Das *Corps de Ballett*, der Chor, die Bühnenarbeiter und die Sänger rauschten an mir vorbei, ohne mich zu beachten. Es war eine faszinierende Zauberwelt. Der Gesang, die Tänzer mit ihren graziösen gleitenden und dynamischen Bewegungen, das laute Durcheinander, wenn die Musiker ihre Instrumente stimmten, die Kulissen, die von kräftigen Bühnenarbeitern umhergeschoben oder an rasselnden Ketten hinauf- und hinunterbewegt wurden; die gleißende Bühnenbeleuchtung oder das schummrige Licht, der Geruch von Theaterschminke, Schweiß und Staub, all das berauschte mich und mein Herz pochte wild vor Aufregung. Es klopfte noch heftiger, wenn mein Lieblingstenor, Franz Klarwein, in Erscheinung trat. Ich himmelte ihn an. Bevor mich Erika zu den Proben mitnahm, hatte ich ihn bei jeder Aufführunge aus der Ferne angebetet. Obwohl er sich immer auch zu unserer Loge verneigte, um sich für den frenetischen Applaus zu bedanken, so war mir doch bewusst, dass er mich als Person nie wirklich wahrgenommen hatte. Wie er sich verneigte und umherblickte, drückte lediglich seinen Dank an das applaudierende Publikum aus. Und die undeutliche Gestalt eines jungen Mädchens im blauen Samtkleid, das so heftig klatschte, bis ihm die Hände schmerzten, beeindruckte ihn wohl kaum. Es war mir völlig unwichtig, dass er mich nicht wahrgenommen hatte, da ich nun dank Erika mein Idol aus nächster Nähe bewundern konnte. Eines Tages, als ich im Schatten der Kulissen stand, kam er so nah an mir vorbei, dass er fast über mich gestolpert wäre. Obwohl er mich mit seinen schönen dunklen Augen alles andere als liebevoll anblickte, fiel ich vor Glückseligkeit fast in Ohnmacht.

Während wir in München lebten, gingen wir oft in die Oper. Als leidenschaftlicher Musikliebhaber hatte mein Vater eine Loge abonniert. Es war die Proszenium-Loge, die sich zwei Ränge über dem Orchester befand. Wenn mein Vater uns begleitete, nahmen wir die Partitur mit. Stets hatte er das schwere ledergebundene Buch vor sich auf der Balustrade liegen und verfolgte die Noten mit freudigem Eifer. Während einer dieser Opernbesuche ging leider etwas schief. Es stand Wagners *Die Meistersinger*, eine dreistündige Aufführung, auf dem Programm. Der Dirigent hatte die Partitur gekürzt, indem er gelegentlich eine oder zwei Phrasen übersprang. Um ihm folgen zu können, mussten wir die Partiturseiten rasend schnell umblättern. Als wir es einmal zu stürmisch machten, segelte unser Buch hinunter in den Orchestergraben, mitten in die Flügelhörner, was die Musiker nicht begeisterte. Meinem Vater war dieses Missgeschick natürlich äußerst peinlich. Er entschuldigte sich vielmals und spendierte eine Kiste Champagner.

Wir wuchsen zu *Backfischen* heran, wurden allmählich erwachsen. Erika hatte schon einen richtigen Freund. Ich lernte ihn zwar nie kennen, doch sie erzählte mir, was für verrückte Sachen die beiden unternahmen. Ich dagegen hatte drei Liebschaften gleichzeitig, auch wenn sie alle rein platonisch waren. Der Tenor, Franz Klarwein, war in meinen Träumen noch immer die Nummer eins. Die zweite Affäre blieb deshalb unklar, weil ich mich nicht entscheiden konnte, welcher der fünf jungen Männer, die wir *die bulgarischen Spione* nannten, am anziehendsten war. Sie wohnten im fünften Stock unseres Hauses und nahmen stets den Aufzug, wenn sie, natürlich nur in meiner Fantasie, auf geheimer Mission unterwegs waren. Erika und ich warteten oft in der Eingangshalle, um sie abzupassen und mit ihnen den Fahrstuhl zu benutzen. Wir fuhren dann bis in den fünften Stock. Bereits in der dritten Etage, wo wir wohnten, auszusteigen, hätte sich nicht gelohnt. Die jungen Männer waren immer sehr höflich, ließen uns stets den Vortritt, sagten aber nie ein Wort, nicht einmal: »Bitte, nach Ihnen.« Alle fünf hatten dunkles Haar, waren schlank und groß und attraktiv. Einer trug einen gepflegten Spitzbart, ein anderer einen bleistiftdünnen Schnurrbart. Wie es sich für Spione gehörte, bevorzugten sie Trenchcoats oder wenn es kalt war, lange dunkle Mäntel. Alles um sie herum war so geheimnisvoll und verrucht, dass Erika und ich uns unzählige romantische und heldenhafte Geschichten über sie ausdachten. Umso enttäuschter waren wir, als sie von einem Tag auf den anderen spurlos verschwanden. Ohne Zweifel hatten sie ihre geheime Mission erfüllt. Mein drittes Liebesabenteuer beeindruckte Erika überhaupt nicht. Sie schnaubte nur verächtlich, wenn ich Helmut, meinen Freund aus dem Luftschutzraum, erwähnte. Helmut war schon dreizehn Jahre alt, rothaarig, hatte Sommersprossen, Knubbelknie und war ziemlich gescheit.

Sein Zimmer lag genau über dem meinen, was sich als praktisch erwies. Er schenkte mir einen selbst gebastelten Morseapparat, den er mittels eines dünnen Drahts durch unsere beiden Fenster mit seinem Apparat verband. Dann brachte er mir das Morse-Alphabet bei, und so konnten wir nachts miteinander kommunizieren. Was wir mit Begeisterung begannen, erwies sich schließlich als zu schwierig und auch zu langweilig.

Es war nicht leicht, bedeutungsvolle Nachrichten mit den korrekten kurzen und langen Signalen zu übermitteln. Es dauerte unendlich lange. Das war nichts für eine ungeduldige Person wie mich. Helmut ärgerte sich, wenn ich seine Signale nicht schnell genug entschlüsselte oder ihm unverständliche Antworten schickte. Als er vorschlug, zur Übung eine uns beiden bekannte Geschichte zu übermitteln, wie zum Beispiel Rotkäppchen, verstand ich, warum Erika geschnaubt hatte. Ich gab ihm seinen Morseapparat zurück und er wickelte den Draht zwischen unseren Fenstern auf. Wahrscheinlich war er ebenso erleichtert wie ich, dass unsere elektronische Beziehung ein Ende gefunden hatte.

Eines Nachmittags trafen Erika und ich unverhofft mit Adolf Hitler zusammen. Auf dem Nachhauseweg gingen wir einen Umweg, der uns am Luftfahrt-Ministerium vorbeiführte. Während wir vor uns hin schlenderten, bemerkten wir mehrere offiziell aussehende Wagen am Straßenrand. Der Eingang des Ministeriums wurde bewacht und sehr viele Leute warteten vor dem Gebäude. Wir fragten, was los sei, und hörten: »Der Führer ist da drin und er kommt bald heraus.« Ich war ganz aufgeregt. Unser Führer! Und wir würden ihn gleich sehen, ganz aus der Nähe! Erika war zwar nicht so enthusiastisch wie ich, doch als treue Freundin half sie mir trotzdem, einige blühende Forsythienzweige von einer Hecke zu pflücken. Wir schlängelten uns an den Wartenden vorbei und stellten uns an die Treppe. Als Hitler, begleitet von ein paar Offizieren, aus dem Gebäude trat, rief ich: »Sieg Heil!« und winkte mit den Blüten. Er lächelte, kam auf uns zu und wollte unsere Namen wissen. Ich überreichte ihm die Zweige, er schüttelte uns die Hand und sagte, wir wären sehr liebe Mädel. Seine Augen waren so durchdringend blau, wie ich sie seit jenem Tag in Berlin in Erinnerung behalten hatte. Seine charismatische Ausstrahlung beeindruckte mich genauso wie damals. Er war unser Führer, dem ich ohne zu fragen gefolgt wäre und gehorcht hätte.

»Ich werde nie mehr meine rechte Hand waschen. Diese Hand hat der Führer berührt!«, gelobte ich, als ich zu Hause war. »Mit ungewaschenen Händen wirst du nicht am Esstisch sitzen.«, erwiderte meine Mutter. »Es kommt darauf an, was du fühlst. Nicht das Äußere zählt.« Ich wusch zwar meine Hände, aber innerlich hielt diese Hochstimmung tagelang an.

Damals kam mir gar nicht in den Sinn, mich zu fragen, warum Erika nicht so leidenschaftlich wie ich für Hitler war. Erikas Vater war Jude, und sie war vielleicht das einzige nichtarische Mädchen, dem Hitler die Hand geschüttelt und ein Kompliment gemacht hatte. Rückblickend erkläre ich mir meine große Begeisterung damit, dass ich davon überzeugt worden war, dass man zu Adolf Hitler einfach aufschauen müsse. Er erschien mir damals so etwas wie ein Messias zu sein. Er schien jemand zu sein, der stets Recht hatte und dem man gehorchen musste. Er führte sein Volk und wir folgten ihm.

Direkt nach dem Niedergang des Dritten Reiches fiel es mir sehr schwer, die Weltanschauung, mit der ich aufgewachsen war, in einem anderen Licht zu betrachten, frühere Ideen zu revidieren und eine neue Lebensphilosophie zu formulieren.

Erika wohnte ein paar Häuser weiter von uns, neben einer Gaststätte. Ihr Haus hatte keinen Fahrstuhl und bis zu ihrer Wohnung im fünften Stock musste man Treppen steigen. Ich erinnere mich an ihre Mutter als eine hagere, ängstliche Frau, deren Gesicht von einer Narbe entstellt war, die vom Wangenknochen bis zum linken Mundwinkel verlief. Ich kann mich nicht erinnern, dass sie jemals etwas anderes getragen hätte als eine geblümte Wickelschürze. Erika war ihr einziges Kind und sie überschüttete sie mit ihrer Liebe. Auch Erika war liebevoll zu ihrer Mutter, machte aber ansonsten so ziemlich, was sie wollte.

Herr Hirsch, Erikas Vater, führte im Hinterzimmer ein unauffälliges Leben. Er rauchte Zigarren, hörte Radio und spielte den ganzen Tag lang Schach gegen sich selbst. Er war rundlich, hatte eine gesunde Gesichtsfarbe, trug einen Stoppelbart und hatte lichtes grauweißes Haar, das wie ein Heiligenschein um seine Glatze spross. Seine Augen funkelten freundlich und immer wenn ich ihn traf, war er nett und gut gelaunt. »Na, wie geht´s denn mit dem Krieg, Mädel?«, fragte er stets und ich antwortete stets: »Sehr gut, danke«, woraufhin er in sich hineinlachte. Oft bat er uns, für ihn Zigarren und ein paar Flaschen Bier von der Gaststätte an der Ecke zu holen. »Es ist nicht gesund für mich, bei Tageslicht auf die Straße zu gehen«, lächelte er, spreizte die Hände und hakte seine Daumen unter die Hosenträger.

Der arme Herr Hirsch! Wie muss er sich in diesem Hinterzimmer gelangweilt haben und wie einsam muss er gewesen sein. Nur zu gerne würde ich berichten, dass er einen glücklichen und erfüllten Lebensabend hatte, nachdem der Naziterror vorüber war. Trauriger Weise starb er wenige Wochen vor Kriegsende an einem Herzinfarkt. Während eines Luftangriffs wurde Erikas Haus von einer Bombe getroffen, die den vorderen Teil des Wohnzimmers wegriss und ein klaffendes Loch hinterließ, wo früher der Esstisch gestanden hatte. Durch den Türrahmen im Flur konnte man direkt auf den Krater im Vorgarten blicken. Als die Bombe einschlug, war Herr Hirsch in seinem Hinterzimmer geblieben. Er hatte es erst verlassen, als sich der Staub gelegt hatte. Beim Anblick des großen Lochs im Esszimmer war er zusammengebrochen und gestorben. Erika und ihre Mutter fanden ihn leblos im Flur liegen, nachdem sie aus dem Luftschutzkeller gekommen waren.

Erst im Winter 1945-46, als meine Freundschaft zu Erika wieder aufblühte, erfuhr ich von dieser Tragödie. Nachdem meine Familie 1943 von München weggezogen war, verloren wir den Kontakt zueinander, denn wir schrieben beide nicht besonders gern Briefe. Noch immer wohnten Erika und ihre Mutter in den Ruinen ihrer Wohnung. Sie hatten einfach ein paar Bretter vor das Loch im Esszimmer genagelt und einen Vorhang in den Türrahmen gehängt, der den kalten Luftzug abhalten sollte. Obgleich die Behörden das Haus für unbewohnbar erklärt hatten, blieben die zwei illegal dort, da sie keinen anderen Platz zum Wohnen gefunden hatten.

Als ich einmal den Abendzug nach Hause verpasst hatte und eine Übernachtungsmöglichkeit suchte, klingelte ich an Erikas

Tür. Ihre Mutter empfing mich sehr herzlich, teilte den Eintopf mit mir und sprach über den armen Herrn Hirsch und ihre Tochter. Erika war nicht mehr im *Corps de Ballett* der Staatsoper. Es gab keine Oper und kein Ballett mehr, nachdem eine Bombe das Opernhaus getroffen hatte. Trotzdem ging es Erika gut, sie hatte viele Freunde, mit denen sie oft ausging. Als ich sehr früh am nächsten Morgen zum Bahnhof aufbrach, war Erika noch immer nicht nach Hause gekommen.

Einige Monate später klingelte ich wieder an ihrer Tür. Diesmal war sie daheim und wir freuten uns sehr über unser Wiedersehen. Sie sah großartig aus. Im Gegensatz zu mir war sie elegant gekleidet und trug sogar Nylonstrümpfe! »Bleib´ doch über Nacht und komm´ mit auf eine Party«, schlug sie vor. »Es wird dir Spaß machen!« Und so ging ich mit. Auf der Feier waren zahlreiche Leute unterschiedlicher Nationalität, darunter einige amerikanische Soldaten. Es waren nur wenige Deutsche dort und davon waren die meisten junge Frauen. Es gab mehr zu essen und zu trinken, als ich seit langem gesehen hatte. Die Musik war laut, die Stimmung fröhlich und ausgelassen, es wurde sich viel umarmt und geküsst. Und ich spürte bald, dass ich nicht in diesen Kreis gehörte. Ich fühlte mich unbehaglich und verunsichert. Erika war in den Armen eines jungen Mannes tanzend entschwunden und ich konnte sie nirgends finden. Als ein angeheiterter Mann mich umarmte und mir zuraunte: »Komm her, Mädel, wie heißt du denn?«, da wurde mir schlagartig bewusst, dass mir hier etwas Unangenehmes passieren könnte. Ich riss mich los und rannte davon. Meine Flucht muss Erika einige Unannehmlichkeiten verursacht haben, denn sie war wütend auf mich, als sie am nächsten Morgen heimkam. Wir stritten uns und unser Abschied war kühl. Erst nach mehreren Monaten sah ich sie wieder, und wir beide freuten uns. Lustig, lebensfroh und großzügig wie sie war, schenkte sie mir sechs *Hershey*-Schokoladenriegel. Sie hatte eine ganze Schachtel davon, von einem ihrer amerikanischen Freunde. »Diese Jungs sind die Besten!«, erklärte sie. Sie wollte unbedingt einen Ami heiraten und dann in den Vereinigten Staaten in Saus und Braus leben. Wieder lud sie mich ein, mit ihr auf eine Party zu gehen. Sie nannte es eine *Fishing Party*. Diesmal lehnte ich ab, denn ich ahnte, dass unsere Vorstellungen von einer *Fishing Party* verschieden waren. Zu meinem Bedauern sah ich Erika nie wieder. Als ich das nächste Mal bei ihr vorbeischauen wollte, war das Haus abgerissen worden. Die neuen Besitzer der Gaststätte wußten nichts von Erika oder wo sie und ihre Mutter sein mochten. Ich hoffe sehr, Erika hat es nach Amerika geschafft und lebt dort glücklich und zufrieden. So heiter, warmherzig und großzügig wie sie war, hat meine Freundin Erika nur das Beste verdient.

Kapitel 10

Bad Harzburg

Anfang 1943, ich kann mich nicht mehr an das genaue Datum erinnern, zogen wir von München nach Bad Harzburg, einem Kurort im Nordharz.

Obwohl das Städtchen während des Kriegs wenig Schaden davon getragen hatte, machten die Einwohner 1945 eine harte Zeit durch. Zuerst besetzten britische Truppen den Ort, dann die Sowjets und schließlich gehörte es wieder zur britischen Zone. Als die innerdeutsche Grenze errichtet wurde, verlief der *Eiserne Vorhang* nur drei Kilometer östlich von Bad Harzburg, durch die umgebenden Felder und Hügel. Die parallel errichteten Drahtzäune verliefen beidseitig des Todesstreifens, der nur aus trockener Erde zu bestehen schien. Die Zäune waren elektrisch gesichert. Scheinwerfer auf den hohen Wachttürmen sowie bewaffnete Patrouillen mit abgerichteten scharfen Hunden sorgten dafür, dass es so gut wie unmöglich war, aus der Ostzone zu fliehen. Viele Grenzverhandlungen zwischen den Besatzungsmächten fanden in Bad Harzburg statt und das Haus, in dem wir gewohnt hatten, diente den britischen Offizieren als Unterkunft. Diese Gentlemen rissen alles an sich, was nicht niet- und nagelfest war, und hinterließen ihre Spuren auf den wenigen Möbeln, die sie nicht als Kriegsbeute mitgenommen hatten. Jahre später, als meine Mutter einige der restlichen Möbel abholen durfte, fand sie tiefe Kerben in ihrem antiken Schreibtisch, die den Namen eines britischen Colonels ergaben. Auch der Flügel meines Vaters war verziert worden. Jemand hatte *Kilroy was here* in den Klavierdeckel geritzt.

Der Umzug nach Bad Harzburg hing natürlich mit der neuen Stelle meines Vaters zusammen. Er war enttäuscht darüber, dass er nach dem Tode des Leiters des NSKK nicht zu dessen Nachfolger ernannt worden war. Himmler trat erneut an ihn heran und bot ihm eine Beförderung zum General der Waffen-SS, zum Obergruppenführer-SS sowie zum Chef der Polizei an, die für den Abschnitt Mitte zuständig war. Diesmal nahm mein Vater an. Ich weiß, dass meine Mutter über diese Entscheidung nicht glücklich war und glaube, auch meinem Vater war nicht ganz wohl bei dem Gedanken. Himmler hatte ihm für die nahe Zukunft den aktiven Dienst an der Front versprochen und das war möglicherweise ausschlaggebend für seinen Entschluss. Ich hörte zufällig, als sich meine Eltern unterhielten, und mein Vater sagte: »Ich habe ihm aber gesagt, dass ich mit dem Judenproblem nichts zu tun haben will.«

Auch er wusste, was vor sich ging. Sie alle wussten etwas. Und niemand sprach darüber. Jene, die die Grausamkeiten und Morde in den Konzentrationslagern begingen, verschwiegen ihre Untaten. Schämten sie sich dafür? Auch die potenziellen Opfer schwiegen, weil sie Angst hatten. Die wenigen Juden, die ich kennen gelernt hatte, hielten sich bedeckt. Für mich waren sie keine Feinde. Herr Hirsch, der Vater meiner Freundin Erika, war ein netter Mensch, und Herr und Frau Mothwurf, die in München im selben Haus wie wir gewohnt hatten, waren ein angenehmes älteres Ehepaar gewesen.

Heute kommt es mir seltsam vor, dass ich die mir bekannten Juden keineswegs als *böse Juden*, als Bedrohung oder zumindest fremdartig empfunden habe. Denn auch ich hatte durch die Schule und den BDM die antisemitische Ideologie und Propaganda verinnerlicht. Mir war beigebracht worden, dass *die Juden* als Kollektiv für das Elend der Depressionsjahre verantwortlich gewesen sein sollten, dass sie die Wirtschaft manipuliert und davon profitiert hätten, währenddessen das deutsche Volk hungerte. Darüber hinaus seien sie durch die gesamte Geschichte hinweg Unruhestifter gewesen: Sie hätten sich nie in die Länder integriert, in denen sie lebten, und nicht zuletzt hätten sie die Schuld am Tode Jesus Christus getragen.

Die Juden haben Christus ans Kreuz genagelt, so lautete die Propaganda, die von vielen akzeptiert wurde und dabei anscheinend übersahen, dass Jesus Christus selbst Jude gewesen war. Genauso gut hätte man den Italienern als Nachkommen der Römer die Schuld geben können. Schließlich war es Pontius Pilatus, der römische Statthalter von Judäa, der die Hinrichtung befohlen hatte. Aber aus politischen Gründen wäre das nicht ratsam gewesen, die Italiener waren ja unter Mussolini unsere Verbündeten. Und dieser antisemitische Slogan war nicht nur Josef Goebbels Hirn entsprungen. Schon seit Jahrhunderten wurden damit in christlichen Ländern Pogrome gegen die jüdische Bevölkerung gerechtfertigt. Dass es keinen öffentlichen Protest gegen die Judenverfolgung gab, mag auch daran gelegen haben, dass sie stets als Feinde der christlichen Kirche, als so genannte Antichristen, dargestellt wurden.

Unter Hitler wurde außerdem der Unsinn vom *reinen Blut der arischen Rasse* ernst genommen. Alle, die ein Amt im öffentlichen Dienst oder in der Armee innehatten, mussten für sich und ihre Familien einen Ahnenpass vorweisen. Aus diesem ging hervor, dass ihr Blut im Laufe der Jahrhunderte niemals durch jüdisches Blut *verunreinigt* worden war. Der Ahnenpass meiner Familie, der meine Abstammung in kirchlichen Eintragungen vom siebzehnten Jahrhundert an dokumentierte, brachte interessante Vorfahren zutage. Da gab es einen Schafhirt, einen Elfenbeinschnitzer, etliche Kleinbauern, einige Kaufleute, sogar eine vage Verbindung zu einem König, jedoch keine *Verunreinigung*. Ich frage mich, wie die Karriere meines Vaters verlaufen wäre, falls in seinem Stammbaum ein jüdischer Urahn aufgetaucht wäre?

Propaganda ist ein sehr erfolgreiches Mittel, um das Denken anderer zu manipulieren. Und im Laufe der Geschichte haben sich jene an der Macht ihrer immer wieder bedient. Im Dritten Reich symbolisierten Juden und Kommunisten das *Dunkle und Böse*, gegen das *unsere tapferen Soldaten* kämpfen mussten, um die Einheit und Kultur unseres Vaterlands zu bewahren und seine *glorreiche Zukunft* sicherzustellen. Das alles erinnerte mich an die Sagengestalt des *Heiligen Georg*, der den Drachen erschlug. Damals sah ich Sankt Georg als Heldenfigur und den Drachen als das personifizierte Übel. Inzwischen ist mir der Drache sympathischer als der Heilige Georg. Ich habe Mitleid mit dem Drachen, denn gegen den Ritter, der hoch zu Ross saß und auf ihn eindrosch, hatte er keine Chance. Auch meine einstigen Vorstellungen von Nationalismus, Kommunismus, Faschismus, Rassismus, Materialismus und den verschiedenen -Ismen der Religionen haben sich grundlegend geändert.

Der Harzburger Hof, das große Gebäude links, wurde als Lazarett genutzt.

Das große Haus, welches wir in Bad Harzburg mieteten, war von einem parkartigen Garten und sehr hohen Bäumen umgeben. In der Astgabel einer hohen mächtigen Ulme befand sich die Urne der ehemaligen Grundstückseigentümerin. Über dem schmiedeeisernen Tor des Haupteingangs prangten das Relief eines Affen sowie ein goldenes »Z«. Es erinnerte an den Eingang eines Zoos. Der Affe hatte ein satanisches Grinsen und starrende Augen. Ich vermied es möglichst, durch dieses Tor zu gehen, und auch der Ulme blieb ich fern. Man sagt ja, es gäbe Häuser, die das Unglück anziehen, und ich denke, dieses Haus war eines davon. Die ursprünglichen Besitzer hatten eine tragische Familiengeschichte und unser Aufenthalt dort endete mit dem Tod meiner Tante. Als die unruhigen Zeiten vorüber waren, die ehemaligen Besitzer, unsere Familie und auch die Besatzungsmächte schon längst fort waren, baten die neuen Eigentümer einen Priester, jedes einzelne Zimmer von bösen Geistern zu befreien. Auch sie hatten wohl eine negative Atmosphäre im Haus gespürt.

Das Haus hatte drei Etagen. Im Erdgeschoss war eine geräumige Eingangshalle, die wir als Wohnzimmer nutzten. Unten waren außerdem das Arbeitszimmer meines Vaters, der Salon und das Esszimmer, welches über einen Flur mit der Küche verbunden war. Im ersten Stock war ebenfalls eine große Diele, dort stand ein Billardtisch und ein Korridor führte zu den zwei Badezimmern und dem Schlafzimmer meiner Eltern. Mein Schlafzimmer lag auf der anderen Seite des Gangs. Sie waren von einer schmalen Treppe getrennt, die zu Helenes kleiner Wohnung im obersten Stockwerk führte. Das Haus war eindeutig zu groß, um von Helene allein in Ordnung gehalten zu werden. Daher kümmerte sich zusätzliches Personal ums Putzen, die Wäsche und den Garten. Wir hätten es so angenehm haben können, wir hätten als Familie dort glücklich leben können, aber so war es nicht. Mein Vater war selten bei uns, und wenn er daheim war, hatte er keine Zeit mehr, mit mir über meine Probleme zu sprechen. Wahrscheinlich hatte er genug eigene Sorgen. Meine Mutter arbeitete wieder als Krankenschwester. Sie pflegte die Verwundeten, die im gegenüberliegenden Lazarett, dem ehemaligen Harzburger Hof, untergebracht waren. Wenn sie von der Arbeit heimkam, war sie erschöpft und dann wollte ich sie nicht mit meinen kleinen Sorgen belasten.

Kurz vor meinem vierzehnten Geburtstag beschloss ich, auch etwas für mein Vaterland zu tun. Ich war ungelernt und ohne einen Pfennig zu verdienen, fing ich an, in einer Limonadenfabrik zu arbeiten. Durch meinen freiwilligen Einsatz würde ein Erwachsener für eine wichtigere Arbeit freigestellt werden, sagte man mir, als ich mich am ersten Ferientag meldete. Ich sollte die Flaschen, die auf einem Fließband schnell vorbeiglitten, kontrollieren. Wenn eine nicht richtig abgefüllt war, musste ich sie herausgreifen und in einen Maschendrahtkorb stellen. Obwohl ich Gummistiefel und eine lange Gummischürze trug, wurde ich trotzdem nass und klebrig. Nach ungefähr vier Wochen griff ich einmal ungeschickt nach einer zerbrochenen

Flasche und schnitt mich bis auf den Fingerknochen. »Jetzt ist aber sofort Schluss damit!«, tobte mein Vater und ich war insgeheim erleichtert, denn diese Arbeit war langweilig und klebrig gewesen. Mein nächster Dienst fürs Vaterland bestand darin, in dem Lazarett auszuhelfen, wo meine Mutter arbeitete. Täglich nach der Schule, außer mittwochs, wenn ich an den BDM-Treffen teilnahm, gingen ein paar Freundinnen und ich zum Lazarett. Zunächst sollten wir nur Mullbinden aufwickeln und Bettlaken und Handtücher zusammenfalten. Dann wurden wir dazu befördert, die Verwundeten aufzuheitern und ihnen Mut zuzusprechen. Wir fütterten jene Patienten, die nicht ohne Hilfe essen konnten, machten Besorgungen, arrangierten Blumen in Vasen und begleiteten diejenigen, die auf Krücken gehen konnten oder die im Rollstuhl saßen, auf einen Spaziergang durch den Kurpark. Als man mir anbot im Operationssaal zu helfen, freute ich mich riesig, weil ich nun einen blauen Kittel tragen durfte. Obgleich ich dort nur die Waschbecken schrubbte und den Boden wischte, kam ich mir recht erwachsen vor. Dies hielt bis zu dem Tag an, als ich einen großen abgedeckten Metalleimer zur Verbrennungsanlage in den Keller bringen sollte. Niemand hatte mir gesagt, dass der Eimer einen amputierten Fuß enthielt. Als ich die Treppe hinunter hüpfte und dabei den Eimer hin und her schwang, fiel der Deckel hinunter und zu meinem Entsetzen purzelte ein grausiger bläulicher Fuß heraus. Ich ließ Fuß und Eimer liegen, flüchtete die Treppe hoch und erbrach mich im Korridor. »Nun genug damit!«, bestimmte diesmal meine Mutter, und das war das Ende meines freiwilligen Dienstes im Lazarett. Das war auch besser so, denn gegen Ende 1943 und im folgenden Jahr beanspruchten weitere Kriegsdienste meine Freizeit und Energie. Die Schularbeit spielte nur noch eine Nebenrolle. Das einzige Erfreuliche an dieser Schule war meine Freundschaft zu Inge. Wir verstanden uns gut und teilten ähnliche Probleme. Auch ihr Vater war eine privilegierte Person und genau wie ich hatte Inge momentan Schwierigkeiten mit ihrem Verehrer. Unsere Freundschaft hielt und vertiefte sich. Auch wenn wir uns nach meiner Auswanderung nur noch selten sahen, blieb Inge meine treue hilfsbereite Freundin und Vertraute bis zu ihrem Lebensende. Ich vermisse sie sehr.

Ich ging nur noch ungern zur Schule. Die meisten Unterrichtsfächer erschienen mir sinnlos in Anbetracht dessen, was rundherum geschah. Mein schlechtestes Fach war nach wie vor Mathematik, und Mathearbeiten verhindern wurde zu einer Art Sport für mich. Der beste Trick war, die allgemeine Furcht vor den Bombergeschwadern, die täglich über uns hinwegflogen, auszunutzen. Jeder war wegen der Luftangriffe nervös und die Schulordnung besagte, dass wir uns in den Luftschutzkeller begeben sollten, sobald das Motorengeräusch nahender Flugzeuge zu hören war. Die Sirenen gaben nicht immer rechtzeitig Alarm und diesen Umstand nutzte ich aus, als eine Mathearbeit bedrohlich näher rückte. Ich schreckte abrupt auf, saß kerzengerade da und rief: »Ich kann Flugzeuge hören!« Sofort stürzten ich und meine Mitschüler, die nur auf dieses Signal gewartet hatten, in den Schutzraum. Es glückte fast jedesmal, sogar dann, wenn wir eine Weile warten mussten, bis die Bomber wirklich über uns dröhnten. Die Geschwader flogen über uns hinweg, um die Städte im Ruhrgebiet und die Staudämme zu zerstören. In den letzten Kriegsmonaten wurden sechzehnjährige Jungen aus unserer Schule eingezogen, um die Staudämme zu verteidigen. Dies erfolgte in regelmäßigem Wechsel: Für drei Tage waren sie Schüler, für drei Tage waren sie Soldaten. Als die Dam Busters, jene Flieger, die die Staudämme in die Luft sprengten, die Möhne-Talsperre bombardierten, wurden vier meiner Klassenkameraden getötet.

Ab und zu bekamen wir einige Stunden schulfrei und mussten die Unmengen an Stanniolstreifen auflesen, die von den alliierten Flugzeugen abgeworfen worden waren, um nicht vom deutschen Radar aufgespürt zu werden. Unter den Stanniolstreifen waren gewöhnlich Flugblätter verstreut, auf denen Folgendes stand: *Waffenstillstand jetzt oder Totale Zerstörung* und *Befreit euch von Hitler und seinen Schurken, bevor es zu spät ist.* Mit großen braunen Papiersäcken ausgerüstet, wurden wir auf Armeelastwagen in die Umgebung gebracht, um die

Stanniolstreifen und Flugblätter aufzusammeln. Das machte uns noch Spaß. Lustig war es aber nicht mehr, als uns die Laster eines Morgens von der Schule abholten, weil wir helfen sollten, ein nahe gelegenes Dorf aufzuräumen. In der Nacht zuvor war es völlig zerstört worden. Ein Bombergeschwader, von deutschen Jägern angegriffen, hatte über dem Dorf seine Last abgeworfen, um schneller zu entkommen. Die Toten und Verletzten waren bereits weggebracht worden. Wir mussten den Überlebenden helfen, ihre wenigen Besitztümer zu retten und die Trümmer zu beseitigen, so gut wir konnten. Die Jungen bekamen Schaufeln und wir Mädchen Handschuhe, die uns viel zu groß waren. Ich half einer alten Frau, ihre Ziege zu suchen. Wir fanden sie schließlich, zerquetscht und tot, hinter der zusammengebrochenen Mauer eines Schuppens. Es war eine kleine weiße Ziege mit einem Halsband und Glöckchen. Die alte Frau weinte und ich weinte mit ihr.

Als die Bombenangriffe zunahmen, stieg die Anzahl der Opfer. Manche der getöteten Menschen, Soldaten wie auch Zivilisten, erhielten ein Staatsbegräbnis. Meine Mitschülerinnen und ich bildeten oft die Ehrengarde. In BDM-Uniform und weißer Bluse mit Emblem, schwarzem Halstuch mit Lederknoten, schwarzem Rock, weißen Socken und schwarzen Schuhen standen wir während der Zeremonie im Mittelgang der Kurhalle, in zwei Reihen, den Kopf gesenkt, vollkommen still. Stets flankierten zwei der Mädchen den Sarg, der auf einem Podest aufgebahrt war. Inge und ich waren gleich groß und meistens waren wir diejenigen, die am Sarg standen und später den offiziellen Kranz trugen. Es war schwierig, eine Ewigkeit mit ernster Miene still zu stehen.

An einem schrecklichen Tag blamierte ich mich bis auf die Knochen. Unser beliebter Erdkundelehrer war getötet worden. Inge und ich mussten wieder den Schrein flankieren und den Kranz tragen. Was war der Grund gewesen? Hatte uns das Ganze emotional zu sehr berührt? Waren wir zu nervös? Ich weiß nicht warum, aber uns überkam ein unkontrollierbares Kichern und wir konnten nicht mehr aufhören. Mit gesenkten Köpfen standen wir auf dem Podest, dass es uns nur so schüttelte. Wir waren wirklich traurig, doch wir konnten uns nicht zusammenreißen. Die Trauergäste dachten wohl, wir zitterten vor lauter Schluchzen und jemand nahm uns netterweise den Kranz ab. Wir rannten zur Toilette und brachen in hysterisches Gelächter aus.

Im Herbst 1944 beschloss mein Vater, einen Bunker bauen zu lassen. Offiziell sollten darin Dokumente aufbewahrt werden, doch in Wahrheit, glaube ich, wollte er uns vor einem nuklearen Angriff sicher beschützt wissen. Im Hügel hinter unserem Grundstück wurde ein Tunnel gegraben, der ungefähr zwanzig Meter tief in den Fels hineinreichte. Er machte eine Neunzig-Grad-Biegung und führte zu einer Kammer, die auf beiden Seiten mit Stahltüren gesichert war. In der Kammer waren Regale, auf denen einige Metallkanister standen und in denen sich vermutlich die Dokumente befanden. Es gab einen weiteren kurzen Tunnel, es ging wieder um eine Ecke, wieder eine Stahltür. Dahinter befand sich unser Bunker, mit Licht und einer Belüftungsanlage, beides wurde von einem kleinen Generator betrieben. Der Bunker war mit Lebensmitteln, Wasser, Feldbetten, Tisch und Stühlen ausgestattet. Unsere Nachbarn und wir hätten dort bestimmt für ein oder zwei Wochen überleben können. Erst ein paar Monate, bevor wir aus Bad Harzburg fliehen mussten, wurde der Bunker fertig gestellt. Wir hatten ihn kaum benutzt. Es war sehr gruselig und totenstill dort drin, abgesehen vom tropfenden Wasser, das durch den Felsen sickerte. Man bekam Platzangst bei dem Gedanken, dass man tief im Felsen saß.

Der Bunker sollte ein geheimer Ort sein, aber natürlich wussten alle Bescheid. Schließlich hatten Maschinen und Arbeiter wochenlang erheblichen Lärm verursacht. Die Arbeiter waren fünfzehn russische Gefangene, welche jeden Morgen um acht Uhr mit ihrem älteren Aufseher ankamen und jeden Abend um fünf Uhr wieder abzogen. Wir hatten sie nicht sonderlich beachtet, bis zu dem Tag, an dem wir auf der Gartenmauer saßen, der Arbeit zuschauten und dabei die Äpfel aßen, die wir von dem alten Apfelbaum gepflückt hatten. Wir warfen einen wurmstichigen Apfel weg und beobachteten ganz erstaunt, wie ein Gefangener ihn schnell aufhob und mitsamt dem Wurm aufaß. Daraufhin warfen wir alle Äpfel hinunter und die Russen verschlangen sie im Nu. Verängstigt rannten wir Kinder ins Haus und berichteten, was geschehen war. Meine Mutter und Helene gingen sofort zum Aufseher. Die Gefangenen wären hungrig, erklärte er, die Essensrationen wären nicht ausreichend für junge Männer. Seine Frau und er täten ihr Bestes, um die Arbeiter satt zu bekommen. Aber es reiche nur für zwei Mahlzeiten, so dass die Männer acht Stunden lang arbeiten müssten, ohne etwas zu essen. Von da an kochte Helene täglich einen großen Topf Suppe oder Eintopf. Sie machte es ohne zu murren, obwohl Kochen ja keineswegs zu ihren Lieblingsbeschäftigungen zählte. Zwei Russen kamen mittags vorbei und trugen den Topf zu der Gartenlaube hinten im Garten. Dort setzten sie sich alle hin und aßen. Die Mittagsmahlzeit blieb ein Geheimnis zwischen dem Aufseher, den Gefangenen und uns. Er hätte Schwierigkeiten bekommen können, sagte er, falls sie es herausgefunden hätten.

Kapitel 11

Glücklichere Zeiten

Weihnachten wurde bei uns sehr traditionell gefeiert. Am Ersten Advent zündeten wir erst eine Kerze auf dem Adventskranz an und dann so weiter. Unserer nationalsozialistisch eingestellten Familie entging es vollkommen, dass wir eine Tradition pflegten, die der hebräischen Religion entstammt.

An Heiligabend feierten wir Weihnachten, sobald es draußen dunkel wurde. Die Tür zum Weihnachtszimmer blieb den ganzen Nachmittag geschlossen, so dass ich nicht sehen konnte, wie darin der Weihnachtsbaum und die Geschenke aufgebaut wurden. Die Geschenke, die ich für meine Eltern und Helene hatte, mussten vor die Tür gelegt werden, von wo sie dann heimlich verschwanden, während wir uns für den Abend umzogen. Ich wusste, dass der Weihnachtsbaum, den wir Tage zuvor auf dem Christkindlmarkt ausgesucht hatten, zusammen mit unseren Geschenken hinter dieser Tür waren, auch wenn ich vage daran zweifelte. Würde das Christkind wirklich mit goldenen Flügeln vom Himmel herabschweben, um uns zu segnen und den Weihnachtsbaum mit den Geschenken zurückzulassen? Mutti, Helene und ich warteten vor der verschlossenen Tür, während Vati sich schon im Weihnachtszimmer aufhielt und die Weihnachtslieder anstimmte. Wir sangen: *Oh du Fröhliche, Ihr Kinderlein kommet* und *Stille Nacht*. Dann klingelte drinnen das silberne Glöckchen und Mutti durfte die Tür öffnen. Auf der Türschwelle lag eine winzige goldene Feder. Das war der Beweis, dass das Christkind wirklich da gewesen war. Mitten im Zimmer funkelte und erstrahlte der Weihnachtsbaum, geschmückt mit Lametta, Kerzen, Glaskugeln und bunten Holzfiguren. Rund um den Baum waren die Geschenke aufgebaut, in Weihnachtspapier verpackt und mit Namensschildchen versehen. Wir bewunderten diese Herrlichkeit und setzten uns hin, um abwechselnd die Geschenke zu verteilen. Gemeinsam freuten wir uns über jedes ausgepackte Geschenk, sogar über Waldis speziellen Hundekuchen. Später am Abend tranken wir Wein. Dazu gab es Marzipan, Lebkuchen, den Weihnachtsstollen und anderes Gebäck. Am ersten Feiertag hatten wir das traditionelle Weihnachtsessen: Gänsebraten mit Rotkohl und Knödel.

Ein Weihnachtsabend ist mir besonders in Erinnerung geblieben, denn alles war etwas anders als sonst verlaufen. Wie üblich standen wir vor der Tür, Vati spielte Weihnachtslieder, sein Bariton vermischte sich mit unseren Sopranstimmen. Plötzlich krachte und scheppterte es im Weihnachtszimmer. Hatte das Christkind etwa eine Bruchlandung hingelegt? Statt des Klavierspiels und Gesangs hörten wir ein Scharren und Rascheln und einige unchristliche Flüche. Vorsichtig öffnete Mutti die Tür und wir sahen Vati auf allen vieren durchs Zimmer kriechen, die verstreuten Kerzen aufsammelnd. Der Christbaum, die Kugeln und Kerzen sowie die Weingläser und Süßigkeiten waren zu Boden gegangen. Wie war das geschehen? Nun, er hatte einen Perserteppich als Geschenk für Mutti, den er kunstvoll unter dem Baum drapiert hatte. Während er am Flügel saß und Weihnachtslieder spielte, bemerkte er eine Wölbung im Teppich. Von seinem Hocker aus versuchte er ein Bein auszustrecken, um den Teppich zu glätten. Das ging schief.

Es dauerte ein bisschen, bis alles wieder hergerichtet war und wir wieder in Weihnachtsstimmung kamen. Später fanden wir das ganze ziemlich lustig, nachdem wir im Perserteppich nur einen winzigen Brandfleck entdeckt hatten, der im Muster so gut wie gar nicht auffiel.

Wenn wir heute, ein halbes Jahrhundert später, in Neuseeland in unserem kleinen Farmhaus Weihnachten feiern, dann führen wir die Tradition meiner Kindheit fort. Der Weihnachtsbaum ist mit echten Kerzen geschmückt. Für jedes Familienmitglied, das nicht mehr bei uns ist, zünden wir eine Kerze an. Die Geschenke werden an Heiligabend verteilt und nicht an *Christmas Day*, dem ersten Feiertag, wie es hier üblich ist.

Bis in die ersten Kriegsjahre hinein waren die Offiziere der Infanterie und Artillerie beritten. Mein Vater war ein guter Reiter. Ich habe seine Pferdeliebe geerbt und an meine Töchter weitergegeben. In einer meiner frühesten Kindheitserinnerungen sehe ich mich hoch im Sattel sitzen und meinen Vater, der mich festhält, und wie wir im Galopp über eine Wiese *fliegen*. Ich kann sogar noch den scharfen Wind im Gesicht spüren und den Hufschlag hören. Jetzt ist mir allerdings bewusst, dass der Galopp höchstens ein sanftes Traben gewesen sein dürfte. Auf meinen Kindheitsfotos bin ich oft mit Pferden, die ich lieben und reiten durfte, abgebildet. Auf einer frühen Fotografie, aufgenommen im Berliner Tiergarten, bin ich drei Jahre alt und sitze stolz auf Rudi, dem Reitpferd meines Vaters. Es gibt Bilder von mir auf einem dicken Grauschimmel, andere mit Fohlen und schließlich eines mit meinem ersten eigenen Pferd, Rudi, meinem Schaukelpferd.

In Garmisch und München hatte ich keine Reitgelegenheit gehabt. In Bad Harzburg hatte ich jedoch das Glück, die Pferde des Hannoveranischen Gestüts zu pflegen und am Dressurreiten teilzunehmen. Dort habe ich richtig reiten gelernt. Das Gestüt war nach Bad Harzburg verlegt worden, um die Pferde vor Luftangriffen zu schützen. Die Freundschaft zwischen dem Leiter des Gestüts und meinem Vater half vermutlich, dass ich in die Reitschule aufgenommen wurde. Eigentlich wurde es als frivol angesehen, wenn Mädchen während der Kriegsjahre Reitstunden erhielten. In der Schule trainierten die Reiter mit den Pferden für zeremonielle Anlässe, außerdem beherbergte das Gestüt wertvolle Zuchtpferde. Einmal in der Woche mistete ich die Ställe aus, säuberte das Sattelzeug und striegelte die Pferde.

Zum Striegeln wurde mir Bashyn, ein polnischer Hengst, zugeteilt. Bashyn war ein aristokratisch aussehender, temperamentvoller Schimmel. Er hatte seinen eigenen bequemen Stall, der zentimeterdick mit Sägemehl ausgestreut war. Bashyn rollte sich gern darin herum und war danach nicht mehr so schneeweiß, wie er sein sollte. Er mochte nicht gern gestriegelt werden und war besonders kitzlig, wenn man seinen Bauch bürstete und dabei seiner Intimsphäre zu nahe kam. Einmal biss er mir in den Hintern, als ich mich bückte, um seinen Bauch zu bürsten. Es verlangte auch Mut, sein Hinterteil und seinen langen Schweif zu striegeln, denn er schlug schnell und treffsicher aus.

Der alte Stallmeister setzte hohe Maßstäbe. Während der Inspektion strich er mit seinem weißen Handschuh über die Innenseiten von Bashyns Hinterbeinen. Bei ihm rührte sich Bashyn natürlich kein bisschen. Der kleinste Fleck oder ein Sägemehlkörnchen auf dem Handschuh bedeuteten für mich, weitere zwanzig Minuten zu striegeln und für Bashyn, wieder misslaunig und kitzlig zu sein. Erst nach unzähligen blauen Flecken kam ich auf einen Trick, wie ich Bashyn bei guter Laune halten konnte. Ich fand heraus, dass er Weidenzweige über alles liebte. Wenn ich ihm einen dicken Weidenzweig zu kauen gab, stand er zufrieden und verträumt da und ich konnte ihn überall bürsten, sogar seine Hufe auskratzen, während er mümmelte und sabberte.

Wir ritten immer in der Reithalle. Man musste auf vieles achten: Hände tief, leicht und ruhig den Zügel halten, fest im Sattel sitzen, Knie und Waden in engem Kontakt zum Pferd, Zehen nach innen, den Rücken gerade und Kopf hoch, zwischen den Pferdeohren nach vorn schauen und korrekten Abstand zu den anderen Pferden einhalten. Der Stallmeister stand in der Arena-Mitte, seine Longierpeitsche stets griffbereit. Er knallte sie neben dem Pferd und Reiter, die einen Fehler machten, kurz auf den Boden. Beim zweiten Fehler berührte die Peitsche den Schuldigen, meistens den Reiter. »Die häufigsten Fehler sind die Fehler des Reiters«, meinte er. Wir kannten seine Lehrmethoden und bemühten uns, den Fehler nicht zu wiederholen. Die hohe Schule des Reitens war ziemlich kompliziert, denn Gangart, Tempo und Richtung wechselten häufig. An den Wänden waren große Spiegel angebracht, die unsere Bewegungen widergaben. Wenn wir alles richtig machten, tänzelten die Pferde und ihre Hufe schienen kaum den Boden zu berühren. Das war herrlich!

Kapitel 12

Erwachsenwerden

Wenn ich jetzt nach mehr als fünfzig Jahren zurückschaue, bin ich erstaunt, an wie viele Begebenheiten aus meiner Schulzeit ich mich deutlich erinnere. Viele Ereignisse haben mit der besonderen historischen Situation von damals zu tun. Andere wiederum sind ganz normale Erlebnisse eines jungen Mädchens.

Ein neuer Mitschüler brachte mich ganz durcheinander. Er kam eines Tages in die Klasse geschlendert und wirkte sehr selbstsicher, beinahe arrogant. Natürlich sah er ziemlich gut aus, hatte dichtes blondes Haar, dunkelbraune Augen, eine athletische Figur. Bevor er in unsere Klasse kam, war ich stets selbstsicher gewesen. Ich wusste genau, dass ich mich auf meine Freundin verlassen konnte, bei meinen Mitschülern beliebt war und mich einer gewissen Wirkung bei den Jungen erfreute. Es gefiel mir, wie mein langes braunes Haar mein Gesicht umrahmte, wie ich die Augenbrauen hochziehen konnte und wie meine Augen unterschiedliche Stimmungen ausdrückten. Ich muss zugeben, meine Zähne waren nicht so gerade, wie sie es nach jahrelangem Tragen einer Zahnspange hätten sein sollen. Vielleicht war ich auch ein wenig zu mollig um die Hüften, aber alles in allem war ich recht zufrieden mit mir.

An einem Sonntagnachmittag war ich mit einigen Klassenkameraden im Schwimmbad. Wir faulenzten auf dem Rasen, schwatzten und lachten, wobei der Neue im Mittelpunkt stand. Es war leider deutlich, dass ich für ihn nur eine aus der Gruppe war. Er ignorierte mich, obwohl ich meinen tollen Badeanzug trug, ihm tiefe Blicke zuwarf und mit witzigen Bemerkungen die anderen zum Lachen brachte. »Kommt jemand mit ins Wasser?«, fragte er und fügte beiläufig hinzu: »Ich werde vom hohen Turm springen.« Keiner von uns hatte es bisher gewagt, von da oben zu springen! Am tiefen Ende des Schwimmbeckens stand der Sprungturm: Rechts davon war das 1-Meter-Brett, auf dem Turm das 3-Meter-Brett, dann ein paar Stufen höher das 5-Meter-Brett und ganz oben war die 10-Meter-Plattform, die man über eine Sprossenleiter erreichte. Der Neue schlenderte zum Turm hinüber und wir sahen zu, wie er ohne zu zögern die Stufen und die Leiter erklomm. Für einen Augenblick stand er dort oben, winkte uns lässig zu, dann betrat er das Sprungbrett. Er hob die Arme, streckte sich, sprang kerzengerade hinunter und tauchte ins Wasser ein, ohne dass es spritzte. Eine Spur von Luftblasen zeigte an, wo er weitertauchte. Plötzlich kam er an die Oberfläche, schwang sich über den Beckenrand, und zwar genau wo ich stand. Er strich sein nasses Haar zurück und ich bekam ein paar kalte Wassertropfen ab, die mir fast den Atem verschlugen. Ich errötete, als er mich anschaute, ärgerte mich darüber und errötete noch mehr. »Ich werde nochmal springen. Kommt jemand mit?« Und plötzlich hörte ich mich mit hoher piepsiger Stimme antworten: »Ich komm´ mit!«

Meine Klassenkameraden sagten kein Wort, aber meine Freundin Inge flüsterte: »Sei nicht verrückt. Du warst noch nie da oben. Du kannst nicht vom 10-Meter-Turm springen. Du brichst dir das Genick!« Sie hatte vollkommen Recht. Obwohl ich eine gute Schwimmerin war und ohne zu zögern vom 3-Meter-Brett sprang, war schon das 5-Meter-Brett eine Hürde gewesen, an die ich mich nur einmal, und das auch nur mit schwachem Erfolg, gewagt hatte.

Der Neue war bereits einige Schritte vorausgegangen und sah mich spöttisch über seine Schulter an: »Na?« Wollte er mich herausfordern? Nie hätte ich zugeben können, dass es für mich zu hoch war und ich Angst hatte. Ich hätte mich vor meinen Klassenkameraden blamiert und für ihn wäre ich nur noch eine dumme Gans gewesen. Ärgerlich folgte ich ihm die Treppe hinauf. Als ein paar Wassertropfen von seinem nassen Körper auf mich fielen, wurde mir bewusst, wie wütend ich auf ihn war. Er hatte mich in diese Situation gebracht und lachte vielleicht insgeheim über mich! Am liebsten hätte ich in seine Waden zwicken oder auf seine Fersen schlagen wollen, die nur wenige Stufen über meinem Gesicht waren. Aber ich benötigte beide Hände, um mich an der Leiter festzuhalten. Und vor allem brauchte ich meine ganze Willenskraft, um meine zitternden Glieder zu beherrschen und mich immer weiter höher zu wagen. Schließlich kam ich oben an. Er stand bereits auf dem Sprungbrett. Ohne noch einmal nach mir zu schauen, reckte er sich, sprang und war weg. Mit weichen Knien und zitternden Händen stand ich auf der Plattform und hielt mich am Geländer fest. Ein paar tiefe Atemzüge würden helfen, so hoffte ich, um die Übelkeit, den Schwindelanfall und die Angst zu überwinden. Tief, tief unter mir konnte ich sehen, wie der Neue aus dem Becken stieg und wie mir Inge und meine Klassenkameraden zuriefen und winkten. Ich wollte locker zurückwinken, aber es gelang mir nicht ganz, denn ich musste mich schnell wieder festhalten. Ich machte den Fehler, noch einmal hinunterzuschauen. Der Abgrund zog mich hinunter in dieses winzige blaue Wasserfleckchen. Da unten würde ich ertrinken und sterben. Ich sah alles genau vor mir, wie ich auf dem Sprungbrett stolpern, ausrutschen und seitwärts hinunterfallen würde. Mein Kopf würde auf dem 5-Meter-Brett, dann auf dem 3-Meter-Brett aufschlagen, und bewusstlos würde ich ins Wasser plumpsen. Aus und vorbei. Sollte ich wieder runterklettern? Und dann ausgelacht oder bemitleidet werden? Nein! Es war mir sowieso unmöglich, rückwärts die Leiter hinunterzusteigen. Mit meinen schweißnassen Händen und zitternden Beinen würde ich bestimmt ausrutschen und mir sämtliche Knochen brechen. Es gab nur einen Weg nach unten: Ich musste springen.

Ich stand unendlich lange auf der Plattform, bis mein panisches Atmen nachließ und ich mich wie betäubt fühlte. Ich konzentrierte mich nur noch darauf, Schritt für Schritt bis an den Rand des Sprungbretts zu gelangen, zitternd meine Arme zu heben und mich kopfüber ins Wasser zu stürzen. Mit stechenden Schmerzen an Kopf, Brust und Rücken und kurz vorm Ersticken kämpfte ich mich an die Wasseroberfläche und erreichte den Beckenrand. Meine Ohren waren voll Wasser, vor meinen Augen kreisten schwarze Punkte, ich zitterte heftig und nahm kaum wahr, wie Inge mir heraushalf und ein Badetuch um meine Schultern legte.

Nur langsam kam ich zu mir und hörte meine Klassenkameraden sagen: »Wie blöd von dir! Du hast Glück, dass du nicht draufgegangen bist!«, »Du hast eine riesige Fontäne gemacht!« und »Es hat ja ewig gedauert, bis du gesprungen bist. Hast du Angst gehabt? Ich würde nicht von da oben springen!« Eine Stimme fehlte, nämlich die des Neuen. Er war mittlerweile zu den Umkleidekabinen gegangen.

Auf einmal gab es einen lauten Knall in meinem Kopf, eine Wasserblase war geplatzt und Wasser tropfte aus meiner Nase und den Ohren. Ich hörte auf zu zittern, war wieder bei klarem Verstand und hatte meine Fassung zurück. Ich war ganz ruhig. Der Neue spielte keine Rolle mehr. Mir eröffnete sich eine neue Sichtweise: Ich war mir nun meiner Stärke und meiner Schwäche bewusst. Zwar hatte ich meine Angst besiegt, doch war es ausgesprochen dumm gewesen, aus verletzter Eitelkeit etwas Gefährliches zu tun, nur um andere zu beeindrucken. Eine Rippenprellung und zwei blau geschwollenen Augen waren der Preis, den ich für diese Erkenntnis zahlen musste.

Ich verliebte mich und diesmal wirklich. Ernst war ein Schulkamerad. Mit seinen sechzehn Jahren war er alt genug, um drei Tage in der Schule und drei Tage lang Soldat bei der Luftabwehr zu sein. Er machte seinem Namen alle Ehre, denn er war ein ernsthafter Junge. In seiner blaugrauen Uniform und mit dem blond gewellten Haar, das nie so recht unterm Käppi blieb, sah er sehr gut aus. Betrachte ich mir jetzt sein Foto, dann erkenne ich, dass seine Augenbrauen vielleicht etwas zu buschig waren und die Augen etwas zu dicht beieinander standen. Der arme Ernst, er ist schon vor vielen Jahren gestorben.

Oft begleitete er mich auf dem Rückweg von der Schule. Er klemmte unsere Schultaschen auf den Gepäckträger seines Fahrrads, legte seinen Arm um meine Schulter und in ernsthafte Gespräche vertieft, wanderten wir auf Umwegen nach Hause, fast wie ein echtes Liebespaar. Meine Eltern hielten nicht viel von Ernst und seinen Eltern gefiel ich auch nicht besonders. Daher fanden unsere Verabredungen mehr oder weniger heimlich statt. Trotzdem schworen wir uns ewige Liebe, und manchmal küssten wir uns sogar zum Abschied vor dem Gartentor. Der Affe über dem Portal schaute grinsend herab. Das Küssen war übrigens nicht so wunderbar, wie ich es mir vorgestellt hatte. Unsere Nasen und das Fahrrad störten und wir fürchteten, gesehen zu werden. Das Feuer unserer Leidenschaft brannnte daher immer nur kurz und ungeschickt.

Leider nahm unsere große Liebe ein frühes Ende. Sie wurde von unseren Eltern im Keim erstickt, denn sie hatten eine blühende Fantasie und stellten sich mehr vor, als was wirklich zwischen uns geschah. Ernst erkrankte an Scharlach und es wurde so schlimm, dass er ins Krankenhaus auf die Isolierstation gebracht werden musste. Da wir uns wochenlang nicht sahen, schrieben wir uns täglich. Durch das hohe Fieber entwickelte sich Ernst zum Dichter: »Lass uns den Kelch der Liebe trinken«, schrieb er. Ich fand das schrecklich romantisch und trug den Brief in der Brusttasche meiner Bluse mit mir herum. Unglücklicherweise fand ihn Helene, als die Bluse in die Wäsche musste. Sie war über den Inhalt beunruhigt und zeigte den Liebesbrief meiner Mutter, die ihn sogleich und sehr besorgt meinem Vater vorlas. Als ich von der Schule kam, wollte sie mit mir spazieren gehen und mich dabei vermutlich aufklären und herausfinden, wie weit diese Liebesaffäre fortgeschritten war. Meine Mutter drückte sich sehr vorsichtig aus und unerfahren wie ich war, verstand ich gar nicht, woauf sie anspielte. Das Gespräch machte uns beide verlegen und endete ergebnislos. Wir waren beide erleichtert, als ein Luftangriff unseren Spaziergang jäh unterbrach.

Mein Vater verlor keine Zeit, um mit Ernsts Vater zu sprechen. Das Resultat war, dass uns streng verboten wurde, uns jemals wieder zu sehen und das war's. Ernst tröstete sich schon bald mit einer neuen Freundin und um nicht zurückzustehen, verliebte ich mich in einen anderen Jungen. Diesmal war ich vorsichtiger, es wurden keine Liebesbriefe ausgetauscht!

Meine Mutter versuchte nicht nochmal mich aufzuklären. Auch vier Jahre später redete die Gute *um den heißen Brei* herum. Wir mussten beide lachen, nachdem sie gemerkt hatte, dass ich mir die entsprechenden Informationen bezüglich dieses Tabu-Themas anderweitig geholt hatte.

Mitte 1944 wurde ich im BDM zur Gruppenführerin ernannt. Heute weiß ich, dass ich deshalb so rasant die Ränge aufstieg, weil meine Vorgängerinnen klugerweise zurücktraten, als sie oder ihre Eltern ahnten, wie der Krieg enden würde. Natürlich nannten sie mir nicht den wahren Grund, wieso sie gingen. Und ich war zu naiv, um zu erkennen, was eigentlich geschah. Ich nahm meine Pflichten sehr ernst. Obwohl meine Gruppe zunehmend kleiner wurde, marschierten wir gelegentlich mit unserem Banner durchs Städtchen und sangen patriotische Lieder. Wir sammelten Kiefernzapfen, damit die älteren Bürger ihre Öfen anheizen konnten, und wir rasselten mit den Sammelbüchsen der Winterhilfe.

Manchmal kam ich im Winter erst im Dunkeln von den BDM-Treffen nach Hause. Gegen sechs Uhr abends war es schon stockfinster. Ich hatte mich nie gefürchtet, durch den Park und dann bergauf zu unserem Haus zu laufen. Das änderte sich schlagartig an jenem Abend, als mich jemand verfolgte. Aufgrund der Verdunkelung waren sämtliche Parklaternen ausgeschaltet und ich konnte kaum den grauen Kiesweg von den dunkelschattigen Bäumen und Sträuchern unterscheiden. Plötzlich nahm ich wahr, dass meine Schritte ein Echo hatten. Ich drehte mich um, konnte niemanden sehen und lief in schnellerem Tempo weiter. Die fremden Schritte waren nun dicht hinter mir. Mein Herz begann laut zu schlagen, doch ich wollte keine Angst zeigen. Ich blieb stehen, steckte meine schwitzenden Hände in die Manteltaschen und sagte mit fester Stimme: »Hallo!« Keine Antwort, außer das Knacken von dünnen Zweigen und dann Stille. Wenn ich doch bloß einen Knüppel oder einen Stein gehabt hätte, um mich zu verteidigen! Wie angewurzelt blieb ich auf der Stelle stehen und war überzeugt, den schweren Atem meines Verfolgers zu hören. Endlich fasste ich all meinen Mut zusammen, kehrte ihm meinen schutzlosen Rücken zu und ging entschlossenen Schrittes weiter, während mir der Angstschweiß den Rücken runterlief. Als ich die Straße erreichte und mich etwas sicherer fühlte, fing ich an bergauf zu rennen, doch die Schritte stampften hinter mir her. Da war endlich das Tor! Ich floh hindurch, schmiss es hinter mir zu und schrie: »Helene, Helene!« Sie war sofort an der Tür und wir verschlossen und verriegelten sie. Es dauerte eine Weile, bis ich mich beruhigt hatte und ihr von dem Schreck erzählen konnte. Wir beschlossen, meiner Mutter nichts zu sagen. Sie sorgte sich schon genug um meinen Vater, der zu jener Zeit nicht bei uns war. Wir wollten mit Pavlik, Vaters Fahrer, darüber reden, wenn er das nächste Mal kommen würde. Wir vertrauten ihm. Er konnte ein Geheimnis für sich behalten, dachte praktisch und wusste, was zu tun war. Nachdem wir ihm alles berichtet hatten, brachte er mir sofort einige Überlebenstricks bei. »Lauf´ immer in der Mitte des Weges. Halte dich von Zäunen, Gebüschen, Gebäuden und Bordsteinen fern. Zeig´ niemals deine Angst. Renn´ nicht los, wenn du verfolgt wirst. Tritt deinem Verfolger selbstbewusst entgegen.« Das meiste davon hatte ich ja getan und Pavlik lobte mich für mein Verhalten. Er hatte wohl noch einmal über alles nachgedacht, denn einige Tage später gab er mir eine kleine Beretta-Pistole und zeigte, wie man sie benutzte. »Steck´ sie in die Manteltasche, aber schieß´ nur, wenn du in äußerster Gefahr bist. Zeig´ nicht die Pistole, aber halte sie schussbereit in der Hand. Wenn nötig, kannst du auf kurze Entfernung durch die Manteltasche schießen. Wenn du angegriffen wirst, schieß´ zuerst. Ziele auf die Körpermitte deines Angreifers, dann triffst du ihn wahrscheinlich auch. Wenn du kannst, dann geh´ in die Hocke oder dreh´ dich zumindest zur Seite, dann bietest du eine kleinere Angriffsfläche. Geh´ nie ohne die Waffe aus, wenn du im Dunkeln alleine unterwegs bist. Und versprich niemandem zu erzählen, dass ich dir eine Pistole gegeben habe. Das muss unser Geheimnis bleiben!« Ich hielt mein Wort. Niemand erfuhr von der Beretta. Ich trug sie in meiner Manteltasche, wie mir Pavlik geraten hatte, und ich fühlte mich unbezwingbar.

Mit Dankbarkeit denke ich heute an Pavlik zurück. Er erscheint mir wie die Verkörperung eines treuen Vasallen. Er war der tapfere Soldat, vertrauenswürdig, stets bereit zu dienen und notfalls auch zu kämpfen und zu sterben. Er war der beste von den drei Fahrern, die für meinen Vater arbeiteten. Die beiden anderen waren ältere Herren, Pavlik dagegen war in seinen besten Jahren, untersetzt und muskulös. Er hatte hohe Wangenknochen und tief liegende Augen. Ich habe ihn nie ohne Stoppelbart gesehen. Seine Mütze trug er verwegen auf dem Kopf und seine Stiefel waren nur selten auf Hochglanz poliert. Auf den ersten Blick hielt man ihn vielleicht für einen gewöhnlichen Fahrer. Doch wenn man in seine tiefschwarzen Augen sah, erkannte man darin den klugen, wachsamen und gefährlichen Menschen.

Kapitel 13

Der Anfang vom Ende

Im März 1945 überquerte die amerikanische Armee den Rhein bei Remagen. In den folgenden Wochen rückten die Gefechte auf deutschem Boden immer näher, als die amerikanischen Streitkräfte ostwärts drangen und die sowjetische Armee nach Westen vorrückte. Plötzlich musste ich der schockierenden Tatsache ins Auge schauen, dass entweder die Amerikaner oder die Russen schon bald Bad Harzburg erreichen würden. In letzter Zeit wurde vor den Radionachrichten oft fröhliche Marschmusik gesendet. Dies bedeutete, dass schlechte Nachrichten folgten: Ein weiterer strategischer Rückzug unserer Truppen oder eine weitere Stadt, die von alliierten Bombenangriffen zerstört worden war. Jeder, der einen gesunden Menschenverstand hatte, konnten sich ausrechnen, dass der Untergang des Dritten Reichs bevorstand.

Die meisten bereiteten sich darauf vor. Meine Familie tat es nicht. Bis heute bin ich mir nicht sicher, warum wir der Realität gegenüber so blind waren. War es eine Frage von absoluter Loyalität dem Führer gegenüber oder war es der Treueid, den wir geschworen hatten? Oder hoffte mein Vater tatsächlich, dass die so genannte *Geheimwaffe*, die fast einsatzbereit war, in allerletzter Minute eine totale Niederlage in einen totalen Sieg umkehren könnte?

Zwischen einem Besuch im Hauptquartier und seiner Rückkehr an die Front blieb mein Vater über Nacht bei uns. Die Nachrichten waren an diesem Abend besonders schlecht gewesen: Die Russen rückten auf Berlin vor und die Amerikaner hatten den Rhein überquert. Beide Armeen waren etwa nur sechs oder sieben Autostunden von uns entfernt. Als mein Vater in den Wagen stieg, um wegzufahren, fragte ich ihn: »Was sollen wir tun, wenn die Russen oder die Amerikaner kommen?« Er stieg wieder aus, nahm mich in die Arme, schaute mich sehr streng an und entgegnete: »Was du da sagst, ist Verrat! An so etwas darfst du nicht einmal denken. Sie kommen nicht hierher!« Er küsste mich und war fort.

Wenige Wochen später, als das Donnern der Geschütze bedrohlich näher rückte, gingen auch meine Mutter ich. Heute denke ich, dass meine Mutter alles für verloren hielt und entschlossen war, gemeinsam mit meinem Vater zu sterben.

Die letzten Tage in Bad Harzburg, wo wir zwei Jahre gelebt hatten, sowie die Ereignisse unserer Flucht haben sich tief in mein Gedächtnis gegraben. Unser kleiner Vetter Wolfgang hatte das vergangene Jahr bei uns verbracht. Hier war er vor den Bomben, die auf seine Heimatstadt Offenbach niederhagelten, sicher gewesen. Seine Mutter, Tante Rosel, kam unerwartet hierher um ihn abzuholen, denn sie glaubte, er wäre bei uns nicht mehr sicher. Als wir flohen, blieb sie im Haus zurück, wo sie kurz darauf starb. Der ehemalige Gärtner war aufgetaucht und wollte das Haus plündern. Meine Tante geriet darüber in panische Angst und versuchte, sich zu erschießen. Ihr kleiner Sohn fand sie. Sie starb zwei Tage später.

Meine Mutter hatte bis zum Tag unserer Flucht als freiwillige Krankenschwester im Lazarett gearbeitet. Sie pflegte die Verwundeten, die mit Militärtransporten eingeliefert wurden. Nach deren Ankunft musste sie die Verbände wechseln. Die meisten ihrer Patienten waren an der Ostfront und tagelang im Lazarettzug unterwegs gewesen. Viele hatten Wunden, die unterm Verband mit Maden infiziert waren.

Hier bin ich mit zwei von Muttis Patienten.

Allerdings waren Maden immer noch besser als Wundbrand. Sie ernährten sich vom abgestorbenen Gewebe und hielten so die Wunde sauber. Meine Mutter fühlte aufrichtig mit ihren Patienten. Sie tat, was sie konnte, um ihnen das Leiden und das Sterben zu erleichtern. Auch half sie ihnen, sich mit dem Verlust der Gliedmaßen abzufinden und mit dem Leben als Invaliden zurechtzukommen. Meist kam sie vollkommen erschöpft nach Hause und oft ging sie nachts wieder zurück, um Schmerzen zu lindern oder die Hand eines Sterbenden zu halten. Etliche ihrer Patienten kamen zu uns ins Haus, sobald sie sich auf Krücken, in Rollstühlen oder alleine fortbewegen konnten. Meine Mutter meinte, ein Umgebungswechsel würde ihnen helfen zu genesen. Die Verwundeten liebten sie über alles.

Der Chefchirurg des Lazaretts war öfters unser Gast gewesen und meine Mutter betrachtete ihn als einen Freund. Als sie nun verängstigt und verzweifelt war und um unser Leben fürchtete, bat sie ihn um Zuflucht im Lazarett. Aber er lehnte ab, er wollte oder konnte das Risiko nicht auf sich nehmen. Stattdessen versorgte er sie mit drei Zyankali-Kapseln und zeigte ihr, wie man sie benutzte. Es war wirklich ganz einfach: Man legte die Kapsel in den Mund und wenn man darauf biss, war man innerhalb von Sekunden tot. Während der folgenden turbulenten Wochen hielten wir unsere Zyankalikapseln stets griffbereit. Ich trug meine in einem winzigen Brustbeutel, versteckt unter meiner Kleidung. Die Kapseln vermittelten uns ein Gefühl von Sicherheit. Wir wussten, wir konnten sozusagen *die Trumpfkarte* spielen und notfalls sofort unser Leben auslöschen. Ich erfuhr, dass Göring genau das getan hatte, nachdem er vor dem Nürnberger Gericht zum Tode verurteilt worden war. Seine kleine Tochter, die damals höchstens acht Jahre alt war, hatte die Kapsel in seinen Mund gleiten lassen, als sie ihn in der Gefängniszelle zum Abschied küssen durfte.

Ein wohlhabender Grundbesitzer und einstiger Jagdfreund meines Vaters kam überraschend mit seinem Lieferwagen angefahren und erbot sich, unsere Wertsachen auf seinem Gut sicher aufzubewahren. Er sagte, wir müssten sofort fliehen oder wir wären in ein paar Tagen sicherlich tot. Gutgläubig übergab ihm meine Mutter etlichen Schmuck, ihre Pelzmäntel und sämtliche Bilder und Kunstwerke, die er im Wagen transportieren konnte. Wir haben nichts von all dem je wiedergesehen.

Als Jäger war er besonders an Vaters Waffensammlung interessiert. Aber da hatte er kein Glück. Tags zuvor hatte ich den Gewehrschrank leer geräumt. Alle Jagdgewehre mitsamt der Munition waren bereits in einem Versteck in den Hügeln, wo einige meiner Freunde auf mich warteten. Wir wollten *Werwölfe* werden. Ein *Werwolf* musste den anderen gegenüber Treue schwören, den Feind bekämpfen und bereit sein, fürs Vaterland zu sterben. Es waren wunderbar heroische und geheime Ideen! Und alles so aufregend! In unserem *Wolfsrudel* war ich das einzige Mädchen. Ich durfte mitmachen, weil ich schießen konnte und verschiedene Gewehre, Zielfernrohre und Munition besorgen konnte. Wir wollten als Heckenschützen sämtliche Feinde, die Bad Harzburg besetzen würden, abknallen. Mit den Gewehren meines Vaters wären sie für uns bestimmt ein leichtes Ziel gewesen. Wir wollten *vom Land leben* und schließlich als Helden sterben. Diese Vorstellung war für mich verlockender, als einfach nur Zyankali zu schlucken. Ich weiß nicht, woher die Idee mit dem Werwolf stammt, ob die anderen der Gruppe erfolgreiche Werwölfe wurden und was mit Vaters teuren Jagdgewehren geschah. Als ich einen damaligen Möchtegern-Werwolf nach dreißig Jahren wiedertraf, war er eine prominente Person geworden und wir vermieden taktvoll, unsere jugendlichen Eskapaden zu erwähnen.

Kapitel 14

Die Flucht

Das Schicksal verfügte, dass ich kein Werwolf werden sollte. Zwei Tage bevor die Amerikaner Bad Harzburg besetzten, ergab sich für uns eine Möglichkeit zu fliehen. Ein Dienstfahrzeug, beladen mit wichtigen Dokumenten, war unterwegs nach Berlin. Es hieß, der Fahrer würde uns mitnehmen, wenn wir in fünfzehn Minuten abfahrbereit wären. Mir blieb gerade noch Zeit, dem Beispiel meiner Mutter zu folgen und meine Wertsachen sicher zu verstecken. Die hohle Bronzebüste von Hitler erschien mir das perfekte Versteck für Omas Saphirring, die Brosche und die goldene Filigrankette, welche mir mein Vater aus Spanien mitgebracht hatte, sowie andere kleine Schmuckstücke aus meinem Schatzkästchen. Ich steckte alles in den Führer und begrub ihn unter den Rosenstöcken im Garten. Bestimmt fand der Gärtner die Büste auf Anhieb und fühlte sich dadurch ermutigt, auch noch andere Wertsachen von meiner armen Tante zu verlangen.

Wir packten schnell ein paar Kleidungsstücke, etwas zu essen und ein wenig Geld in unsere Rucksäcke und hängten die kleinen Beutel mit den Zyankali-Kapseln um den Hals. Die Beretta-Pistole und zwei Ladestreifen Munition steckte ich heimlich in meine Manteltasche. Weinend nahmen wir Abschied von unseren zwei Dackeln, Waldi »der Zweite« und Tobi, von unserem kleinen Vetter Wolfgang, Tante Rosel und der lieben Helene. Die beiden Hunde zurückzulassen, fiel uns am schwersten.

Das Dienstfahrzeug entpuppte sich als alter Lieferwagen eines Obsthändlers und die Seiten zierten farbenfrohe Abbildungen von Früchten und die Worte: *Esst mehr Bananen.* Im Laderaum war es vollkommen finster, sobald die Rolltür geschlossen wurde. Die Behälter mit den Dokumenten nahmen den meisten Raum ein und für uns war gerade noch Platz, um auf dem Boden zu kauern. Eine Fahrt von Bad Harzburg nach Berlin dauerte gewöhnlich vier Stunden, wir brauchten allerdings den ganzen Tag. Der Fahrer vermied klugerweise die Autobahn, die von alliierten Flugzeugen pausenlos bombadiert und unter Beschuss genommen wurde. Wir tuckerten vorsichtig die Landstraßen entlang, denn dort hatten wir eine größere Chance zu überleben. Nachdem wir nur knapp einem Maschinengewehrfeuer entkamen, sollte ich nach Tieffliegern spähen, ehe sie uns entdeckten. Ich hockte auf dem vorderen Kotflügel, mit meinem Gürtel am Rückspiegel angegurtet, und hielt nach Fliegern Aussschau, die sich von hinten näherten. Das war sehr aufregend, auch wenn es ziemlich kalt war und der Wind mir den Staub ins Gesicht wirbelte, während ich himmelwärts starrte. Im Nu waren die Tiefflieger über uns und kaum zu hören, da das Motorgeräusch unseres Lieferwagens alles übertönte. Dreimal mussten wir aus dem Wagen flüchten und in den Straßengraben springen. Jedemal hatten wir Glück.

In der Abenddämmerung, kurz vor den nächtlichen Luftangriffen, erreichten wir Berlin. Der Fahrer setzte uns an einem Bunker ab. Ich erinnere mich an lange Betongänge, die mit orangefarbenem Licht schwach beleuchtet waren und an deren Wänden entlang vierstöckige Pritschen standen. Erschöpft fielen wir mit all unseren Sachen auf unsere Liegen. Am nächsten Morgen brachen wir zum Hauptquartier auf. Es war derselbe Bunker, in welchem sich der Führer einige Tage später das Leben nahm und wo Goebbels seine Kinder nacheinander zu sich bringen ließ, um jedes mit Zyankali zu vergiften, ehe seine Frau und er die Kapseln schluckten.

Wir mussten ziemlich weit laufen, denn die öffentlichen Transportmittel fuhren nicht mehr. Die sowjetische Armee stand unmittelbar vor Berlin. In der Ferne hörten wir das Donnern der schweren Geschütze. Schmutzig, hungrig und müde stolperten wir durch die zerstörte Stadt, vorbei an Bombenkratern und Trümmerbergen, durch schlammige Straßen, wo Wasserleitungen zerborsten waren. Zu beiden Seiten unseres Pfades ragten ausgebrannte Gebäudeskelette empor, häuften sich Berge von Ziegelsteinen und Betonstücken, verbogenem Metall und zersplittertem Holz. Es war ein kaltes dunkles Szenarium aus Verzweiflung, Angst und Tod. Ein alles durchdringender Gestank, der einem das Atmen erschwerte, stammte von den toten Bürgern Berlins, die zu Hunderten unter den Ruinen ihrer Häuser lagen.

Vier Jahrzehnte später besuchte ich im Ostteil der Stadt den Ehrenfriedhof und das Denkmal der 22.000 Sowjetsoldaten, die im Kampf um Berlin gefallen waren. Damals fiel es mir schwer, meine Tränen zu unterdrücken. So viele junge Männer lagen hier, weit weg von ihren Angehörigen, in Massengräbern unter sauberen Betonplatten begraben. Auf dem Denkmal waren Worte wie Ehre, Ruhm, Freiheit und Opfer in goldenen Lettern eingraviert. War dies ein Trost für die zurückgebliebenen Familien? Ich hoffte es. Zumindest gab es ein Denkmal. Es existierte keines für die deutschen Zivilisten, die in der Schlacht um Berlin umgekommen waren, ganz zu schweigen von den deutschen Soldaten. Ich frage mich, wie viele es wohl gewesen sind, die für dieselben edlen Worte gekämpft und dabei ihr Leben verloren hatten?

Mit letzter Willenskraft erreichten wir das Hauptquartier, wo wir mit guten Nachrichten belohnt wurden. Ja, unser Vater war noch am Leben und befand sich »auf strategischem Rückzug in Österreich«. Ja, wir konnten noch nach Süddeutschland gelangen, um ihn dort zu treffen. Noch am selben Tag würde ein Bus von einer Kaserne am Stadtrand abfahren, um Büropersonal und wieder wichtige Dokumente nach München zu bringen. Ein Dienstauto brachte uns in rasendem Tempo zu dieser Kaserne. Der Kantinenkoch gab uns Eintopf zu essen, unsere erste warme Mahlzeit, seitdem wir von Zuhause fort waren. Er war sehr mitfühlend, stellte verstohlen einen grünen Proviantbeutel der Armee neben uns auf den Boden und sagte: »Damit ihr gut weiterkommt.« In dem Beutel befanden sich vier Kommissbrote, ein großes Stück Käse und ein Glas mit Marmelade.

Der Münchener Bus war unter einem olivgrünen Netz getarnt und parkte neben einigen Bäumen am anderen Ende des Truppenübungsplatzes. Als man uns hinüberbegleitete, heulten plötzlich die Sirenen auf. Ein Luftangriff - und um uns herum das Schnellfeuer der Luftabwehrgeschütze, ohrenbetäubende Explosionen und das Pfeifen der Bomben. Ein Begleiter packte mich sprichwörtlich am Genick und schleuderte mich in einen der Schützengräben, die den Exerzierplatz in Zickzacklinie durchzogen. Das Bombardement schien kein Ende zu nehmen. Im Moment waren wir sicher. Solange man das Pfeifen der Bomben hörte, schlugen sie woanders ein. Ein direkter Treffer würde prompt erfolgen wie ein Blitz vom Himmel, ohne einen Pfeifton.

Neben mir fand ich den Beutel des Kochs. Ich machte ihn auf, sah das Brot und dachte: ›Es wäre ja Verschwendung, wenn wir jetzt alle umkommen‹, und ich begann, hastig auf einem Brotlaib herumzukauen. Wenige Meter links von mir tötete eine Bombe mehrere Menschen, die auch im Schützengraben hockten. Doch daran habe ich keinerlei Erinnerung. Als man mich etwas später aus dem Graben zog, konnte ich zwar auf wackligen Beinen gehen, aber ich konnte nichts hören und auch nicht sprechen, vermutlich weil ein großes Stück Brot in meinem Mund steckte.

Ich muss eine Gehirnerschütterung erlitten haben. Denn ich lag mit heftigen Kopfschmerzen auf dem Rücksitz des Busses, der bei Nacht und ohne Scheinwerfer langsam über die Landstraßen gen Süden schaukelte. Außer uns gab es nur noch fünf weitere Mitfahrerinnen: Junge Sekretärinnen, die die wichtigen Papiere begleiten sollten. Ein gnädiges Schicksal hatte uns allen gestattet, der Todesfalle Berlin zu entkommen. Dafür waren wir wirklich dankbar.

Was am nächsten Morgen geschah, ist mir bis heute ein Rätsel geblieben. Unser Fahrzeug war das einzige auf einer geraden geteerten Landstraße. Wir fuhren an einer Kiefernschonung vorbei. Dort war ein Tor, durch das plötzlich mehrere Männer in Luftwaffenuniform heraustraten und uns zum Anhalten aufforderten. Sie waren fröhlich und ausgelassen und sie brachten uns Limonade und Schokolade. Als wir unsere Befürchtung aussprachen, Berlin würde womöglich in den kommenden Tagen fallen, und wie sehr wir uns sorgten, was wohl danach geschehen würde, antworteten sie: »Wartet ab!

Ihr werdet schon sehen! In ein paar Tagen wird etwas Unglaubliches passieren, das die Niederlage in einen Sieg verwandelt. Die Zukunft liegt in unseren Händen, genau hier. Macht euch also keine Sorgen!«

Sie wirkten so kompetent und schienen sich ihrer Sache so sicher zu sein, dass wir beruhigt weiterfuhren. Doch es ereignete sich nichts, was den Lauf der Geschichte wendete. Deutschland ergab sich und wenige Monate darauf fielen die Atombomben auf Hiroshima und Nagasaki. Was wurde damals in der Kiefernschonung versteckt gehalten? Hatten sie dort die Atombombe gebaut? Was hatte sie daran gehindert, diese Wunderwaffe über London oder Moskau einzusetzen? Über ein halbes Jahrhundert ist seither vergangen und ich frage mich, ob die Wahrheit über historische Ereignisse jemals ans Licht kommt?

Unterwegs bemerkte der Fahrer eine Frau am Straßenrand. Sie winkte mit beiden Armen und wollte offensichtlich mitgenommen werden. Sie war in unsere Richtung unterwegs und wollte ihren Sohn finden, der aus Berlin evakuiert und in ein nahe gelegenes Dorf gebracht worden war. Natürlich nahmen wir sie mit und wir waren auch alle einverstanden, einen kurzen Umweg über dieses Dorf zu machen. Unsere Entscheidung stellte sich als gefährliche Torheit heraus. Auf dem Weg zum Dorf wurde unser Fahrer zunehmend nervöser. Seit längerem war uns kein einziges Fahrzeug begegnet und die wenigen Häuser, die wir in der Nähe sahen, waren verlassen. Das einzige Lebenszeichen waren Scharen von Krähen auf den brachliegenden Feldern.

»Es ist nur noch ein Stückchen weiter«, hatte die Frau gesagt, als uns eine Folge von Mörserschüssen zwang, abrupt anzuhalten. Unser Fahrer reagierte schnell, riss das Lenkrad herum, aber der Bus landete im Straßengraben. »Wir sitzen fest! Alle raus!«, schrie er. »Nehmt mit, was ihr tragen könnt! Hier rüber!« Dort drüben stand ein verfallenes Gebäude inmitten eines Ackers. In halsbrecherischem Tempo kämpften wir uns durch matschigen Schnee, über schlammige Ackerschollen, bis hinüber zu der schützenden Ruine. Es war eine ehemalige

Zuckerrübenfabrik, deren Dach fast vollständig zerstört war. Auf dem Betonboden lagen zerbröckelte Mauerreste, Ziegelsteine, rostige Fässer und Maschinenteile. In einer Ecke klaffte eine eiserne Falltür weit offen über einer leeren Betongrube, die früher wahrscheinlich die zerstampften Zuckerrüben enthalten hatte. Ein widerlich süßlicher Geruch drang empor. Wir kletterten alle in die Grube und zogen die Falltür über uns zu.

Vollkommene Dunkelheit, vollkommene Stille umgab uns. Wir hatten furchtbare Angst. Keiner wagte, auch nur den geringsten Laut von sich zu geben. Ab und zu entzündete der Fahrer ein Streichholz, das unsere Gesichter gespenstisch aufleuchten ließ. Auch draußen war es dunkel geworden und unheimlich still. Das Schießen hatte aufgehört. Der Fahrer kletterte aus der Grube, »um zu sehen, was los ist«, raunte er. In Sekundenschnelle war er wieder unten bei uns. »Jetzt kommen sie«, flüsterte er heiser. Stille, dann hörten wir sie. Rennen. Rufen. Schritte. Ganz nahe. Was wäre, wenn sie uns finden würden? Handgranaten in die Grube werfen? Mit ihren Maschinengewehren losschießen? Oder würden sie uns zuerst vergewaltigen, ehe sie uns umbrachten? Ich hatte schreckliche Geschichten über sowjetische Soldaten gehört. Meine Mutter nahm meine Hand und führte sie zum Brustbeutel mit der Zyankali-Kapsel. Da wusste ich, was zu tun war. Falls sie die Falltür öffneten, würde ich die Kapsel in den Mund stecken und zerbeißen.

Jetzt waren rasselnde und schleifende Geräusche zu hören. Schwere Fahrzeuge rumpelten vorüber. Waren es Panzer? Ihre oder unsere? Bis zum Morgengrauen saßen wir schweigend und vor Angst wie gelähmt dort unten. Erneut riskierte der Fahrer einen Blick nach draußen. »Sie sind weg. Kommt raus, wir rennen los!«

Nahe am Gebäude waren tiefe Radspuren im Ackerboden und ein paar kleine Krater von Granaten zu sehen. Das ausgebrannte Gerippe unseres Busses lag seitlich im Straßengraben, es qualmte noch. Aber es war kein Soldat zu sehen. Geduckt rannten wir über das Feld. Mein Rucksack war schwer und ich bekam Seitenstechen, quälte mich aber weiter bis in ein schützendes Wäldchen, wo wir uns etwas ausruhten. Dann liefen wir weiter und weiter, bis wir ein kleines Dorf erreichten. Es schien verlassen zu sein, doch plötzlich schrie jemand: »Halt!« Ein Soldat kam hinter einer Mauer hervor und richtete sein Gewehr auf uns. Seine Uniform war feldgrau. Er war einer von unseren! Er führte uns zu seinem Befehlsposten, der sich in der Dorfschule befand. Dort erfuhren wir, dass sie in der Nacht aus südlicher Richtung vorgedrungen und die Sowjets nun in nordwestliche Richtung im Vormarsch waren.

In einem Klassenzimmer glühte ein Ofen, es gab heiße Suppe und der freundliche Leutnant gestattete meiner Mutter, das Feldtelefon zu benutzen. Allmählich wurde uns wohler zu Mute, wir unterhielten uns mit den Soldaten, lachten sogar ein bisschen und fühlten uns immer zuversichtlicher. Meine Mutter, die stets einfallsreich und entschlossen war, rief Burschi, einen guten alten Freund in Dresden, an. Sie berichtete ihm von unserer Flucht und überzeugte ihn, dass wir unbedingt nach München gefahren werden mussten. Er wollte sein Möglichstes tun, um uns zu helfen. Ihr Vertrauen in Burschi war gerechtfertigt, denn Burschi hielt sein Wort. Innerhalb von drei Stunden fuhr ein wunderschöner weißer Bus an der Schule vor. Ein schwarzroter Streifen, der deutsche Adler und die Aufschrift *Kraft durch Freude* zierten die Seiten. Drinnen waren ein Stapel Wolldecken, mehrere Kartons mit Armeerationen, sechs Benzinkanister und ein Fahrrad. Der Busfahrer schwang sich aufs Rad: »Heil Hitler, der Bus ist für euch. Ich fahr´ heim. Viel Glück!«, und er radelte davon.

Hocherfreut, dass uns das Schicksal noch einmal zur Seite gestanden hatte, stiegen wir hastig ein und machten uns auf den Weg nach München, um dort hoffentlich unseren Vater zu treffen. Die Frau, die ihren Sohn suchte, hatte uns inzwischen verlassen. Dafür gab es einen neuen Mitreisenden, nämlich einen jungen Mann, den ich verwundet hatte.

Es war folgendermaßen passiert: Während meine Mutter telefonierte, saßen wir am Ofen, schwatzten und scherzten mit den Soldaten. Ein sehr sympathischer junger Soldat saß mir gegenüber, reinigte seine Pistole und flirtete mit mir. Das gefiel mir und ich wollte ihn beeindrucken. »Schönes Stück«, sagte ich. »Ja«, erwiderte er, »schießt hervorragend.« »Eine Lüger?« »Ja.« Dann: »Aber was verstehst du schon von Waffen?« «Oh, genug«, antwortete ich mit leicht überlegenem Lächeln. »Darf ich sie mal anschauen?« »Sicher«, sagte er, »Aber ...« »Ich weiß schon, ich richte sie nach unten«, entgegnete ich wieder ganz lässig. Mit einer schwungvollen Bewegung überreichte er mir die Pistole. Sie war viel schwerer, als ich dachte, und sie fasste sich sehr glatt an. So glatt, dass ich kaum spürte, wie mein Zeigefinger den Abzug berührte. So glatt, dass sie mit lautem Knall losfeuerte. Der arme Soldat schrie auf und krümmte sich vor Schmerz. Ich hatte ihm in den Fuß geschossen.

Die Kugel war sauber durch den Stiefel und den Fuß gegangen und steckte nun im Holzboden. Er blutete und stöhnte ein bisschen, aber er war überhaupt nicht böse auf mich. Ganz im Gegenteil: Als sein Fuß bandagiert war und er wie ein Verwundeter aussah, meinte er, dass ihm nichts Besseres hätte passieren können. Nun wären seine Tage als Soldat gezählt, er müsste in ein Krankenhaus gebracht werden und das größte und beste befände sich in München, was auch zufällig seine Heimatstadt war. Flink hüpfte er in den Bus und streckte sich auf dem Rücksitz aus. Er sah so blass und leidend aus, dass dem Leutnant nichts anderes übrig blieb, als ihn mit uns fahren zu lassen.

Erst spät am Nachmittag setzten wir unsere Reise fort. Wieder vermieden wir alle Hauptstraßen, um Truppenbewegungen und Tieffliegern zu entgehen. Dabei verirrten wir uns einmal über die Grenze zur Tschechoslowakei. Wir stießen auf ein Schild: *Richtung Pilsen.* Menschen am Straßenrand drohten mit ihren Fäusten, als sie unseren Bus mit dem Adler-Emblem sahen. Nach Einbruch der Dunkelheit kamen wir nur langsam voran. Wir wagten nicht, die Scheinwerfer einzuschalten und hielten oft an, um die Straßenschilder im Schein einer Taschenlampe zu entziffern.

Bei Morgendämmerung glaubten wir, unser Ziel fast erreicht zu haben. Es muss sehr nahe an Münchens Stadtrand gewesen sein, als unsere Reise abrupt zu Ende war. Wir waren in eine Straßensperre geraten. Die Soldaten, die uns befahlen auszusteigen, waren alles andere als freundlich. Sie waren diensteifrig, misstrauisch und ausgesprochen feindselig und dies umso mehr, als wir verschlafen und verwirrt ihre schroff gestellten Fragen beantworteten. Sie fragten, woher wir kämen, und als wir »Berlin« antworteten, behaupteten sie, dass das unmöglich wäre. Die Stadt sei vollständig umzingelt, niemand könne herauskommen. Dann fragten sie uns, warum wir nach München wollten und die Antwort meiner Mutter ihren Mann treffen zu wollen, war keine akzeptable Antwort. Auch unser Soldat, der medizinische Hilfe brauchte, beeindruckte sie wenig.

Sie wollten wissen, warum die Sekretärinnen ihren Posten in Berlin verlassen hätten und wo die wichtigen Dokumente wären, die sie angeblich nach München transportieren sollten. Sie glaubten uns die Geschichte vom ausgebrannten Berliner Bus und den vernichteten Dokumenten nicht. Dann fragten sie noch, wo denn die Papiere für diesen Bus wären, wo er gestohlen wurde und woher die Wolldecken, Armeerationen und Benzinkanister kämen.

Inzwischen klang Mutters Geschichte von Burschi und dem Kraft-durch-Freude-Bus selbst für meine Ohren weit hergeholt und unglaubwürdig. Mit ihren Maschinenpistolen im Anschlag schubsten uns drei Soldaten zurück in den Bus. »Ihr werdet nach Dachau gebracht. Ihr könnt dann denen eure Geschichten erzählen«, grinste der Offizier höhnisch.

Dachau. Das Konzentrationslager.

Kapitel 15

Dachau

Der Schlagbaum und das große Tor, das durch den hohen Drahtzaun führte, schlossen sich hinter unserem Bus. Nacheinander betraten meine Mutter und ich das Verwaltungsgebäude. Meine Glieder fühlten sich unsagbar schwer an, ich war wie benommen und verängstigt. Mutter stand neben mir, starr und mit erhobenem Kopf richtete sie ihren Blick auf den Offizier, der sich vor uns in seinem Stuhl zurücklehnte. »Ich bin …« Aber seine eiskalte Stimme schnitt ihr das Wort ab: »Sie und Ihre Tochter gehen in Block D – jetzt!«

Ein Aufseher eskortierte uns in einen kleinen Raum mit grauen Wänden und grauem Fußboden. An zwei Wänden standen dreistöckige Pritschen. An der anderen Wand, ganz weit oben, war ein kleines vergittertes Fenster, zu hoch, um hindurchzuschauen. Die schwere Holztür fiel hinter uns ins Schloss. Wir saßen in der Falle, wie Tiere im Käfig eingesperrt, völlig hilflos und schutzlos. Unser höfliches Klopfen und unsere Rufe wurden nicht beantwortet. Es war kalt. Wir nahmen drei graue Wolldecken von den Pritschen und wickelten uns darin ein. Nirgendwo konnte man sich hinsetzen und so kauerten wir uns auf die dünne Matratze auf einer der unteren Pritschen aneinander, zitterten und warteten schweigend.

Nach sehr langer Zeit öffnete sich die Tür und zwei Wärter traten ein. Einer hielt unsere Rucksäcke, der andere eine große Metallschüssel voll dickflüssiger heißer Suppe. Er hatte auch Löffel und Schwarzbrot für uns. Meine Mutter wollte mit ihnen reden, aber jener mit den Rucksäcken legte den Zeigefinger auf die Lippen. Wir mussten ruhig sein. Dann gingen sie wieder und verriegelten die Tür. Wir löffelten die Suppe und aßen das Brot und warteten wieder. Ich weiß nicht, wie lange wir in Dachau gefangen waren. Ich glaube, wir waren zu benommen, um die Zeit im Auge zu behalten. Ich erinnere mich, dass mich eine korpulente strenge Frau zu den Duschen brachte. Man gab uns graues Toilettenpapier, ein kleines Handtuch mit einem roten Streifen in der Mitte, jedoch keine Seife. Auf dem Weg hinüber zum Waschblock überquerten wir einen großen Platz, wo Gefangene in grau gestreifter Kluft schwere Karren schoben und zogen. Sie arbeiteten, ohne ein Wort zu sagen. Wir gingen stumm an ihnen vorbei. Es schien, als ob niemand in Dachau reden durfte. Eine unheimliche Stille lag über diesem Platz.

Noch heute fällt es mir schwer, unter eine fremde Dusche zu gehen, denn der Albtraum von Dachau lauert noch immer in meinem Unterbewusstsein.

Unsere Befreiung aus Dachau erfolgte schnell und dramatisch. Wir hörten laute Stimmen vor unserer Zelle. Die Tür flog auf. Der Offizier, der uns bei unserer Ankunft so unverschämt eingeschüchtert hatte, salutierte jetzt an der Türschwelle.

Major Enz, der Adjutant meines Vaters, rauschte an ihm vorbei, beugte sich über die Hand meiner Mutter und vollführte einen Handkuss von exquisitem Wiener Charme, dann verkündete er: »Gnädige Frau, auf Anordnung des Generals Höfle fahren Sie und die junge Dame mit mir nach Sonthofen. Erlauben Sie mir, Sie zum Wagen zu geleiten.« Der Lagerkommandant schlug die Hacken zusammen und salutierte, als wir an ihm vorbeigingen.

»Kümmern Sie sich um das Gepäck!«, warf ihm Enz über die Schulter zu. Vor dem Verwaltungsgebäude stand der Tatra, die schwarze Limousine meines Vaters. Auf beiden Seiten der Motorhaube waren Fähnchen angebracht: Links die SS-Standarte und rechts die Divisionsstandarte. Pavlik, unser treuer Fahrer, grüßte uns schnell, schmiss die Wagentüren hinter uns zu und fuhr in rasendem Tempo am bewachten Tor und am Schlagbaum vorbei. Erst als wir auf offener Straße waren, drosselte er die Geschwindigkeit, drehte sich zu uns um, grinste über beide Ohren und sagte: »Das war aber verdammt knapp!«

Enz brachte uns zu der Offiziersschule in Sonthofen. Er war wohl froh, seinen Auftrag erfüllt zu haben und uns wieder loszuwerden, denn er brauste sogleich davon. Pavlik konnte mir gerade noch zublinzeln und flüstern: »Hast du sie noch?« Ja, die Beretta-Pistole war klein genug, um sie in einem zusammengerollten Paar Socken in meinem Rucksack zu verstecken.

Kapitel 16

Die letzten Tage im Dritten Reich

In der Offiziersschule Sonthofen befand sich außer uns kaum jemand. Wir verbrachten dort ein paar ruhige Tage, aber ich erinnere mich nur verschwommen daran. Ich weiß, es war warm, die Sonne schien und wir fühlten uns zum ersten Mal seit Bad Harzburg sicher. Von Sonthofen fuhren wir zu einem Chalet bei Igls, hoch auf den Havelekar, jenem Bergmassiv, das über Innsbruck ragt. Dort warteten wir auf unseren Vater.

Es war Ende April, eine dicke Schneedecke lag noch auf dem Berg. Es hatte wieder zu schneien begonnen, als ich eines Morgens zum Dorf hinunterlief, um zwei Brote zu kaufen. Die Unmenschlichkeit, die ich dann auf dem Rückweg erlebte, ist mir unvergesslich geblieben. Mein Weg kreuzte eine kleine Straße, auf der sich auf beiden Seiten hohe Schneeverwehungen türmten. Eine Gefangenenkolonne von etwa zwanzig Mann, die hell- und dunkelgrau gestreifte Häftlingskleidung trugen, schleppte sich den Weg entlang. Sie sahen völlig erschöpft, hungrig und verfroren aus. Zwei bewaffnete Wachen begleiteten sie. Der eine ging an der Spitze, der andere am Ende der Kolonne. Die beiden trugen dicke graue Mäntel und schwere schwarze Stiefel. Erschrocken und regungslos stand ich da, die braunen Papiertüten mit den Brotlaiben umklammernd. Als die Gefangenen an mir vorbeistolperten, hob einer der Häftlinge seinen Kopf, schaute mich an und streckte seine knochige Hand aus. Instinktiv ging ich einen Schritt auf ihn zu und hielt ihm die Tüte entgegen. In einem hektischen Durcheinander von Armen und Händen und hungrigen Mündern entriss man mir die Brote und sie wurden von den wenigen Glücklichen verschlungen, die nahe und schnell genug waren. Fluchend fiel der hintere Aufseher über sie her und stieß sie mit dem Gewehrkolben von mir fort. Der andere kam hinzugerannt, packte mich und riss mich herum, so dass ich in die Schneewehe fiel. »Weg mit dir, aber schnell!«, schrie er und richtete das Gewehr auf mich. Ängstlich kletterte ich über die Schneewehe hinweg auf meinen Weg und lief keuchend den Berg hinauf. Ich wagte nicht, zurückzuschauen und hörte nicht auf zu schluchzen.

An diesem Nachmittag kam mein Vater an. Es war ein herzliches Wiedersehen und wir umarmten und küssten uns. Ich konnte spüren, wie bei meiner Mutter die Anspannung der vergangenen Wochen nachließ. Sie hatte ihr Ziel erreicht: Sie war wieder mit ihrem geliebten Mann vereint, egal was die Zukunft bringen mochte. In den Augen meines Vaters entdeckte ich Erleichterung, Liebe und Wärme und sah zugleich, wie müde und angespannt er war. Zum ersten Mal fiel mir auf, dass er an den Schläfen ergraut war und die aufrechte elastische Haltung eines Reiters verloren hatte. Seine Schultern hingen etwas herab. Das schockierte mich und es tat weh zu erkennen, dass mein unbesiegbarer Held verwundbar war. Schluchzend berichtete ich ihm von den Häftlingen. »Mach´ etwas!«, flehte ich ihn an. Und müde wie er war, stieg er wieder in seinen Wagen, »um sich darum zu kümmern«. Als er zurückkam, sagte er: »Sie sind in der Schule untergebracht. Sie haben jetzt Decken und frieren nicht mehr. Sie bekommen Armeerationen zum Abendessen.« Sein strenger Gesichtsausdruck signalisierte, dass er keine weitere Diskussion mehr wünschte.

Am Abend versuchten wir, im Feldradio die neuesten Nachrichten zu hören. Der Empfang war sehr schlecht, doch zwischen den atmosphärischen Störungen hörten wir immer wieder: »Wir erwarten eine wichtige Durchsage.« Und dann folgte die Nachricht: Adolf Hitler, der Führer, war tot. Er hatte sich im Bunker der Reichskanzlei erschossen. Die Sowjet-Armee setzte den Kampf um Berlin fort, Straßenzug um Straßenzug. Großadmiral Dönitz war zum Oberbefehlshaber der Wehrmacht ernannt worden und versuchte, einen Waffenstillstand mit den alliierten Streitkräften auszuhandeln.

Es herrschte Totenstille. Keiner wagte, den anderen anzuschauen. Jeder in dem kleinen Zimmer war mit seinen eigenen Gedanken beschäftigt. War es Angst? Trauer? Verwirrung? Erleichterung? Ich fühlte mich nur noch betäubt, ohne jedes Gefühl, als ob in mir etwas Gewaltiges gestorben wäre und eine gähnende Leere hinterließ. Schließlich räusperte sich mein Vater: »Bei Tagesanbruch brechen wir auf«, mehr sagte er nicht. In dieser Nacht konnte ich nicht schlafen. Meine Augen brannten, ich hatte eine trockene Kehle und es fiel mir schwer zu atmen. Aber ich wusste, dass ich nicht weinen durfte und dass ich stark sein musste.

Früh morgens machten wir uns auf den Weg nach Innsbruck, über den Pass und entlang am Achensee in Richtung bayerische Grenze. Unser kleiner Konvoi kam nur langsam vorwärts. Mehrmals gerieten wir in lange Kolonnen von Militärfahrzeugen. Sie gehörten den Divisionen an, die sich aus Italien nach Norden und aus Wien nach Westen zurückzogen. Häufig wurden wir von Tiefffliegern attackiert, so dass wir anhalten und rasch aussteigen mussten. Zahlreiche brennende Lastwagen und Autos waren an den Rand und über die Böschung der engen Straße geschoben worden. In beide Richtungen schlängelten sich viele Soldaten und Zivilisten zu Fuß durch dieses Chaos. Ich weiß nicht mehr, wie es geschah, doch schließlich landete ich im Wagen von Enz und war von meinen Eltern und dem übrigen Konvoi getrennt. Enz wurde zunehmend nervöser. Als es zu dämmern begann, befahl er seinem Fahrer, in einen Waldweg abzubiegen. Nach einigen hundert Metern durch den dunklen Tannenwald gelangten wir auf eine Lichtung. Mitten im Schnee stand dort ein Heustadel. Die Leiter für den Heuboden hing an einer Seitenwand. Zu meiner Überraschung hakte Enz die Leiter ab, lehnte sie gegen die Öffnung und kletterte hurtig hinauf. Er stöberte etwas herum und sagte dann: »Komm rauf. Hier bist du bis morgen früh sicher. Dann holen wir dich wieder ab. Bleib hier, geh´ auf keinen Fall weg! Lass´ dich von niemandem sehen!« Mühsam kletterte der Fahrer mit meinem Rucksack nach oben.

Ich war zu verwirrt, um widersprechen zu können. Und die beiden verschwanden unmittelbar, nachdem die Leiter wieder an der Wand hing. Es war Vollmond und ich konnte genügend sehen, um mir aus dem losen Heu ein Nest zu bauen. Es war kalt und still. Ich wickelte mich in meine Decke und bedeckte mich mit Heu. Obwohl ich hungrig und sehr verängstigt war, musste ich kichern, als ich an das Märchen von *Hänsel und Gretel* dachte, die auch in einem Wald ausgesetzt worden waren. Aber waren sie nicht wieder heil herausgekommen? Allmählich schlief ich ein.

Irgendwann in der Nacht wachte ich plötzlich auf und vernahm einen Schlag und dann ein scharrendes Geräusch. Jemand stellte die Leiter gegen den Heuboden! Ich richtete mich auf, griff nach meiner Beretta, entsicherte sie und hielt die Pistole mit beiden Händen fest, die Arme ausgestreckt, den Zeigefinger am Abzug – genau, wie es mir Pavlik beigebracht hatte. Ich hörte, wie jemand die Leiter erklomm und konnte mein Herz laut schlagen hören. Dann sah ich den Umriss einer Person, den Kopf und Oberkörper. Ich schoss dreimal schnell hintereinander: Ein Schrei, die Leiter fiel zu Boden, dann war es ganz still.

Ich hatte noch zwei Kugeln. Würde er wieder kommen? Hatte ich ihn getötet? Waren da noch andere? Es schien wie eine Ewigkeit, als ich kerzengerade im Heu saß und kaum zu atmen wagte. In der Morgendämmerung nahm ich all meinen Mut zusammen und kroch zur Öffnung des Heubodens und schaute nach draußen. Niemand war zu sehen. Nur die Leiter lag im Schnee, rundherum waren etliche Fußspuren und einige Blutspritzer. Ich bewegte mich nicht vom Fleck, bis ich ein herannahendes Fahrzeug erspähte. Es war der große schwarze Tatra meines Vaters. Am Steuer saß Kurt und daneben der Fahrer, der uns mit Enz in der letzten Nacht hierher gebracht hatte. »Schnell!«, rief Kurt, als er die Leiter hochstieg. Ich schmiss meinen Rucksack hinunter, kletterte hinterher und sprang in den Wagen. Was in der vergangenen Nacht geschehen war, verschwieg ich. Sie brachten mich zurück zu unserem Konvoi, der auf der Straße am Achensee feststeckte. Es herrschte große Erleichterung und Freude, als ich wieder bei meinen Eltern war. Doch Zeit für Erklärungen blieb nicht. Wir mussten die bayerische Grenze so schnell wie möglich erreichen. Es erwies sich als schwierig für meinen Vater, unsere Wagen an all den anderen, die die Straße blockierten, vorbeizumanövrieren. Ich war schockiert mitanzusehen, wie seine Befehle nicht mehr umgehend befolgt wurden. Er musste laut schreien und mit den Armen winken. Der Insasse eines jeden Fahrzeugs verfolgte sein eigenes Ziel: Zu überleben, auf schnellstem Wege nach Hause zu kommen und nicht noch in den letzten Kriegstagen getötet zu werden. Offenbar konnte mein Vater nicht mehr mit der Prinz Eugen Division zusammentreffen, die sich auf dem Rückzug von Ungarn befand. Dafür schafften wir es über die Grenze bis zum ersten Dorf, nach Kreuth.

Enz war nicht mehr bei uns. Er war desertiert, nachdem er mich zum Heustadel gebracht hatte. Der flotte Enz, der mit den besten Manieren eines Wieners meine Mutter stets mit den Worten begrüßt hatte: »Küss´ die Hand und ein charmantes Heil Hitler für die gnädige Frau.« Enz, der stets tadellos in maßgeschneiderter Uniform gekleidet war und hohe Reitstiefel mit Sporen trug, die er mit Elan aneinander klickte. All die ganze Pracht hatte er nun in einem Haufen auf dem Rücksitz seines Wagens zurückgelassen. Enz hatte im Kofferraum den schmutzigen Overall des Fahrers gefunden und diesen seiner eleganten Uniform vorgezogen, um unauffällig in den Bergen zu verschwinden.

Hoffentlich war es ihm gelungen, in seine Heimatstadt Wien zurückzukehren und dort in Frieden und Wohlstand zu leben. Er war nie wirklich für die Rolle des heldenhaften Kriegers geeignet gewesen, die seine militärische Karriere von ihm verlangte. Er war viel eher wie der Bühnenheld einer Strauss-Operette und muss einige der Befehle, die er befolgen musste, als lästig empfunden haben.

Mein Vater hatte ihn manchmal wegen seiner Sporenstiefel aufgezogen: »Enz, reiten Sie doch bitte ins Esszimmer und holen Sie mir die Papiere, die ich dort auf dem Tisch liegen gelassen habe.« Und Enz klickte mit seinen Sporen, bevor er durch die Tür schritt.

Kapitel 17

Kreuth

Kreuth war ein malerisches Bergdorf, umgeben von saftigen Alpenwiesen, bewaldeten Hügeln und zerklüfteten Bergen. Die vergangenen neunhundert Jahre etwa hatte sein Schutzpatron Sankt Leonhard über das Dorf gewacht. Die alte Kirche trägt seinen Namen und der steile Felsen, welcher sich hinter dem Ort erhebt, heißt Leonhardstein. Der alljährlich stattfindende *Leonhardi-Ritt* ist heilige Tradition.

Im Jahre 1945 hatte Kreuth ungefähr achthundert Einwohner, von denen die meisten Bauern waren. Die reichsten unter ihnen besaßen bis zu zwanzig Milchkühe und den meisten gehörte ein kleines Waldstück, wo sie im Winter das Bau- und Brennholz schlugen.

Im Dorf lebten vereinzelt wohlhabende Leute, die sich hierher zurückgezogen hatten, um das ländliche Leben und die Bergwelt zu genießen. Außerdem gab es dort einige Flüchtlinge, deren zerbombte Städte und Gegenden schon von den Alliierten besetzt waren. Es gab ein Hotel mit Schwimmbad, einige Pensionen und ein Gasthaus, mehrere kleine Geschäfte auf beiden Seiten der Weissach, ein Postamt, ein Gemeindeamt und eine Grundschule sowie die Zollhäuser, in denen die Grenzpolizisten mit ihren Familien lebten. Von einem alten Friedhof umgeben, blickte die Leonhard-Kirche hinunter aufs Dorf. Etwas außerhalb lag das Sanatorium, wohin die Betuchten in friedlicheren Zeiten zur Kur gegangen waren, um im angemessenen Stil zu genesen. Das Sanatorium war vom Militär beschlagnahmt worden und beherbergte an die zweihundert verwundete Soldaten, die Lungenverletzungen erlitten hatten. In der frischen Bergluft sollten sie sich erholen und wieder genesen.

Anfang Mai 1945 standen General Pattons Streitkräfte zehn Kilometer nördlich von Kreuth, sie rückten nach Süden auf die österreichische Grenze zu. Dort hatte sich der übrige Rest eines SS-Totenkopf-Regiments versammelt, das entschlossen war, bis zum bitteren Ende zu kämpfen. Kreuth lag ungefähr in der Mitte der beiden Kampfverbände. Mein Vater, der uns beim Bürgermeister untergebracht hatte, sorgte sich natürlich um unsere Sicherheit und versuchte zu verhindern, dass das Dorf zum Kampfplatz wurde. Er fuhr zu den Amerikanern und hoffte sie dazu zu bewegen, Kreuth wegen des Sanatoriums zu einer Rote-Kreuz-Zone zu erklären.

Die Amerikaner, die wahrscheinlich auch etwas kampfmüde und nicht darauf erpicht waren, in den letzten Tagen vor der totalen Kapitulation Verluste zu erleiden, erklärten sich einverstanden. Vorausgesetzt, die *Totenköpfe* leisteten keinen Widerstand, zögen sich südlich nach Wildbad Kreuth zurück und warteten dort das Ende des Krieges ab.

Die Bürger von Kreuth mussten ebenfalls versprechen, sich widerstandslos zu ergeben. Und jedes Haus sollte als Zeichen der Kapitulation eine weiße Fahne präsentieren. Derweil eilte mein Vater zu den *Totenkopf-Kämpfern*, um sie zu überreden, sich an die Vereinbarung zu halten.

Während wir auf seine Rückkehr warteten, lernten wir die Bewohner in der Villa des Bürgermeisters näher kennen. Da war seine Frau, eine leicht exzentrische, charmante Malerin, und deren Tochter, die so alt war wie ich und später eine liebe Freundin wurde. Da war Röslie, die Köchin, und das ausgebombte Ehepaar Schmidt mit ihrem Kleinkind, die sich alle auf dem Dachboden eingerichtet hatten. Die wichtigste Person im Hause war der Bürgermeister selbst, der mit seinen einundachtzig Jahren ein angesehener Mediziner und der Besitzer des Sanatoriums war. Die Villa war ein zweistöckiges Gebäude mit einem turmähnlichen Balkon, der aus dem Dach herausragte. Das Haus stand auf einer Anhöhe und war von der Hauptstraße des Dorfes leicht zu sehen.

Wir hörten den ersten amerikanischen Panzer die Straße entlang rasseln und wie über Megaphon die Kapitulationsbedingungen verkündet wurden. Ein behelmter Soldat schaute aus der offenen Panzerluke und musterte die weißen Flaggen, Bettlaken, Tisch- und Handtücher, die an den Fenstern von sämtlichen Häusern flatterten. – Von allen, außer von dem Haus auf der Anhöhe. Kaum war dort eine weiße Flagge zu sehen, verschwand sie schon wieder. Der Panzer fuhr langsamer und beobachtete. Vom Panzer aus nicht zu sehen tobte der Kampf zwischen dem Bürgermeister und seiner Frau. Frau Bürgermeister war die Treppen hinaufgeeilt, um mit einer weißen Tischdecke aus dem Balkonfenster zu wedeln. Aber ihr erzürnter Gatte hatte sie ihr entrissen und wutschnaubend erklärt, dass sich weder er noch die Mitglieder seines Haushalts diesen Cowboys ergeben würden! Seine Frau war zwar flinker und geschickter im Zweikampf, aber der alte Herr, angetrieben vom patriotischen Fieber, erwies sich als der Stärkere. Das Tischtuch flatterte im Gefecht hin und her. Mit Erstaunen und zunehmender Besorgnis beobachteten wir, was geschah.

Auch der Panzer verfolgte das Geschehen. Der Soldat war verschwunden und die Luke zugeklappt. Das Geschütz des Panzers drehte sich in unsere Richtung. Es wurden zwei ohrenbetäubende Schussfolgen abgefeuert und das Dach des Ecktürmchens war zerfetzt. Im Nu stürzten sich die anderen Hausbewohner auf den Professor, überwältigten ihn, schleppten ihn ins Badezimmer und sperrten ihn ein. Röslie schwenkte zwei Bettlaken aus beiden Fenstern des oberen Schlafzimmers, um dem Panzer zu signalisieren, dass wir diesmal wirklich kapituliert hatten.

Die ganze Zeit hatte meine Mutter das zappelnde Baby von Schmidts auf dem Arm gehalten, schließlich wurde es von seiner Mama beruhigt und gefüttert. Eine Weile war es recht friedlich ringsherum, abgesehen von den gedämpften Flüchen, die aus dem Badezimmer drangen. Frau Bürgermeister hatte sich mit ihrer Tochter und Röslie zurückgezogen, während wir zwei im Salon saßen und nicht so recht wussten, was nun zu tun war.

Plötzlich wurde die Verandatür aufgerissen und ein Leutnant des *Totenkopf-Regiments* stürzte auf uns zu. Er hielt seine Maschinenpistole im Anschlag und brüllte: »An die Wand!

Wo ist er, der Verräter! Schnell! Wo ist er?« Wir standen vor dem Bücherregal. Ganz still und steif. Mir wurde kalt und ich wagte nicht, meine Mutter anzuschauen. Ich wusste, dass wir ihm niemals sagen würden, wo mein Vater war. Der Leutnant richtete die Waffe auf uns. Im selben Augenblick erschien Pavlik in der offenen Tür. Pavlik, unser Freund! Auch er hielt eine Maschinenpistole auf uns gerichtet. Er schrie: »Ich weiß, wo er ist! Komm´ mit mir, Kamerad!« Der Totenkopf-Leutnant drehte sich um und raste Pavlik hinterher, über die Terrasse und den Rasen, bis er nicht mehr zu sehen war. Aus der Ferne hörten wir das Schnellfeuer einer Maschinenpistole. Erst viel später kam mein Vater zurück – mit Pavlik.

Auf dem Friedhof hinter der Leonhard-Kirche war ein namenloses Grab. Das schlichte Holzkreuz trug die Inschrift: *Unbekannter Soldat, Mai 1945*. Meine Mutter brachte öfters Blumen an dieses Grab und immer zu Allerheiligen einen grünen Kranz und eine Kerze. Sie dachte, der Totenkopf-Leutnant, den Pavlik erschossen hatte, läge hier vielleicht begraben. Aber Jahre später erschien ein erfolgreicher Rechtsanwalt aus dem Rheinland an ihrer Tür. Es war der ehemalige Totenkopf-Leutnant. Er erzählte ihr, wie sehr er sich seiner Vergangenheit schäme und nicht vergessen könne, was damals um ein Haar geschehen wäre. Und er bat sie um Verzeihung.

»Hätten Sie uns erschossen?«, wollte meine Mutter wissen. »Ja«, antwortete er. Und genau das war es, was ihn immer noch quälte. Er wäre tatsächlich bereit gewesen, eine Frau und ihr Kind in einem Moment voller Hass und Panik zu erschießen.

Meine Mutter war doch sehr erleichtert, ihn so lebendig vor sich zu sehen. Zum Glück lag er nicht wie befürchtet im Grab hinter der Kirche. Sie vergab ihm.

Kapitel 18

Unter Besatzung

Am 5. Mai 1945 hatte Deutschland die bedingungslose Kapitulation unterzeichnet. Ein amerikanischer Offizier, der deutsch sprach, war im Jeep vorgefahren und hatte meinen Vater abgeholt. »Ich habe nichts getan, wofür ich mich schämen müsste. Ich bin kein Kriegsverbrecher.« Es waren jene Abschiedsworte, welche sich besonders in mein Gedächtnis eingeprägt haben. Damals verstand ich nicht, was er damit meinte.

Wenige Tage später erschien ein seltsamer Besucher, dessen Äußeres und dessen Art etwas Schlangenhaftes hatten. Er sagte, dass ein U-Boot bereitstünde, um uns nach Argentinien zu bringen, wohin mein Vater uns folgen würde. Noch am selben Abend würde uns jemand abholen. Da wir ihm sofort misstrauten, lehnten wir das Angebot ab, wir wollten hier auf die Rückkehr meines Vaters warten. Wir waren so naiv zu glauben, dass es nur eine Frage von wenigen Wochen oder schlimmstenfalls einigen Monaten wäre.

Wir befanden uns wie in einem Vakuum. Irgendwie hingen wir in der Luft und hatten keine Ahnung, wie das Leben weitergehen und was das Schicksal uns bescheren würde. Nur allmählich kamen die unmenschlichen Gräueltaten ans Licht, welche von den Deutschen aber auch von den Feinden in den vergangenen Jahren begangen wurden.

Die beiden Fahrer, Pavlik und Kurt, verabschiedeten sich: »Ich komme wieder«, sagte Pavlik, als er mich zum Abschied umarmte. »Ich hole meine Schwester raus«, was bedeutete, sie über die slowakische Grenze zu schmuggeln. Er fuhr im Mercedes, im schnelleren der beiden Autos, davon. Unterwegs wurde das Fahrzeug mitsamt Pavlik von einem amerikanischen Oberst beschlagnahmt. Pavlik, der Pragmatiker, diente seinem neuen Chef in den folgenden Jahren gut. Er wartete den rechten Augenblick ab und schaffte es schließlich, seine

Schwester und ihren Mann heimlich über die Grenze zu bringen. Er brachte sie nach Kreuth, wo sie sich alle eine friedliche und erfolgreiche Existenz aufbauten. Viele Jahre später wurde Pavlik auf dem selben Friedhof beerdigt, wo auch meine Mutter ihre letzte Ruhe fand. Sein Grab ist nur wenige Meter von dem ihren entfernt.

Als Pavlik abgereist war, blieben Kurt und der Tatra zurück. Eine Limousine mit Chauffeur war für uns nicht mehr angebracht. »Kann ich den Wagen mit nach Hause nehmen?«, fragte Kurt. Er hätte sich ausgezeichnet dafür geeignet, ein Taxi-Unternehmen zu gründen. »Nehmen Sie ihn«, antwortete meine Mutter, »Viel Glück und bitte fahren Sie vorsichtig!« Stets hielt sie jeden dazu an, vorsichtig zu fahren. Aber der arme Kurt war scheinbar nicht achtsam genug. Auf seinem Heimweg wurde er an einem Kontrollpunkt zwischen der amerikanischen und britischen Zone angehalten. Als man den Wagen inspizierte, fand man eine Fotografie meines Vaters, auf der er seine volle Uniform trug. Kurt hatte das Bild hinter der Sonnenblende versteckt. *Für meinen treuen Kurt, mit besten Wünschen* stand über der Unterschrift meines Vaters geschrieben.

In seiner Einfalt hatte Kurt gehofft, mit diesem Foto beweisen zu können, dass er der Wagenbesitzer war. Leider wurde der Tatra von einem britischen Offizier als Kriegsbeute konfisziert und Kurt in ein Entnazifizierungslager gebracht. Damals gab es in der amerikanischen, britischen, französischen und russischen Zone zahlreiche dieser Lager. So viele waren darin eingesperrt, dass es hieß: »Jeder deutsche Mann zwischen zwanzig und achtzig Jahren ist entweder gerade ein Häftling, war ein Häftling gewesen oder wird demnächst einer sein.«

Unser Hausherr war von behelmten *Amis* abgeführt worden und da sich Herr Schmidt vorsichtshalber abgesetzt hatte, »nur für den Fall«, wurde die Bürgermeister-Villa ein reiner Frauenhaushalt. Dennoch stuften uns die Amerikaner als sehr gefährlich ein. Auf dem Rasen errichteten sie ein großes Zelt, von wo aus uns eine Hand voll Soldaten misstrauisch im Auge behielt.

Wir beobachteten sie ebenso misstrauisch und hielten die Verandatüren und alle übrigen Fenster auf dieser Seite des Hauses fest verschlossen. Diese unbehagliche Situation dauerte ein oder zwei Wochen. Später fanden wir heraus, dass die Soldaten junge Burschen aus Texas waren. Ihnen war streng verboten, sich mit Deutschen abzugeben, welche älter als zehn Jahre waren, denn all jene wären mit Nazi-Gedankengut verseucht. Waffenstillstand hin oder her, alle Deutschen waren noch immer Feinde, denen man auf keinen Fall trauen durfte.

Doch in diesem gefährlichen Haushalt gab es Röslie, die Köchin. Geschäftig eilte sie zwischen Gemüsegarten und Haus hin und her, dabei führte ihr Weg dicht am Zelt vorbei. Die rosige Röslie, jung, attraktiv und freundlich. Offenbar war der amerikanische Feldwebel von ihr angetan, und Röslie fand ihn auch nett und lächelte ihm zu. Zwar war sie eindeutig über zehn Jahre alt, aber sicherlich nicht allzu schlimm verseucht. Eine vorsichtige Freundschaft entwickelte sich und dies führte zu einem entspannteren Umgang zwischen den anderen und uns.

Teddy, einer der GIs aus Texas.

Ein schweres Gewitter leitete die nächste Phase deutsch-amerikanischer Beziehungen ein. Krachende Blitze, ohrenbetäubender Donner, der aus den Bergen widerhallte, strömender Regen und dann auch noch Schnee, all das wurde den Texanern in ihrem Zelt zu viel. Als Bäche von eiskaltem Wasser den Zeltboden durchnässten, hatten sie genug. Sie klopften an die Küchentür, traten ein, stellten ihre Gewehre im Schirmständer ab und setzten sich gemütlich zu den Feinden. Von da an kamen wir sehr gut miteinander aus. Sie brachten uns das Lied *Deep In the Heart of Texas* und das dazugehörige Händeklatschen bei. Und von uns lernten sie das Lied vom Kuckuck und das dazugehörige

Fingerschnipsen. Wir brachten ihnen Canasta bei und sie zeigten uns, wie man Poker spielt. Als sie bemerkten, wie wenig wir zu essen hatten, teilten sie ihre Armeerationen mit uns, wofür wir überaus dankbar waren. Mit der Zeit betrachteten wir sie als *unsere Texaner* und wahrscheinlich waren wir *ihre Deutschen*.

Besuche von anderen Armeemitgliedern verliefen nicht so harmonisch. Häufig trafen Jeeps voll beladen mit Offizieren bei uns ein, die das Haus durchsuchten. Gewöhnlich schauten sie nach Wertgegenständen, die sie als Souvenirs mitnahmen. »Unser« texanischer Feldwebel musste sie während der Hausdurchsuchung begleiten, wobei er sich immer unbehaglich fühlte. Bei einer der ersten Durchsuchungen öffnete er zufällig die Schublade meines Nachttischs und entdeckte die Beretta-Pistole, die in den Socken eingewickelt war. »Yours?« Ich nickte. »I won´t find anything here when I come back tomorrow« (»Ich will hier nichts finden, wenn ich morgen wiederkomme«), war alles, was er sagte.

Wenn man damals Schusswaffen verbarg, stand darauf die Todesstrafe. Sobald die Offiziere fort waren, legte ich meine kleine Beretta in eine Keksdose, rannte in den Wald hinter der Villa und vergrub sie neben einer hohen Buche. Als ich lange Zeit später danach suchte, fand ich sie nicht mehr, aber ich war mir auch nicht mehr sicher, neben welcher Buche ich sie versteckt hatte.

Während der ersten Hausdurchsuchung hatte auch Frau Schmidt etwas zu verbergen. Sie gestand uns, dass sie einen deutschen Soldaten auf dem Dachboden, hinter ihrem Zimmer, versteckt hielt. Der glücklose Mann war in den letzten Kriegstagen desertiert und hatte es auf seinem Heimweg nur bis Kreuth geschafft. Er saß still und heimlich auf dem Dachboden, bis er sich sicher genug fühlte, in einer dunklen Nacht zu verschwinden, was Frau Schmidt erleichtert aufatmen ließ. Jedesmal, wenn ungebetene Gäste auftauchten, schob sie das Kinderbett vor die Tür, die zum Dachboden führte. Sie brachte das Baby dazu, aus vollem Halse zu schreien. Daraufhin schauten die Offiziere nur kurz bei ihr herein und zogen sich rasch wieder zurück.

Nachdem das silberne Teeservice in amerikanischen Besitz übergegangen war, vergruben wir das Silberbesteck unter dem Schuppen im Gemüsegarten. Als ein Offizier das nächste Mal die Besteckschublade öffnete, fand er lediglich Blechbesteck in den Samtfächern eingebettet. »Wir alle sind gegen Silber allergisch. Von Silber bekommen wir Ausschlag und sind von großen roten Flecken übersät. Sie werden kein wertvolles Metall in diesem Haus finden«, behauptete meine Mutter. Der Offizier musste sich mit der letzten Dresdener Porzellanfigur, einer graziösen Schäferin, zufrieden geben.

Der Sommer von 1945 war, trotz allem was in den Monaten zuvor geschehen war und trotz unserer gegenwärtigen Notlage, doch eine glückliche Zeit für mich und meine neue Freundin. Wir waren froh, das Kriegsende überlebt zu haben, und erleichtert, dass die entsetzlichen Geschehnisse der letzten Zeit und die Flucht hinter uns lagen. Es war alles vorbei. Eigentlich hätte dies eine Zeit des Nachdenkens sein sollen, eine Zeit, um die alten Überzeugungen und Ansichten zu überdenken. Aber ich wollte nicht denken und nach dem Sinn fragen. Es gab so viele neue Eindrücke und so viele ungewohnte Situationen zu verarbeiten. Wir waren in ein völlig anderes Lebensumfeld hinein katapultiert worden und es gab eine neu gefundene Freiheit, die uns mehr oder weniger erlaubte zu machen, was wir wollten. Die Schulen waren noch geschlossen und meine Mutter war mit ihren Sorgen und Problemen beschäftigt.

Es muss für sie äußerst schwer gewesen sein zu erkennen, dass die Ideologie, an die sie und mein Vater geglaubt und in blinder Treue festgehalten hatten, sich nicht nur als falsch erwiesen, sondern auch zu unglaublichem Leid für Millionen von Menschen geführt hatte. Die Sorge um ihren Mann, der irgendwo interniert war, und die Schwierigkeit, sich zudem mit unserer veränderten finanziellen und gesellschaftlichen Situation abzufinden, war mehr als genug, womit sie zurechtkommen musste – ganz zu schweigen von den alltäglichen Problemen, Nahrung und Kleidung zu finden.

Die praktischen Schwierigkeiten spielten eine große Rolle. Einigermaßen genug zu essen zu haben, war das Dringendste. Auf den umliegenden Wiesen pflückten wir Brennnesseln und Sauerampfer und fischten verschimmelte Kartoffeln aus dem Komposthaufen des Sanatoriums. Daraus machten wir Kartoffelbrei mit Spinat. Oft schenkten uns freundliche Bauern Eier und Milch. Sie hatten nicht vergessen, dass das Dorf dank den Bemühungen meines Vaters verschont geblieben war.

Als Neulinge in der Gemeinde benötigten wir Lebensmittelkarten, die uns ermöglichten, das festgelegte Minimum an Lebensmitteln zu kaufen. Soweit ich mich erinnere, waren es 50 Gramm Fett und 200 Gramm Fleisch pro Woche und gerade so viel Brot für vier dünne Scheiben pro Tag. Das Brot bestand größtenteils aus Kartoffel- und Maismehl und wurde innerhalb von zwei Tagen schimmelig.

Als sich meine Mutter für die Lebensmittelkarten an das Büro der Besatzungsbehörde wandte, erklärte man, ihr würden keine zustehen, da sie und ihre Tochter Nazis wären. Als sie es einige Wochen später wieder versuchte, hieß es, sie solle warten, bis ihre Bitte noch einmal überdacht würde. Und so setzte sie sich auf die Stufen vor dem Gebäude und wartete den ganzen Tag. Am nächsten Tag setzte sie sich wieder dorthin. Am dritten Tag nahmen ein paar Frauen aus dem Dorf neben ihr Platz. Am vierten Tag, als etwa zwanzig Frauen mit ihr zusammensaßen, gaben die Behörden schließlich nach und stellten ihr die Lebensmittelkarten aus.

An Geld zu kommen, um die Lebensmittel zu kaufen, war auch alles andere als einfach. Meine Eltern hatten ein Konto bei der Dresdener Bank gehabt, aber das Konto war längst gesperrt.

Wir brachten einen kleinen Betrag durch das Herstellen von handgefertigten Puppen zusammen. Wir bastelten sie aus Draht, Stoff- und Wollresten. Als traditionelle Trachtenpuppen wurden sie in einem kleinen Souvenirladen an amerikanische Soldaten verkauft. Doch das Geschäft lief nicht gut, denn ehrlich gesagt ließen die Puppen an Schönheit und Qualität zu wünschen übrig.

Erfolgreicher waren wir mit dem Verkauf von Brennholz aus dem nahe gelegenen Wald, der dem Herzog von Bayern gehörte. Er hatte uns freundlicherweise gestattet, dort Bruchholz zu sammeln.

Das Brennholz-Unternehmen war eine Idee gewesen, deren Grundlage meine Pferdeliebe war. Nicht weit vom Dorf, am Waldrand einer Bergwiese, hatte der Rest einer ungarischen Kavallerie sein Lager aufgeschlagen. Ungefähr zwanzig Männer waren mit ihren Familien in Planwagen und Pferdekarren über die Berge geflohen und saßen nun in Kreuth fest. Die Pferde, von Vollbluthengsten und Stuten bis zu drahtigen und widerspenstigen Puszta-Ponys, zogen meine Freundin und mich magisch an. Die Ungarn waren uns gegenüber offen und freundlich. Sicher, wir könnten ihre Pferde reiten. Wir könnten sogar zwei oder drei mitnehmen, wenn wir sie füttern und uns um sie kümmern würden. Hocherfreut ritten wir mit den Pferden davon. Unsere erschrockenen Mütter waren nicht sehr begeistert, als wir ihnen unsere Neuanschaffungen vorführten.

Etwas weiter weg von unserem Grundstück standen einige Nebengebäude, Schuppen sowie ein Stall und eine Hütte. Darin wohnte der blinde Sepp. Er war von Geburt an blind und konnte nur helle und dunkle Schatten unterscheiden. Seine Behinderung hatte er durch einen hoch entwickelten Tast- und Orientierungssinn ausgeglichen. Er war etwa fünfzig Jahre alt und schob im Sanatorium die Wäschewagen und Abfallkarren umher. Er liebte Pferde und hatte immer davon geträumt, einmal ein eigenes zu besitzen. Er verhandelte mit den Ungarn und erwarb schließlich zwei kräftige Puszta-Ponys, Gitschi und Lisa, deren Geschirr und einen Leiterwagen. Sepps gesamte Ersparnisse von 1.100 Mark in bar gingen dafür drauf. Somit war der Grundstein für unser Brennholzprojekt gelegt.

Im herzoglichen Wald gab es mehr als genug Bruchholz. Wir schleppten die Äste zum Wegesrand, wo Sepp sie in die passende Länge schnitt oder brach. Dann schnürten wir sie in Bündel und beluden den Leiterwagen. Gitschi und Lisa, die in der Zwischenzeit grasen durften, wurden von ihren Fußfesseln befreit, dann angeschirrt und wir fuhren los. Wenn es steil bergab ging, musste Sepp nebenher laufen und hatte eine Hand an der Kurbelbremse, die er schnell anzog, sobald der Wagen drohte davonzurollen. Ab und zu gab es haarsträubende Momente. Einmal landete Lisa auf ihrem Hinterteil und hatte das Geschirr um die Ohren, während Gitschi sich damit beinahe selbst erwürgte. Und dabei kippte der Karren auch noch um. Im Großen und Ganzen kamen wir jedoch gut zurecht. Das Geschäft mit dem Brennholz blühte und brachte während der Sommer 1945 und 1946 das dringend benötigte Geld ein.

Auch für die Ungarn war es nicht leicht, genug zu essen zu bekommen. Von Zeit zu Zeit mussten sie deshalb eines ihrer Pferde schlachten. Ein Pferd konnte viele Menschen ernähren. Freundlicherweise gaben sie uns immer ein großes Stück Fleisch ab. »Lohusch«, verkündeten sie und legten ein bluttriefendes Paket auf unseren Küchentisch. »Solange wir nicht wissen, von welchem Pferd es stammt, ist es in Ordnung«, sagten wir uns, dankbar für jede zusätzliche Mahlzeit. Das Fleisch war dunkelrot und hatte einen schmalen gelblichen Fettrand, doch es schmeckte fast wie Rindfleisch, wenn man es schnell aß, so wie wir es machten.

Im Spätherbst 1945 erhielten wir die erste Nachricht über meinen Vater. Er war in einem Internierungslager nahe bei Frankfurt. Wir reisten zu diesem Lager und hofften ihn wiederzusehen. Zwei Tage warteten wir vor dem Eingangstor und baten die Militärpolizei uns zu bestätigen, ob er wirklich dort war. Vergebens. Die Polizisten wirkten völlig unbeteiligt und waren nicht gewillt, uns irgendeine Information zu geben.

Wir ärgerten uns nicht über diese Militärpolizisten, wir waren auch nicht frustriert, wir fühlten uns nur total erschöpft und vollkommen am Boden zerstört, als wir uns auf den Rückweg machten. In dieser Nacht weinte meine Mutter und ich weinte mit ihr. Wir hatten große Angst um meinen geliebten Vater. Was würde die Zukunft bringen? Würden wir ihn jemals wiedersehen?

Kapitel 19

Das Mottenschloss

Im Spätherbst 1945 zogen wir von der Bürgermeister-Villa ins Tillmann-Haus, das von den Leuten im Dorf *das Mottenschloss* genannt wurde. Die dreistöckige Villa, deren frühere Pracht verblasst war, beherbergte nun eine Menge unterschiedlicher Leute. Oben in der ehemaligen Dienstboten-Mansarde wohnte die adelige Verwandte der verstorbenen Tillmanns. Sie trug wallende bunte Kaftane, schrieb monumentale Romane und hatte einen goldigen kleinen Sohn, den meine Mutter unter ihre Fittiche nahm.

Eine Anthroposophin, ebenfalls von adeliger Abstammung, lebte bei spiritueller Beleuchtung in einem dunklen Kämmerchen im zweiten Stock. Sie wurde für meine Mutter eine liebe Freundin. In derselben Etage hausten zwei Ungarn. Einer tauchte im Finstern des Schwarzmarktes unter, der andere, ein guter Pferdefreund von uns, heiratete die bezaubernde Blondine von nebenan. Die Ehe verlief äußerst temperamentvoll und er kam oft zu uns hinunter, um sein Leid zu klagen. Auch Familie Schmidt aus der Bürgermeister-Villa lebte jetzt im *Mottenschloss*, in einem großen Zimmer im ersten Stock. Herr Schmidt war zurückgekehrt und hatte Arbeit bei den *Amis* gefunden, die das *Hotel Post* besetzten.

Im Erdgeschoss, dort wo einst das Küchenpersonal lebte, wohnte nun ein älteres Ehepaar, welches von den Tillmann-Erben als Hausmeister eingestellt worden war. Die beiden mürrischen Alten waren fortwährend damit beschäftigt, Vorschriften und Regeln aufzustellen, die die Untermieter meistens ignorierten.

Für sechs Haushalte war es nicht immer leicht, das bisschen Essen, das man hatte, auf einem gewaltigen holzgefeuerten Herd zu kochen. Außerdem musste man sich ein Spülbecken, drei Kaltwasseranschlüsse, eine winzige Waschküche und zwei

Toiletten teilen und sauber halten. Aber wir lernten, uns gegenseitig zu tolerieren und zu unterstützen. Und es ergab sich auch so manche lustige Situation, denn die meisten Mitbewohner lehnten die oft unsinnigen Vorschriften ab.

Am Ende der großen Eingangshalle war ein ungarischer Hauptmann mit seiner Frau und zwei kleinen Töchtern untergebracht. Sie lebten sehr zurückgezogen, bis sie zu ihren Verwandten nach Frankreich emigrierten. Wir wohnten ebenfalls im Erdgeschoss, im ehemaligen Salon, der ein Erkerfenster mitsamt einer Fensterbank und einen dunkelgrünen Kachelofen hatte, welcher knapp bis an die Decke reichte. Der Teppichboden war durchgetreten und der Kronleuchter vollkommen eingestaubt. Flügeltüren öffneten sich zu der hölzernen Veranda und weiter in den verwilderten Garten hinaus. Wir hatten zwei Eingänge. Die *offizielle* Tür führte in die fürstliche Eingangshalle mit ihrem schwarzweißen Marmorboden, einer geschwungenen Treppe zur Linken, einem riesigen antiken Schrank zur Rechten und einem ausgestopften Elchkopf über der Tür der Ungarn, direkt geradeaus. Der Elch war von Motten zerfressen und seine trüben Glasaugen blickten melancholisch auf einen herab, wenn man durch die massive Doppeltür des Haupteingangs trat.

Auf Anordnung der Hausmeister musste die Eingangshalle tadellos sauber gehalten werden. Wenn wir mit Putzen an der Reihe waren, goss ich einfach zwei oder drei Eimer Seifenwasser über den Marmor und wischte den ganzen Schlamassel ein bisschen hin und her und dann die prachtvollen Eingangsstufen hinunter auf den Kiesweg – sehr zum Missfallen der Hausmeisterin. Unser Zimmer war mit den wenigen Möbeln ausgestattet, die uns hilfsbereite Menschen geschenkt hatten. Wir besaßen Feldbetten, einen niedrigen runden Tisch, zwei Stühle und eine Kommode, in der wir unsere wenigen Küchenutensilien und unsere spärlichen Essensvorräte aufbewahrten. Eine Waschkonsole mit Spiegel, Porzellanschüssel und Krug war in der Nische zwischen den beiden Kleiderschränken versteckt, welche all unsere Kleidung enthielten. Wir hatten dort einen Vorhang drapiert, um beim Waschen etwas Privatsphäre zu haben. Gelegentlich benutzten wir diese Waschkonsole als Wassertrog für unsere Pferde, falls wir zu faul waren, den ganzen Weg zur Küche zu gehen, um einen Eimer Wasser zu holen.

Eines Tages stattete uns der Dorfpfarrer Englmann, (er hieß tatsächlich so!), einen unerwarteten Besuch ab. Er wollte sich erkundigen, wie es uns ging. Gerade von einem langen Ritt zurückgekehrt, hatten wir ein sehr durstiges Pferd durch die Verandatür zur Waschschüssel geführt. Das Hinterteil ragte ins Zimmer, das Vorderteil war zwischen den beiden Schränken versteckt; so stand es zufrieden da und schlürfte laut. Als Antwort auf unser beiläufiges »Herein« war der Pfarrer durch die Haupttür eingetreten und sah sich plötzlich einem großen Pferdehintern gegenüber. Als er erschrocken zurücktaumelte, rief ich ihm beruhigend zu: »Keine Angst, Vater, er tut Ihnen nichts. Es ist ein ungarischer Hengst und er ist katholisch!« Zum Glück hatte Pfarrer Englmann einen Sinn für Humor.

Der Geistliche war darauf erpicht, uns zum katholischen Glauben zu bekehren. Und obwohl seine Versuche nicht von Erfolg gekrönt waren, blieb er uns dennoch wohlgesinnt. Besonders in den dunkelsten Tagen, nach dem Tode meines Vaters, stand er uns tröstend und hilfsbereit zur Seite.

Im Spätherbst fand in Kreuth der traditionelle *Leonhardi-Ritt* statt. Da der heilige Leonhard nicht nur Schutzpatron des Dorfes, sondern auch der Haus- und Weidetiere ist, zogen die Ortsbewohner und deren Tiere zur Prozession. Festlich gewandet und geschmückt marschierten sie dreimal durchs Dorf und an der St. Leonhardkirche vorbei, wo sie gesegnet wurden. Die jungen Männer ritten ihre Pferde und viele präsentierten Banner, auf denen St. Leonhard oder die Jungfrau Maria abgebildet waren. Stolz führten Besitzer ihre mit blauweißen Bändern, Zweigen und Rosetten geschmückten Stiere, Ochsen, Kühe und Kälber, Schafe und Ziegen vorüber. Als nächstes folgten die verzierten Wagen. Es gab einen für verheiratete Frauen, einen für Jungfrauen, einen für Junggesellen, einen für alte Männer – alle strikt getrennt, selbstverständlich.

Sämtliche Teilnehmer trugen die Tracht des Tegernsee-Tals. Die langen Röcke der Frauen hatten Querstreifen in den Farben ihres Dorfes. Das enge Mieder mit den Silberknöpfen war tief ausgeschnitten, so dass vorne der »Balkon«, mit frischen Blumen dekoriert, gut zur Geltung kam. Eine pastellfarbene seidene Dirndlschürze und ein schwarzer Hut mit goldener Borde und Quaste vervollständigten ihre Tracht.

Die Männer waren in graue, braune oder dunkelgrüne Lodenjoppen mit Hirschhornknöpfen gekleidet, die älteren trugen ihre Filzhüte mit einem Gamsbart oder einem Sträußchen verziert und lange Lodenhosen. Die jungen Männer zeigten sich in ledernen Bundhosen, farbig bestickten Hosenträgern oder breiten Gürteln mit Silberschnallen. Handgestrickte Kniestrümpfe hielten ihre stämmigen Beine warm.

Die Blaskapelle führte die Prozession an und eine Schar von Kindern, die ihre Lieblingstiere ritten oder hinter sich herzogen, bildete das Ende. Wir ritten unsere Pferde gewöhnlich in dieser Gruppe. Pfarrer Englmann und zwei Ministranten, prächtig anzusehen in ihren roten Talaren mit weißem Spitzenüberwurf, standen auf den Stufen zur Kirche. Im Namen von St. Leonhard ließ der Pater allen Teilnehmern der Prozession seinen dreifachen Segen zuteil werden, wenn sie an ihm vorbeizogen. Damit dies möglich war, hielten die Ministranten einen Eimer voll Weihwasser und der Pater einen langstieligen Wedel bereit, den er ins Wasser tauchte und im passenden Moment über Mensch und Tier sprenkelte. Immer wenn er uns nahen sah, tauchte er den Wedel besonders tief ein, dann zielte er genau und traf mit so viel Schwung, dass uns die Augen brannten und die Pferde schnaubten und scheuten.

Kapitel 20

Die Prinzessin

Aufgrund der günstigen Lage, malerischen Landschaft und idyllischen Atmosphäre war Kreuth schon seit langem ein beliebter Ferienort, in den sich wohlhabende Städter während des Sommers oder Winters zurückzogen. Wildbad Kreuth war damals die Sommerresidenz der königlich-bayerischen Familie Wittelsbach, der auch große Gebiete der umgebenden Wälder gehörten. Oft ritten wir mit unseren Pferden die Waldwege entlang und dort begegneten wir eines Tages der Prinzessin.

Auf den ersten Blick wirkte sie uralt, denn sie war dünn wie ein Strich, hatte runzelige Haut, feines weißes Haar und trug altmodische Kleidung. Aber die klaren blauen Augen verrieten ihren jugendlichen scharfen Geist.

Einmal in der Woche radelte sie nach Kreuth. Kerzengerade auf dem Sattel ihres klapprigen Fahrrads sitzend, erwiderte sie die Grüße der Dorfbewohner, indem sie leicht mit dem Kopf nickte, mit den Augen zwinkerte und amüsiert lächelte. Trotz ihres etwas heruntergekommenen Aussehens, ihrer scheinbaren Gebrechlichkeit und obwohl sie etwas wunderlich war, wurde sie im Dorf geachtet und war bei den Leuten beliebt.

»Grüß Gott, Gnädige«, sagte der Metzger. »Es ist alles fertig für Sie.« Er berechnete für ihren Einkauf nur einen geringen Teil des eigentlichen Betrags. Sie kaufte stets das Gleiche ein: Einige Scheiben Leberkäs´, eingepackt in einem winzigen Päckchen aus braunem Papier, und ein Berg von Innereien, fest eingewickelt in Zeitungspapier und gut verschnürt. Das kleine Päckchen verschwand in dem Korb am Lenker. Vom Chef persönlich streng bewacht band der Metzgerlehrling dann das große Paket sehr sorgfältig auf dem Gepäckträger fest. Dann radelte sie wieder davon, über Waldwege sechs Kilometer bergauf zu ihrem Wohnsitz. Sie lebte in zwei bescheidenen Räumen einer kleinen Jagdhütte, mit einem Wassertrog vor der Tür und einem Plumpsklo zwischen den Tannen hinter der Hütte. Der Herzog von Bayern hatte sie ihr überlassen, denn schließlich gehörte die Prinzessin zur Verwandtschaft, auch wenn sie im hohem Alter verarmt und etwas eigentümlich geworden war.

»Ein schönes Reitpferd«, hatte sie festgestellt, »allerdings ist der Kopf ein bisschen zu kräftig. Es muss Spaß machen, ohne Sattel zu reiten. Ich durfte das nie. Zu meiner Zeit ritt man im Damensattel.«

Wir waren ihr im Wald begegnet, als sie auf ihrem klapprigen Drahtesel heimradelte. Wir ritten immer ohne Sattel aus dem einfachen Grund, weil wir keinen besaßen. »Kommt mich besuchen«, hatte sie vorgeschlagen und war entzückt, als wir dies taten. »Diese Damen sind meine Gäste, Franz!«, rief sie. Allerdings konnten wir diesen Franz nicht sehen, vermuteten jedoch, er wäre einer von den vielen Katzen, die mit ihr die Hütte teilten. Überall waren Katzen, schwarze und graue, gestreifte und gefleckte, alte und junge. Unsere Anwesenheit machte die Katzen etwas scheu, doch man konnte deutlich sehen, dass sie die Prinzessin liebten und sie wurden von ihr geliebt. »Wie viele sind es?« Sie wusste es nicht, aber »es müssen mindestens zwanzig sein«, überlegte sie. Das erklärte das große Paket mit den Innereien.

Wir nahmen chinesischen Tee zu uns, den sie in hauchdünnen Tassen serviert hatte. Der Tee war hellgrün, schmeckte leicht bitter und wurde ohne Zucker getrunken. Von diesem Tag an besuchten wir sie gelegentlich, wenn wir durch jenen Teil des Waldes ritten. Sie freute sich immer, uns und die Pferde zu sehen. Ob sie einsam wäre, fragten wir, und ob sie sich dort oben sicher fühle. Sie war alt und gebrechlich und die Zeiten waren turbulent. Herumstreunende Zeitgenossen hätten ihr ein Leid zufügen können. Aber sie selbst schien sich keine Sorgen zu machen. Mit einem Achselzucken tat sie unsere Bedenken als unbedeutend ab.

Eines späten Nachmittags im Herbst, als wir sie besuchen wollten, stand die Tür weit offen, die Katzen liefen überall herum, aber auf unsere Begrüßungsrufe erhielten wir keine Antwort. Wir banden die Pferde an die nächsten Tannen fest und setzten uns auf die Holzbank vor der Hütte. Wir warteten, riefen immer wieder und warteten weiter. Plötzlich hörten wir schwere Schritte hinter der Hütte, dann einen Schlag und wieder Stille. »Hallo?« Keine Antwort. Nichts. Aber da war doch jemand! Jemand hatte unsere Pferde erschreckt, sie schnaubten und stampften, rollten die Augen und waren kaum zu beruhigen. Mit meiner Reitgerte in der erhobenen Hand schlich ich ängstlich um die Hütte herum. Es war niemand zu sehen, nur ein Haufen frisch gehackter Holzscheite lag vor dem Brennholzstapel. Nebel zog auf, wir fröstelten und genau wie unsere Pferde wollten wir nur weg von diesem unheimlichen Ort. Wie der Wind ritten wir nach Hause, schlossen die Stalltür und verriegelten unsere eigene Tür. Eigentlich war nichts passiert, aber wir waren verunsichert und wollten weder über dieses Ereignis sprechen noch darüber nachdenken.

Es vergingen viele Tage, bis wir uns endlich wieder in diesen Teil des Walds trauten. An einem sonnigen Nachmittag ritten wir schließlich wieder dorthin. Die Jagdhütte stand friedlich auf der Lichtung, weißer Rauch ringelte sich aus dem Schornstein und die Prinzessin saß draußen auf der Bank und las. Sie lächelte, winkte und war erfreut uns zu sehen. Wir setzten uns zu ihr, tranken Tee und plauderten über dieses und jenes. Alles schien in bester Ordnung zu sein. Es war wohl albern von uns gewesen, in panischer Angst vor eingebildeten Dämonen zu fliehen. Es war ja wirklich alles in Ordnung. Auf einmal hörten wir schwere Schritte hinter der Hütte und wir erstarrten. »Schon gut, Franz«, murmelte die Prinzessin, »die Damen besuchen mich, ist schon gut.« Und zu uns sagte sie mit diesem amüsierten Augenzwinkern: »Hat er euch neulich Angst eingejagt? Vor Franz braucht ihr euch nicht zu fürchten. Er weiß, dass ihr mir nichts anhaben wollt.«

Mit bebender Stimme fragten wir, wer denn dieser unsichtbare Franz wäre, doch ihre Antwort ließ uns weiterhin im Ungewissen: »Oh, er ist immer bei mir und beschützt mich.«

Später erfuhren wir dann, dass Franz in früheren Zeiten ihr Diener gewesen war. Treu ergeben hatte er sich weiter um sie gekümmert, schon als sie ihm längst kein Gehalt mehr zahlen konnte. Jahrein, jahraus war er bei ihr geblieben, sogar als sich ihr Wohnsitz in eine einfache Hütte und ihre elegante Kutsche in einen rostigen Drahtesel verwandelt hatten. *Treu bis in den Tod* lautete die Inschrift auf dem schlichten Kreuz, das seinen Namen trug. Jedesmal, wenn sie ins Dorf hinunterkam, nahm die Prinzessin die verwelkten Wildblumen aus dem Glas an seinem Grab und ersetzte sie durch einen frischen Strauß, so erzählte man. Die Prinzessin und ihr Franz. *Treu bis in den Tod*. Und darüber hinaus?

Kapitel 21

Schwere Zeiten

Wir waren in ernsten finanziellen Schwierigkeiten. Die geringe Flüchtlingsunterstützung, die wir erhielten, reichte gerade für unsere Miete und die dringend benötigten Lebensmittel. Viel zu essen gab es sowieso nicht, denn die Nachkriegsjahre waren für die meisten bittere Hungerjahre.

Tag ein, Tag aus, aßen wir Kartoffelgemüse und Steckrüben und das nicht nur, weil meine Mutter keine fabelhafte Köchin war. Die Kartoffeln und das Brot, das so schnell verschimmelte, waren fast die einzigen Nahrungsmittel, die uns zur Verfügung standen, abgesehen von gelegentlichen Geschenken in Form von Pferdefleisch, Eiern und Milch.

Unsere Kleidung sah schon bald recht schäbig aus. Jemand hatte einen Stapel von Hakenkreuz-Fahnen, die nun nicht mehr in Mode waren, vor der Bürgermeistervilla abgelegt. Wir trennten den weißen Kreis mit dem Hakenkreuz ab und nähten aus dem roten Fahnenstoff Röcke und kurze Hosen. Der Stoff war zwar etwas steif und kratzte und man sah uns gewiss schon von weitem kommen, aber die Kleidungsstücke waren robust und praktisch.

Einmal erhielten wir ganz unerwartet einen Karton voller Kleidung, der irgendwie aus unserem Harzburger Haus gerettet worden war. Es waren einige Sachen meiner Mutter darin, zwei Paar Schuhe, ein lederner Uniformmantel sowie der Lodenmantel meines Vaters und einige Kleider und Stöckelschuhe, die unsere Haushälterin Helene zu tragen pflegte. Wir wussten nicht, wo Helene war und ob sie das Kriegsende überlebt hatte. Sie war am selben Tag, an dem wir aus Bad Harzburg geflohen waren, gemeinsam mit ihrem Liebsten, einem verwundeten österreichischen Soldaten, der ein Patient meiner Mutter gewesen war, Richtung Österreich aufgebrochen. Die Beiden hofften seine Heimatstadt Steyr zu erreichen. Sieben Jahre später fand Helene meine Mutter wieder und es gab ein freudiges Wiedersehen. Helene und ihr Österreicher waren glücklich verheiratet und stolze Eltern eines kleinen Sohns.

Mir passten zwei ihrer Kleider, auch wenn sie etwas zu kurz waren. Das braune Wollkleid mit dem breiten orangefarbenen Streifen quer über der Brust hasste ich, aber das weiße Seidenkleid mit den roten und blauen Blumen war ganz schick. Helene hatte kleinere Füße als ich, trotzdem zwängte ich mich in ihre Stöckelschuhe, wenn die Situation etwas Eleganteres verlangte als mein einziges Paar Sommerschuhe. Dass heute meine Füße deformiert und die Zehen schief sind, rührt vermutlich aus jener Zeit.

Monatelang erfuhren wir nichts über den Verbleib meines Vaters. Wir wussten noch immer nicht, ob er tatsächlich in dem Internierungslager bei Frankfurt gewesen war, wo wir ihn vergeblich gesucht hatten. Im Sommer 1946 erfuhren wir, dass er im *Internierungslager 78* in Kornwestheim wäre, doch unsere Briefe an ihn kamen mit dem Vermerk »Verlegt« zurück. Dann erhielten wir Bescheid, dass man ihn nach Nürnberg gebracht hatte, um dort vor Gericht gestellt zu werden. Natürlich machten wir uns große Sorgen um ihn, meine Mutter litt sehr unter dieser Situation, aber vor mir zeigte sie sich niemals schwach.

Ich war tagsüber mit den Pferden beschäftigt. Wir transportierten das Brennholz, weideten die Pferde im Kurpark und an der Weißach und ritten nach Herzenslust. Wir ritten natürlich ohne Sattel, Reithosen und Stiefel und wund gescheuerte Beine nahmen wir dafür gerne in Kauf.

Musko, meine braune Stute, war so stämmig und robust, dass sie nie ihre Form oder ihr glänzendes Fell verlor, obwohl sie nur Gras zum Fressen hatte. Ich bin froh zu wissen, dass der Bauer, der sie später kaufte, sie gut versorgte und dass sie ein hohes Alter erreichte.

Einmal war Musko hundertmal schlauer als wir. An diesem Tag rettete sie mir mein Leben. Wir waren einen Waldweg entlanggetrabt, als wir nach einer Biegung auf ein Hindernis stießen. Vor uns versperrte ein rot-weiß-gestreifter Querbalken den Weg. *Kein Zugang – Sperrgebiet* stand auf dem Schild daneben. »Unsinn«, dachte ich. »Los, weiter Musko, wir springen drüber!« Gesagt, getan. Sie flog mit Leichtigkeit über den Balken, weigerte sich dann aber, vorwärts zu traben. Während wir herumtänzelten, schnaubte sie, schlug mit dem Schwanz und schüttelte den Kopf. Plötzlich bäumte sie sich auf, wirbelte herum und wir galoppierten den Weg zurück. Als sie die Schranke übersprang, musste ich mich an ihrer Mähne festhalten, um nicht herunterzufallen. Kaum hatten wir etwas mehr als fünfzig Meter des Wegs zurückgelegt, da erschütterte eine gewaltige Explosion die Erde. Ich stürzte ab, schaffte es jedoch, Musko am Zügel festzuhalten. Wir standen zitternd am Wegesrand, als ein amerikanischer Jeep heranbrauste. Die Militärpolizisten waren wütend auf mich und wollten wissen, was ich dort zu suchen hätte, ob ich denn nicht lesen könnte und so weiter.

Auf Musko, meiner ungarischen Stute.

Im Wald war ein verborgenes Munitionslager gefunden worden und sie hatten es gerade in die Luft gesprengt. Musko, das erfahrene Kriegspferd, hatte die brennende Zündschnur gewittert und damit auch die Gefahr. Weil die Stute wusste, dass dort ein Unglück lauerte, hatte sie die Befehle ihrer tollkühnen Reiterin ignoriert und war lieber durchgegangen.

Eigentlich waren die amerikanischen Besatzungskräfte nicht bedrohlich für uns. Sie kümmerten sich um ihre eigenen Angelegenheiten und wir uns um die unseren. Sie zeigten sich sogar hilfsbereit, als der arme Feketa, ein schwarzer Hengst, getötet werden musste. Er war über einen Felsvorsprung gestürzt und hatte sich die Nase so schwer verletzt, dass er von seiner Qual erlöst werden musste.

»Bitte helfen Sie uns und erschießen Sie unser Pferd. Es ist viel zu schwer verletzt, um wieder gesund zu werden.« Wir hatten drei Soldaten angehalten, die auf der Straße nahe der Bürgermeister-Villa entlangfuhren. Sofort kamen sie mit uns und erschossen Feketa an Ort und Stelle. Das Pferd war erlöst und die Soldaten brausten davon. Wir standen da, fassungslos und tränenüberströmt. Die Frau des Bürgermeisters und meine Mutter waren von diesem Anblick nicht gerade begeistert und verlangten, dass wir das tote Pferd wegschaffen und beerdigen sollten. Der Rasen war für ein entsprechend großes Loch nicht der richtige Ort. So schirrten wir die beiden Ponys Gitschi und Lisa an, umschnürten Feketa mit etlichen Stricken und Ketten und schleiften ihn bis zum Abhang hinter den Ställen. Zusammen mit dem blinden Sepp schufteten wir bis spät in die Nacht, um Feketa über die Böschung zu wuchten und dann Tannenzweige und Erde über ihn zu häufen. Auch später noch, nämlich immer wenn es geregnet hatte, mussten wir noch mehr Sand den Abhang hinunterschaufeln, weil seine Hufe aus dem Grab ragten, sobald sich der Grund senkte. Die Ungarn waren über uns verärgert und erklärten uns, dass Feketas Fleisch viele Menschen hätte ernähren können.

Unsere texanischen Freunde waren fort und von ungefähr zwanzig schwarzen Soldaten abgelöst worden. Sie waren mitten im Dorf, im *Hotel Post*, einquartiert und hatten ihre Freundinnen mitgebracht. Das bedeutete, dass die Dorfmädchen nicht belästigt würden. Ihr Sergeant war ein pechschwarzer, fröhlicher Kerl. Er postierte sich jeden Morgen an der Kreuzung bei der Brücke. Dort begrüßten ihn alle Vorübergehenden mit: »Grüß Gott, Sergeant«. Er nickte zurück und freute sich mit einem strahlend weißen Lächeln über so viel Anerkennung und Respekt. Alles ging gut, bis zu der Nacht, als der Sergeant und seine Truppe sternhagelvoll waren. Sie zerschlugen sämtliche Möbel des Hotels, zündeten dann im Hof ein großes Freudenfeuer an, tanzten darum herum und schossen mit ihren Waffen und Leuchtraketen in die Luft.

Am nächsten Morgen erschienen einige Jeeps und die Militärpolizisten prügelten »unseren« Sergeant und seine Männer mit Schlagstöcken, legten sie in Handschellen, luden sie auf und nahmen sie mit. Mit Ausnahme des Hotelbesitzers tat es jedem Leid, dass sie abgeführt wurden.

Nur ein einziges Mal hatte ich wirklich Angst vor schwarzen amerikanischen Soldaten. Im Winter 1946 saß ich im Zug auf der Heimreise von Augsburg, wo ich auf Lebensmittel-Suche gewesen war. Der Zug hielt auf offener Strecke. Durch den Spalt des mit Brettern vernagelten Fensters sahen wir mehrere Jeeps mit schwarzen Soldaten neben den Schienen entlangrasen. Die Soldaten sprangen heraus, zogen Revolver, feuerten ziellos umher und riefen wild durcheinander. Wir hörten Frauen schreien. Der ältere Mann, der neben mir saß, überblickte die Situation sofort: »Die sind betrunken und suchen nach Mädchen.« Er zog seinen Mantel aus, warf ihn mir über den Kopf, legte seinen Arm um meine Schulter und flüsterte: »Fang´ an zu husten und hör´ nicht auf damit! Halt´ den Kopf runter!« Als zwei Soldaten ins Abteil stürmten und uns sahen, hustete und würgte ich wie verrückt. »Meine Frau«, sagte der ältere Mann, »TB.« Die Soldaten leuchteten kurz mit der Taschenlampe auf meine zusammengekauerte Gestalt und gingen weiter in den nächsten Wagen.

Endlich setzte sich der Zug in Bewegung. Mein Wohltäter lehnte jeden Dank ab. »Schon gut«, murrte er. »Ich hab´ auch eine Tochter. Du solltest nicht alleine reisen. Bleib´ nächstes Mal daheim.« Ich erzählte meiner Mutter nie von diesem Vorfall. Sie hätte mich nicht mehr ohne Begleitung losgeschickt und ich wollte nicht, dass sie selbst nach Augsburg fuhr um dort um Lebensmittel zu bitten.

Als die Schulen wieder geöffnet wurden, ging ich nur widerwillig hin. Meine Oberschule war im *Sängerschlössle* in Tegernsee untergebracht, gute zehn Kilometer von Kreuth entfernt.

Morgens um Viertel nach sieben fuhr ich mit dem Bus zum Tegernseer Bahnhof, der nahe an der Schule lag. Wenn es das Wetter erlaubte, lief ich den ganzen Weg zurück, um das Fahrgeld zu sparen. Der kleine Prinz begleitete mich oft. Er und seine Eltern sowie deren Hofdame waren bei Nacht und

Nebel von ihrem Anwesen in Ostpreußen geflohen. Durch den hohen Schnee waren sie über Felder und durch Wälder um ihr Leben gerannt. Sie besaßen nur die Kleider, die sie bei der Flucht trugen, trotzdem hatte die Hofdame wohlweislich in letzter Sekunde nach dem Schmuckkästchen der Fürstin gegriffen. Ein wohlhabender Verwandter hatte die Familie freundlicherweise aufgenommen. Sie wohnten im Gartenhäuschen seines Parks. Sie waren vornehm und hatten nicht das Rüstzeug, um in der rauen Nachkriegszeit zu überleben.

Als die meisten Schmuckstücke gegen lebensnotwendige Dinge eingetauscht waren, schaute sich der alte Fürst mutig nach Arbeit um und fand eine Anstellung in der Offiziersmesse der Amerikaner. Dort reinigte er die Toiletten, schrubbte Böden, schürte den Heizofen und putzte Schuhe. Für das Schuheputzen bekam er Trinkgeld, denn es machte den Amerikanern einen Riesenspaß, ihre Schuhe von einem echten Fürsten poliert zu bekommen. Er verrichtete seine Pflichten mit Würde und betrachtete es als Bonus, die Küchenreste mit nach Hause nehmen zu dürfen. Ich erinnere mich, als ich einmal bei ihnen zum Kaffee eingeladen war: Nescafé, schwarz und ungesüßt, wurde in olivgrünen Metallbechern mit feierlicher Höflichkeit von der ehemaligen Hofdame serviert. Der Prinz, ein schmächtiger blonder Junge, lief oft barfuß nach Hause und ließ sein einziges Paar Schuhe von der Schulter baumeln. Ich trug die *Haferl*-Schuhe meines Vaters, die mir viel zu groß waren. Deshalb stopfte ich sie vorne mit Papier aus. Sie waren zwar nicht bequem, aber dafür robust und eine Abwechslung zu meinen braunen Plastiksandalen, in den ich mir auf längeren Strecken Blasen lief.

Es fiel mir schwer, mich wieder in der Rolle eines Schulmädchens zurechtzufinden. Zuviel war geschehen. Das meiste, was ich lernen musste, schien vollkommen bedeutungslos für die Situation zu sein, in der wir uns jetzt befanden. Außerdem belastete mich die Tatsache, dass so gut wie alles, woran ich aufrichtig geglaubt hatte, falsch gewesen war und dass sich meine vorherigen Ideale als trügerische Illusion erwiesen hatten. Meine Familie und ich hatten einem Regime angehört, das den Tod und furchtbares Leid über Millionen von Menschen gebracht hatte. Angesichts der Beweise für all die begangenen Gräueltaten war ich schockiert und zutiefst beschämt. Es war mir fast unmöglich, diese Gefühle mit meiner Liebe und meinem Respekt gegenüber meinen Eltern zu vereinbaren. Sie, die ich als ehrenhafte und fürsorgliche Menschen kannte, waren diesem Regime bis zum Ende treu geblieben und hatten die schlimmen Dinge nicht wahrhaben wollen. Damals fühlte ich mich verletzt und betrogen. Es war mir auch völlig unklar, warum ich persönlich für Dinge und Ereignisse verantwortlich gemacht werden sollte, die ich weder getan hatte noch hätte beeinflussen können.

Mit meinen Mitschülern kam ich gut aus. Wir waren ein zusammengewürfelter Verein. Neben den Einheimischen waren da drei ehemalige Soldaten, ein junger Mann, der aus russischer Gefangenschaft geflohen war, sowie ein Überlebender aus einem Konzentrationslager und mehrere Flüchtlinge aus dem Osten. Trotz unterschiedlichster Herkunft verstanden und unterstützten wir einander und bildeten oft eine vereinte Front gegenüber der Schulautorität.

Es gab Lehrer, die mich, die »Nazigöre«, nicht in ihrer Klasse duldeten und jede Gelegenheit nutzten mich zu demütigen. Eines Tages gab es eine besonders bösartige Attacke gegen mich. Nachdem der Lateinlehrer einen Vortrag über Caligula, einen der unangenehmsten und blutrünstigsten römischen Kaiser, gehalten hatte, ließ er mich nach vorne kommen und befahl mir ihm nachzusprechen: »General Höfle, mein Vater, ist die moderne Version von Caligula.« Ich weigerte mich und wollte zurück auf meinen Platz. Aber er stellte sich vor mich und war im Begriff, mich bei den Schultern zu packen. Dies war der Augenblick, als jemand aus der hinteren Reihe ein Messer warf, das knapp am Lehrer und mir vorbeiflog und in der Tafel stecken blieb. Die Klasse war in Aufruhr und der Lehrer flüchtete. Als er in Begleitung des Direktors zurückkehrte, war das Messer verschwunden, wir alle saßen still auf unseren Plätzen und widmeten uns einer Latein-Übung. Niemand konnte sich an einen ungehörigen Vorfall mit einem Messer erinnern.

Die Fahrt nach Augsburg, um Lebensmittel zu besorgen, fand etwa alle acht Wochen statt. In einer Kleinstadt unweit von Augsburg lebten entfernte Verwandte meines Vaters, die uns unterstützten. Sie besaßen eine Metzgerei und waren besonders verständnisvoll und hilfsbereit. Wenn ich bei ihnen auftauchte, luden sie mich immer zum Essen in ihre Küche ein und gaben mir ein dickes Paket mit Fleischwaren. Die andere entfernte Verwandte hatte eine Bäckerei. Sie wollte *Frau Base* genannt werden. Sie half uns mit Bauernbrot aus und schenkte uns hin und wieder Abschnitte von Lebensmittelkarten, für die wir Mehl und Backwaren bekamen. Es fiel schwer zu ihr zu gehen, denn sie ließ mich jedesmal lange in der Ladenecke warten, bis sie mir endlich zuzischte: »Komm her. Verlier's nicht und lass dich nicht erwischen!« Ich bedankte mich stets höflich und schloss die Ladentür behutsam, so dass die Glocke nur ganz sanft bimmelte, obwohl ich sie lieber zugeknallt hätte.

An einem Winterabend hatte ich den letzten Anschlusszug von München nach Tegernsee verpasst und deshalb bei meiner Freundin Erika übernachtet. Am nächsten Morgen machte ich mich schon um sechs Uhr auf den Weg zum Bahnhof. Ich wollte den ersten Zug erreichen. Es war wirklich riskant, so früh auf der Straße zu sein, denn die Ausgangssperre wurde erst ab sieben Uhr aufgehoben. Straßenbahnen oder Busse fuhren um diese Zeit noch nicht. Meine Mutter hatte mich am Vorabend zurück erwartet und machte sich sicher große Sorgen.

Damals war es für ein Mädchen von sechzehn nicht ratsam zu dieser Tageszeit im von Amerikanern besetzten München allein unterwegs zu sein. Es war leichtsinnig, gegen das Gesetz zu verstoßen, aber ich legte es darauf an. Ich marschierte los, quer durch den Englischen Garten. Der Ausflug nach Augsburg war erfolgreich verlaufen, die Verwandten hatten sich besonders großzügig gezeigt. Diesmal brachte ich sogar ein Stück Speck mit heim, welches ich mir vor den Bauch geschnürt hatte. Der größere Bauchumfang würde unter meinem dicken Wintermantel kaum auffallen, hoffte ich. Die Lebensmittelmarken waren in meinem Büstenhalter versteckt und in einem kleinen Aluminiumkoffer befanden sich vier Bauernbrote und ein Kilo Schmalz. Ich eilte die verschneiten Parkwege entlang, als plötzlich zwei Männer leise und schnell aus dem Gebüsch auftauchten und mir den Weg versperrten. Ich drehte mich um, wollte wegrennen, sah aber drei weitere Männer hinter mir stehen. Nun umzingelten sie mich. Mein Herz raste, aber ich war entschlossen, diese Situation mitsamt meinem Speck zu überleben. Ich versuchte, äußerlich ruhig und furchtlos zu erscheinen, stand ganz still auf dem Weg und stellte den Koffer zwischen meine Beine in den Schnee. Es waren große Kerle mit Fellmützen, Ledermänteln und Pelzstiefeln. Sie wirkten osteuropäisch. Wahrscheinlich waren sie Schwarzhändler, wenn nicht sogar etwas Schlimmeres. Einer, der einen schwarzen Schnurrbart hatte, sah besonders gefährlich aus. »Wohin du gehen, Mädchen?«, fragte er. »Zum Bahnhof«, antwortete ich zitternd, aber trotzig. »Gib her Koffer!« »Nein.« Dies schien ihn zu amüsieren. »Was in Koffer?« »Essen, Brot und Schmalz.« »Zeig!« Ich beugte mich hinunter, machte den Koffer auf und hielt ihn dabei mit meinen Händen und Füßen fest. »Du stehlen das?« »Nein. Ich kaufen.« Ich begann, wie sie zu sprechen. »Auf Schwarzmarkt?« »Nein, von Tante.« Sie kicherten, dann sagte ein anderer: »Du haben Geld. Gib Geld.« Ich fischte meinen Geldbeutel aus der Tasche und hielt ihm alles Geld entgegen, das ich hatte: Zwanzig Mark. Gerade genug für die Zugfahrkarte. Der Schnurrbart-Mann nahm es mir ab, betrachtete es im Licht seines Feuerzeugs und prustete vor Lachen, als er es den anderen zeigte. Sie amüsierten sich genauso und redeten wild durcheinander. Obwohl ich kein Wort verstand, spürte ich, dass sich die Lage entspannte. »Hier, Geld.« Der Schnurrbart-Mann bot mir auf seiner ausgestreckten Hand meine zwanzig Mark an. Als ich es vorsichtig an mich nahm, ergriff er meine Hand und hielt sie fest. »Was Zeit Zug?« Auf meine Antwort entgegnete er: »Schnell wir bringen dich Zug. Nicht gut allein.« Zu sechst galoppierten wir zum Bahnhof. Einer von ihnen trug den Koffer, Schnurrbart-Mann und ein anderer bärtiger Kerl nahmen mich in ihre Mitte und hielten mich an den Armen, so dass ich nicht stolperte. Keine

Zeit mehr für eine Fahrkarte! Wir rasten zum Bahnsteig. Der Kontrolleur war hastig beiseite getreten, wahrscheinlich wollte er sich nicht mit fünf kräftigen Ausländern anlegen! Der Zug fuhr bereits an, als sie mich hineinwuchteten, den Koffer hinterher warfen und die Tür zuschlugen. Sie standen auf dem Bahnsteig, winkten und riefen etwas, was nicht zu verstehen war, lachten und schlugen einander auf die Schultern. Ihr keuchender Atem formte eine Wolke um sie herum, fast wie ein Heiligenschein. Aus dem sicheren Abteil und mit dem Koffer zwischen meinen Beinen winkte ich zurück, keuchend und lachend, während mir zugleich Tränen über die Wangen liefen.

Das letzte Bild meines Vaters. 1947 in Gefangenschaft in Bratislava aufgenommen – kurz vor seinem Tod.

Kapitel 22

Mein Vater

55 Jahre sind seit dem Tod meines Vaters vergangen, und ich kann es noch immer kaum ertragen, darüber nachzudenken. Es verlangt Mut, die wenigen Briefe und Papiere, die ich so lange Jahre versteckt gehalten habe, wieder hervorzuholen und zu lesen. Aber ich muss es jetzt tun. Es ist an der Zeit, über die Vergangenheit zu schreiben. Vielleicht werde ich auf einige Fragen, die so schwer auf meinem Herzen lasten, eine Antwort finden, wenn ich die Vergangenheit noch einmal durchlebe und mich dem Schmerz stelle.

Wir wurden von einem deutschen Rechtsanwalt benachrichtigt, dass mein Vater angeklagt werden sollte und vor dem Nürnberger Kriegsgericht erscheinen müsste. Dieser Anwalt arbeitete im Auftrag des Gerichts und war ein aufrichtiger junger Mann, der gerade sein Jurastudium beendet hatte. Seinen Klienten gegenüber war er wohlgesinnt und bestrebt, diese bestens zu verteidigen, aber er konnte sich in keiner Weise mit dem amerikanischen Ankläger messen.

Meine Mutter und ich fuhren sofort nach Nürnberg und hofften, meinen Vater sehen zu können. Der Rechtsanwalt holte uns am Bahnhof ab und informierte uns, dass mein Vater nicht vor dem Nürnberger Gericht angeklagt würde und man ihm keine Kriegsverbrechen vorwerfe, aber dass die Tschechoslowakei seine Auslieferung verlangt hatte und er einige Tage zuvor nach Bratislava gebracht worden sei. Das waren sehr schlechte Nachrichten. Uns war bewusst, wie groß der Hass war, den die kommunistischen Regime des Ostens gegen alle Deutschen hegten.

Der amerikanische Ankläger, Herr Kempner, erklärte sich bereit uns zu sehen. Schon als wir sein Büro betraten, fühlte ich instinktiv, dass wir von ihm weder Unvoreingenommenheit noch Gerechtigkeit erwarten konnten. Er war uns gegenüber feindlich gesinnt. Er verabscheute alle Nazis, und es war sein Bestreben sie zu verurteilen und zu bestrafen. Er würde alle Mittel, die ihm zur Verfügung standen, einsetzen, um sein Ziel zu erreichen. Meine Mutter wollte wissen, aufgrund welcher Anklage mein Vater ausgeliefert worden war? »Gnädige Frau«, antwortete er, »bis jetzt liegen noch keine Anklagen vor, aber ich bin sicher, sie werden etwas finden.«

Meine Mutter wollte wissen, ob für meinen Vater eine Chance bestünde, wieder zurück in ein deutsches Internierungslager verlegt zu werden. »Es ist nicht in meinem Interesse, ihn zurückzuholen«, gab er schroff zurück. »Ihr Mann steht nicht als Angeklagter vor meinem Gericht. Ich würde ihn nur zurückbringen, wenn Sie mir garantieren können, dass er gegen seine Kameraden aussagt, die hier unter Anklage stehen.«

Meine Mutter und ich sahen uns an. Sie hatte Tränen in den Augen und ich hatte einen dicken Kloß im Hals und konnte nichts sagen. »So etwas würde er nie tun«, sagte ich ganz leise und meine Mutter nickte. Für einen Moment herrschte Stille. »Nun, in diesem Fall...« Endlich fand meine Mutter ihre Stimme wieder. Sie flüsterte. »Da waren zwei Generäle in der slowakischen Widerstandsbewegung. Mein Mann rettete ihnen das Leben, als man sie gefangen nahm. Vielleicht würden sie sich jetzt für ihn einsetzen. Ihre Namen waren General Golian und General Viest.« Herr Kempner wurde plötzlich hellhörig: »Ich würde diese beiden Herren sehr gerne finden. Wenn Sie mir deren Aufenthaltsort nennen können, würde ich mit mir reden lassen. Wir gingen und wussten, dass es hoffnungslos war. Wie sollten wir die beiden finden? Vielleicht waren sie in den letzten Kriegstagen umgekommen. Falls sie überlebt hatten, waren sie jetzt vielleicht sogar prominente Persönlichkeiten des neuen Regimes. Ob sie ihre Karriere riskieren würden, um dem ehemaligen Gegner, der ihnen einst geholfen hatte, nun beizustehen? Höchstwahrscheinlich nicht. Schweren Herzens fuhren wir nach Kreuth zurück.

Beide, Golian und Viest, waren Berufssoldaten gewesen, genau wie mein Vater. Während des Aufstands in der Tatra im

Herbst 1944 hatten sie auf den gegnerischen Seiten gekämpft: Golian und Viest kommandierten die slowakischen Partisanen, meinem Vater unterstanden die deutschen Streitkräfte in der Slowakei. Nach etlichen schweren Kämpfen in den Bergen, nahe bei Banská Bystrica (Neusohl), gewannen die deutschen Truppen die Oberhand. Am 27. Oktober fiel Banská Bystrica, das Zentrum des Aufstands.

Der damalige slowakische Staatspräsident, Jozef Tiso, akzeptierte zusammen mit meinem Vater die Kapitulation der Partisanen. Laut dem slowakischen Beweismaterial behandelten die deutschen Truppen ihre Gegner fair. Die Generäle Golian und Viest versuchten, sich nach Süden abzusetzen, wurden jedoch verraten und gefangen genommen. Mein Vater erzählte mir, dass er seine Gegner als ehrenhafte Soldaten betrachtete, die als Patrioten für ihr Land gekämpft und verloren hatten. Bei der Gefangennahme schüttelte er ihnen die Hand. Man erwartete von meinem Vater, die beiden Offiziere der Gestapo auszuliefern, aber er wusste, damit würde deren Schicksal besiegelt sein, und das wollte er nicht verantworten. Ihm war aber auch klar, dass er sie nicht einfach freilassen konnte. Also entschied er sich für den einzigen Weg, den er mit seinem Gewissen vereinbaren konnte. Er organisierte für die beiden Zivilkleidung, legte ihnen eindringlich nahe, ihre wahre Identität nicht preiszugeben und schickte sie als anonyme Kriegsgefangene in ein slowakisches Internierungslager. Sein Plan schien zu funktionieren, denn sie verschwanden spurlos.

Katerina Lazarova, eine angesehene Autorin und Trägerin des slowakischen Nationalordens, hatte damals in ihrer Jugend als Freiwillige am Partisanen-Aufstand teilgenommen. Viele Jahre später sagte sie in einem Radiointerview: »Am 3. November 1944 wurden die Generäle Viest und Golian in dem Dorf Bucovec in den Bergen von Donovaly gefangen genommen. Einem Augenzeugen zufolge gaben die Deutschen jedem eine Zigarette, bevor sie mit ihnen wegfuhren. Beide Offiziere verschwanden spurlos im Chaos der letzten Kriegstage. Die Erinnerung an sie wurde von dem stalinistischen Regime in Prag ausgelöscht.«

Himmler war wütend, als er vom Verschwinden der beiden Generäle erfuhr. Er schickte ein Telegramm, das mit den Worten endete: »Höfle, das kann dir den Kragen kosten.« Aber er konnte seine Drohung nicht wahrmachen, denn mein Vater war zu jener Zeit mit zwei der einflussreichsten Slowaken befreundet, dem katholischen Theologen und Staatspräsidenten Jozef Tiso und dem Bischof von Bratislava, Michael Busalka. Mein Vater muss bei einem Teil der slowakischen Bevölkerung beliebt gewesen sein, zumindest bei denen, die antikommunistisch und antitschechisch eingestellt waren, denn 1938/39 war die Slowakei mit deutscher Unterstützung ein autonomer Staat geworden.

Mein Vater bekam von der slowakischen Republik einen hohen Orden verliehen. Das Namensschild davon besitze ich noch heute. An einem roten Band mit zwei goldenen Streifen ist ein Adler zu sehen, der die Flügel ausbreitet und in seinen Klauen zwei gekreuzte Schwerter hält. Auf dem Körper des Vogels ist ein rotes Schild mit einem Doppelkreuz abgebildet. Die Tatra-Limousine war ebenfalls ein Geschenk, das meinem Vater von der slowakischen Regierung überreicht wurde.

Am 9. Dezember 1947 erhielten wir die Nachricht, dass mein Vater zusammen mit Jozef Tiso vom Tribunal in Bratislava zum Tode verurteilt worden war. Meine Mutter brach zusammen. »Du musst nach Nürnberg fahren und ein Gnadengesuch einreichen«, sagte sie zu mir. »Bitte, mach dich sofort auf den Weg.«

Ich wollte nicht nach Nürnberg fahren. In meinem Herzen wusste ich, das mein Vater niemals einen Antrag auf Begnadigung stellen würde, es hätte nicht seinem Ehrenkodex entsprochen. Mir war auch bewusst, dass ich bei dem amerikanischen Ankläger in Nürnberg kein Gehör finden würde. Er würde nicht ausgerechnet *dem* Menschen helfen, der in seinen Augen Verbrecher war. Dennoch machte ich mich binnen einer Stunde auf den Weg.

Das Einzige, woran ich mich von dieser Reise über München nach Nürnberg erinnere, ist der unaufhörliche Schneeregen. Als ich am Spätnachmittag in Nürnberg ankam, war es bereits düster. Von einer Telefonzelle aus rief ich den Anwalt meines

Vaters an. Er klang überrascht und verlegen, aber sagte, er wolle mich in zwanzig Minuten an der Straßenbahn-Haltestelle vor dem Bahnhofsgebäude treffen. So wartete ich diese langen, kalten zwanzig Minuten.

»Es tut mir sehr Leid«, waren seine ersten Worte, »ihr Vater wurde heute Morgen hingerichtet. Bitte sprechen sie ihrer Mutter mein Beileid aus.« Er schüttelte meine Hand, stieg in die Straßenbahn, die vor uns gehalten hatte, und war fort. Eine Weile musste ich mich am Haltestellenpfosten festhalten, weil meine Beine zitterten und mir schwindlig war. Der Regen rann meine Nase hinunter und mein Gesicht wurde nass. Aber es waren keine Tränen, zum Weinen war ich zu betäubt.

Später ging ich in die Bahnhofshalle zurück und lehnte mich dort gegen eine Säule. Wie lange ich so stand, weiß ich nicht, doch es muss schon recht spät am Abend gewesen sein, als eine Nonne mich ansprach und ihre Hand auf meinen Arm legte. »Ich hab´ dich schon lange hier stehen sehen«, sagte sie. »Wo schläfst du heute Nacht?« »Ich weiß nicht«, sagte ich und sah sie an. Unter der Schwesternhaube sah ich ein faltiges Gesicht, einen Mund mit einem gütigen Lächeln und sehr dunkle, strahlende Augen. »Dann musst du mit mir kommen, Kind«, sagte sie ermutigend und mit entschiedenem Ton, und so folgte ich ihr. Wir gingen zum Obdachlosenheim, das ihr Orden in der Nähe des Bahnhofs eingerichtet hatte. Das Heim war an diesem Abend schon voll, alle Betten waren belegt, aber sie stellte für mich eine Campingliege neben dem Boiler im Keller auf. »Das ist ein warmes Plätzchen für dich zum Schlafen«, sagte sie und deckte mich mit einer grauen Wolldecke zu. Doch ich konnte nicht einschlafen. Ich sah meinen Vater vor mir und hörte ihn sagen: »Ich bin kein Verbrecher.« Warum hatten sie ihn hingerichtet? Wie war er gestorben? Musste er sehr viel leiden? War er tapfer bis zum Schluss? Ich liebte ihn. Nun konnte ich ihm nie mehr sagen, wie sehr ich ihn liebte. Ich würde ihn nie wieder sehen. Mir tat alles weh.

Früh am nächsten Morgen saß ich im Büro der Nonne. Sie bestand darauf, dass ich das Frühstück aß, welches eine Mitschwester ihr hingestellt hatte. »Unsinn«, sagte sie, als ich zunächst ablehnte, denn ich wusste, dass sie mir ihr eigenes Frühstück anbot. »Weißt du, wohin du heute gehen willst?«, fragte sie sanft. »Ich muss nach Hause fahren und meiner Mutter sagen, dass mein Vater tot ist.« Und dann brachen die Tränen aus mir heraus und ich konnte nicht mehr aufhören zu schluchzen, als ich ihr die ganze Geschichte erzählte. Falls es sie schockierte, zeigte sie es nicht. Sie saß nur auf ihrem Stuhl, hörte mir ruhig zu und sagte schließlich: »Ja, du musst gleich nach Hause fahren. Ich bring' dich zum Bahnhof.« Als sich der Zug in Bewegung setzte, rief sie: »Gott sei mit dir.« Aber Gott war sehr weit weg.

An die Heimreise nach Kreuth kann ich mich nicht erinnern, auch nicht, wie ich meiner Mutter die Nachricht überbrachte oder was dann geschah. Aber ich sehe uns noch vor mir, als wir auf der vordersten Bank in der St. Leonhard Kirche saßen, an dem Abend, als Pfarrer Englmann einen Gedenkgottesdienst für meinen Vater abhielt. Die Kirche war voll. Das Dorf hatte nicht vergessen, dass mein Vater an jenem Tag im Mai 1945 Blutvergießen und Zerstörung verhindert hatte. Ich kann den großen Kranz aus Tannenzweigen und die Blumengebinde auf den Stufen des Altars vor mir sehen und auch die flackernden Kerzen. Ich kann die Heiligenfiguren von ihren Sockeln auf uns herunterblicken sehen, aber da ist kein Sarg. Der Leichnam meines Vaters war in einem fernen Land verscharrt worden. Die Orgel spielte und die Gemeinde sang, doch ich konnte nicht mitsingen, meine Kehle schmerzte zu sehr. Mir tat immer noch alles weh, sobald ich daran dachte, wie einsam mein Vater in seinen letzten Tagen gewesen sein mochte, wie er sich gefühlt haben musste, als er seinem Henker gegenüberstand. Ich dachte auch darüber nach, wie viele andere Menschen einen gewaltsamen Tod gestorben waren, wie viele Leichname weit weg von ihren Angehörigen in fremder Erde lagen und wie schrecklich traurig und sinnlos dies alles war.

Warum hatte man meinen Vater damals, am 9. Dezember 1947, zusammen mit Jozef Tiso und dem deutschen Botschafter, Hans

Ludin, durch die Garrotte hingerichtet? Laut Dr. Anton Rasla, einer der Hauptankläger des slowakischen Gerichtshofs, war es eine politische Notwendigkeit, die Konsequenz jener Nachkriegssituation, in welcher sich die Slowakei, als Teil des von den Sowjets dominierten Ostblocks, befand. Die neue Regierung der Slowakei, nun widerwillig mit der Tschechischen Republik vereint und unter starkem Einfluss der Kommunisten stehend, musste sich beweisen und vielleicht ein Zeichen setzen. Sie musste ihre eigene Bevölkerung ebenso wie die Tschechen davon überzeugen, dass die neue Regierung ein für alle Mal und aus freiem Willen mit dem Faschismus gebrochen hatte. Ansonsten hätte die sowjetische Besatzung und die Tschechische Regierung den Sieg über den Faschismus in der Slowakei für sich in Anspruch nehmen können.

Um dies zu erreichen, verabschiedete der Nationalrat ein Gesetz, das es ermöglichte, deutsche Autoritäten und diejenigen zu verfolgen und zu bestrafen, die mit Deutschland kollaboriert hatten.

Jozef Tiso, Hans Ludin und mein Vater wurden Seite an Seite in einer Ecke des Bischof-St.-Martinus-Friedhofs in Bratislava begraben.

Nach dem Zusammenbruch des Sowjetreichs hat die Slowakei ihre Unabhängigkeit zurückerlangt und ist heute ein demokratischer Staat. Seitdem ist Tiso wieder populär und wird als Nationalheld verehrt, seine sterblichen Überreste wurden überführt und sein Grab ist heute mit Blumengebinden geschmückt. Als mein Sohn 1994 in Bratislava war und das Grab seines Großvaters besuchen wollte, sagte man ihm, dass die Gräber meines Vaters und Hans Ludins nicht mehr aufzufinden seien.

Erst vor kurzem habe ich den Mut aufbringen können, die wenigen Papiere noch einmal hervorzuholen, welche die tragischen Ereignisse von 1947 bezeugen. Ich besitze eine Kopie des Briefs von Michael Busalka, dem Bischof von Bratislava, der auf Lateinisch an den Gemeindepfarrer von Kreuth, Pater Englmann, schrieb. Er bat ihn darin, uns »auf die schonendste Weise« vom

Tode meines Vaters zu berichten und eine Gedenkmesse in der Dorfkirche abzuhalten. »Das sogenannte Volksgericht verurteilte General Höfle zum Tode«, schrieb er. Er starb am 9. Dezember. Als ihm ein letztes Wort gestattet wurde, soll er gerufen haben: »Es lebe Deutschland!«

Am 8. Dezember hatte der Vorsitzende des Tribunals auf Bitten meines Vaters die Erlaubnis erteilt, dass Bischof Busalka ihn in seiner Zelle besuchen durfte. Der Bischof nahm meinem Vater die Beichte ab und erteilte ihm Absolution. Laut Bischof Busalka sagte mein Vater zu ihm: »Ich möchte auf slowakischem Boden beerdigt werden, um hier auf die Auferstehung am Tage des Jüngsten Gerichts zu warten. Ich akzeptiere dieses Urteil nicht. Es ist ungerecht. Ich bin kein Verbrecher.« Er bat den Bischof, seinen tief empfundenen Dank an seine Familie zu übermitteln, für all die Liebe und das Glück, welches er mit ihnen teilen durfte. »Meine liebste Helga, bleibe stets liebevoll und ehrlich. Sorgt füreinander und kümmere dich um deine geliebte Mutter. Du hast mir immer Glück und Freude beschert. Bleibe Gott treu. Du sollst wissen, dass ich über den Sternen weile und für immer dein Ratgeber und Beschützer sein werde. Ich küsse dich. Ich werde Dich immer lieben. Ich grüße euch, meine Liebsten und meine Heimat. Dein Papa.« Das war sein Abschiedsbrief, geschrieben am 8. Dezember 1947.

Sein letztes Foto steht vor mir auf dem Schreibtisch. Er stützt seine Ellenbogen auf einem einfachen Tisch ab. Vor seinen gefalteten Händen liegen ein paar Schreibutensilien. Eine Landkarte der Slowakei hängt hinter ihm an der Wand. Er sieht sehr müde aus. Er trägt seine Uniformjacke, die keine Insignien und Orden mehr ziert. Sie hängt an seinen Schultern herunter. Er hat im Gefängnis an Gewicht verloren. Sein zurückgewichener Haaransatz ist an den Schläfen ergraut. Wenn ich sein Gesicht betrachte, treibt es mir noch immer Tränen in die Augen.

Er sieht so resigniert und verloren aus. Er versucht zu lächeln, vermutlich weil er hoffte, seine Familie würde das Bild erhalten, aber ihm gelingt nur ein sehr schwaches Lächeln. Es ist das Bild eines Mannes, der seinen Kampf verloren hat, eines Mannes, der sich verlassen und betrogen fühlt. Er, der ohne zu zögern sein Leben für sein Vaterland geopfert hätte, der an seinen Führer geglaubt hatte, treu und ehrenhaft gewesen war und seinem Eid gemäß gelebt hatte, er wartete jetzt auf seine Hinrichtung. Er war der Sündenbock, eine Figur im Schachspiel des politischen Zweckdenkens. Dennoch sehe ich keine Bitterkeit oder Verzweiflung in seinem Gesicht. Er hat den Schmerz, die Schande, den Ärger und die Reue bereits überwunden.

Was blieb, waren nur diese tiefe Müdigkeit und Resignation. Ich weiß, dass er große Liebe für seine Familie und sein Vaterland in seinem Herzen trug und dass er an die Güte und Kraft Gottes glaubte. Ich hoffe, die Liebe und der Glaube blieben bei ihm in der Stunde seines Todes und auch darüber hinaus.

Kapitel 23

Nachkriegsjahre in München

Ich verließ die Oberschule in Tegernsee, ohne das Abitur zu machen. Kinder von Nazis wurden in den frühen Nachkriegsjahren nicht zum Studium zugelassen und so erschien es mir zwecklos, noch länger zur Schule zu gehen. Ich hatte Journalismus studieren wollen, aber begann nun, meinen anderen Interessen nachzugehen, nämlich der Bildhauerei und der Malerei. Doch ehrlich gesagt, war ich nicht besonders talentiert, liebte es jedoch, »etwas zu erschaffen«. Freunde der Bürgermeisterin empfahlen mich einer Töpferei im nahe gelegenen Bad Wiessee, wo ich als Lehrling anfangen konnte.

Weil ich kein Geld für den Bus hatte, lief ich die jeweils anderthalb Stunden hin und zurück zu Fuß. Einen Lohn gab es nicht. Damals konnte man froh sein, wenn man als Lehrling kein Geld für die Ausbildung bezahlen musste. Ich fegte die Böden, bereitete den Ton vor, stapelte Tongefäße zum Trocknen auf Regale, setzte das Baby meiner Arbeitgeber aufs Töpfchen und fütterte es. Aber vom eigentlichen Töpfern wurde mir nichts beigebracht und ich saß nie selber an der Töpferscheibe. Man hielt es für Undank, als ich nach vier Monaten unbezahlter Arbeit kündigte. Anscheinend wurde von einem Lehrling im ersten Jahr erwartet, *Mädchen für alles* zu sein, im zweiten als ungelernte Arbeitskraft und im dritten Jahr im Praktikum *zu dienen*, und das stets auf eigene Kosten.

Mein zweiter Exkurs in *Sachen Kunst* erwies sich als ebenso katastrophal. Ein ansässiger Kunstmaler und Bildhauer nahm mich als seine Schülerin an. Diesmal waren es jedoch andere Bedingungen. Er unterrichtete mich ohne Geld zu verlangen, stattdessen stand ich ihm aber Modell – unter Aufsicht seiner Frau. Meine Mutter äußerte ihre Bedenken, aber ich setzte meinen Willen durch. Für eine Weile verlief alles problemlos. Er war ein guter Lehrer und ich lernte eine Menge über die

Bildhauerei und das Anfertigen von Skizzen. Nachdem ich meine anfängliche Schüchternheit überwunden hatte, langweilte es mich, Modell zu stehen. Ich musste unendlich lange und vollkommen bewegungslos eine bestimmte Pose einnehmen, während die Ehefrau unauffällig in der Ecke sitzend, alles überwachte. Sie strickte dabei Babykleidung für ihren zu erwartenden Nachwuchs. Alles verlief sehr schicklich, bis die Arme es satt hatte und uns nicht mehr beaufsichtigte.

Schon bald entwickelte der Künstler amouröse Verhaltensweisen und ich, unerfahren und dumm, ließ mich davon beeindrucken und war auch bald in ihn verliebt. Nach einer heimlichen und unglücklichen Affäre, die über drei Monate anhielt, ging ich nach München und er zurück zu seiner Familie. In München versuchte ich, meine künstlerische Laufbahn auf einer privaten Kunstakademie voranzubringen. Diese Einrichtung entpuppte sich jedoch als unseriöser Verein. Zum Glück fand ich dies schon nach vierzehn Tagen heraus, ehe ich die Semestergebühr bezahlt hatte. Daraufhin beendete ich meine Laufbahn als Künstlerin. Erst viele Jahre später wendete ich mich wieder dem Malen und Töpfern zu, aber nur als erholsames Hobby.

In den Jahren um 1948 wies München noch viele Narben durch die Bombenangriffe auf. Unzählige Gebäude waren ausgebrannte Gerippe oder bloße Trümmerhaufen. Es mangelte an Lebensmitteln, Kleidung, Obdach, Geld und Arbeit. Der Schwarzmarkt blühte und amerikanische Zigaretten waren ein begehrtes Tausch- und Zahlungsmittel. Die meisten Einwohner sahen blass und schäbig aus. Es schien, als ob sie ihre gesamte Energie dazu benötigten, um am Leben zu bleiben. In der Straßenbahn musste der Schaffner seine Fahrgäste manchmal wachrütteln,

Helene, nach dem Krieg eine glückliche Mutter.

wenn sie ihre Haltestelle erreichten. Viele schliefen nämlich vor Erschöpfung einfach ein, sobald sie sich nur kurz hinsetzten. Sie hatten viereinhalb Jahre Krieg erlebt, Jahre, in denen sie vergeblich gekämpft und gelitten hatten. Am Ende war alles umsonst gewesen. Ihr Vaterland war besiegt, sie waren von der Regierung verraten und verlassen worden. Einst geachtete Autoritätspersonen waren als Kriegsverbrecher verurteilt worden. Die Menschen fühlten sich niedergeschlagen, schämten sich und waren zornig. Es herrschte eine berechtigte Angst vor dem Kommunismus, diesem sowjetischen Koloss, der sich bereits Osteuropa und halb Deutschland einverleibt hatte. Abgesehen vom kollektiven Gefühlstrauma und den individuellen menschlichen und materiellen Verlusten mussten sich die Deutschen der ernüchternden Realität einer besiegten Nation unter Besatzern anpassen. Die wirtschaftliche Infrastruktur war zerstört. Die meisten Industriewerke waren entweder verwüstet oder als Teil der Reparationszahlungen demontiert worden. Das Transportsystem lag lahm und es existierten keine sozialen Einrichtungen mehr.

In ehemaligen Kasernen und Barackenlagern hausten Tausende von deutschen Flüchtlingen sowie Vertriebene aus Ostpreußen, aus dem Sudetenland, dem Banat und der Ostzone. Dazu kamen Tausende ausländischer Flüchtlinge, Vertriebene, ehemalige Zwangsarbeiter, Kriegsgefangene und Überlebende von Streitkräften, die freiwillig auf deutscher Seite gekämpft hatten. Sie alle kamen aus Ländern, die nun unter Sowjetherrschaft standen. Die meisten Ausländer, die von den westlichen Alliierten »D.P.s« (*Displaced Persons, Zwangsvertriebene*) genannt wurden, weigerten sich, in ihre Heimatländer zurückzukehren, weil ihnen dort der Tod drohte. Viele D.P.s, von den Alliierten gewaltsam zurückgesandt, wurden hingerichtet, sobald sie über die Sowjetgrenzen transportiert worden waren. Tausende von Menschen hatten in Deutschland als Ausgebombte ihre Wohnungen und sonstigen Besitztümer verloren. Nicht mitgerechnet die hohe Zahl von ehemaligen deutschen Kriegsgefangenen, die nach ihren Familien suchen mussten, welche als Flüchtlinge oder *Ausgebombte* umgesiedelt worden waren.

Es gab nicht genug von all dem, was wir in einer zivilisierten Gesellschaft für selbstverständlich halten. Es gab überall zu viele desillusionierte, enteignete, hungrige, verzweifelte Menschen. Es war ein Bild des Chaos und gleichzeitig eine politische Zeitbombe. Als die westlichen Alliierten sich dessen bewusst wurden, sorgten sie dafür, dass sich die Lage allmählich verbesserte. Es bedurfte allerdings einer großen Entschlossenheit und großen Mutes seitens der Bevölkerung, einen Neuanfang zu wagen. Der Marshallplan ermöglichte der Wirtschaft, Zuversicht zu entwickeln. Konrad Adenauer, ehemaliger Oberbürgermeister von Köln, wurde 1949 Kanzler und erwies sich als ein Mann von Integrität. Er gewann das Vertrauen der deutschen Bürger und die westlichen Alliierten respektierten ihn. Langsam unternahm die junge Bundesrepublik ihre ersten Schritte in Richtung wirtschaftliche Genesung und politische Stabilität.

Ich hatte eine Unterkunft am Stadtrand von München gefunden. Im Keller eines Reihenhauses machte ich es mir gemütlich. Ein separater Eingang ermöglichte mir zu kommen und zu gehen, wie es mir beliebte. Mit der Tatsache, dass meine Wohnung aus einem winzigen feuchten Kellerloch bestand und ich nur ein Bett, einen Stuhl und eine Holzkiste besaß, wurde ich spielend fertig. Ich wusch mich im Wäschezuber, der auch im Keller stand und benutzte die Toilette meiner Vermieterin, wenn ich ganz dringend musste. Ein kleines Heizgerät und ein Tauchsieder sorgten für Wärme und etwas Behaglichkeit. Ich hatte sowieso wenig Geld, um mir Lebensmittel zu kaufen, die man kochen musste. Ich ernährte mich hauptsächlich von Brot, Käse und Äpfeln. Das Zimmer kostete zehn Mark pro Woche. Meine Wirtin, eine Witwe, die für ihren behinderten Sohn sorgte, zeigte ein freundliches Interesse an mir und ich war dankbar, wenn sie mich gelegentlich zum Essen einlud. Zwar war die gute Frau etwas nachlässig, was die Sauberkeit anging, aber ich gewöhnte mich schnell daran, ihr nicht gerade tadelloses Geschirr zu ignorieren, und niemals analysierte ich die Zutaten ihrer Suppen und Eintöpfe.

Während meiner ersten Monate in München nahm mich

eine gute Freundin meiner Mutter zu einem Treffen der MRA (*Moral Rearmament*) mit. Diese Bewegung war aus einer früheren Oxford-Gruppe hervorgegangen und wurde seit 1938 von dem amerikanischen Evangelisten Frank Buchman geleitet. Im Nachkriegs-Deutschland zog die MRA viele Menschen an, die wie ich in einem Vakuum lebten und nach Ideen und Idealen suchten. Die MRA verbreitete eine einfache Botschaft, die auf der Bergpredigt basierte: vollkommene Ehrlichkeit, Reinheit, Selbstlosigkeit und Liebe wurden als Grundlagen für einen neuen dynamischen Lebensstil betrachtet. Die *stille Zeit* war Teil der Lehre und eine Zeit der Besinnung, in der man Einsichten gewann und um Gottes Führung bat. Diese Form der Spiritualität war interessant für jene, die einer Kirche angehörten, und genauso für andere, die sich zu keiner Konfession bekannten. Die Lehre der MRA beeindruckte mich sehr und ich versuchte mich an ihr zu orientieren. Vollkommene Reinheit, Ehrlichkeit und Selbstlosigkeit anzustreben war schwer, aber nicht unmöglich. Große Schwierigkeiten hatte ich dagegen mit der vollkommenen Liebe, was auch vollkommene Vergebung bedeutete. Damals konnte ich dies nicht mit meiner Vorstellung von Gerechtigkeit vereinbaren.

Während einer MRA-Versammlung überkam mich ein so starkes Gefühl, dass ich den Drang verspürte, aufzustehen und vor allen zu erklären: »Ich vergebe den Menschen, die meinen Vater töteten.« Tränen strömten über mein Gesicht und ich musste mich an der Stuhllehne vor mir festhalten, denn ich zitterte am ganzen Leib. Ich beruhigte mich erst wieder, als sich feste und freundliche Arme um meine Schultern legten. Eine ältere Frau war hervorgetreten und sie stellte sich an meine Seite. Sie nahm meine Hand und sprach mit lauter Stimme: »Ich bin Jüdin und ich habe gelitten. Ich vergebe den Menschen, die meinen Schmerz und meine Qual verursachten.«

Vally hatte viele Familienmitglieder verloren. Sie war dem Tod entgangen, weil sie sich monatelang in Berliner U-Bahnschächten versteckt gehalten hatte, bis ein lutherischer Pfarrer sie rettete. Mit Hilfe eines Netzwerks von Gemeindemitgliedern wurde Vally während des Kriegs versteckt gehalten. Um ihre Gastgeber nicht zu gefährden, konnte sie nie länger als ein paar Wochen bei einer Familie bleiben, bevor sie zur nächsten fliehen musste.

Vally war eine starke und weise Frau und sie besaß große innere Schönheit. Sie wurde mir eine liebe Freundin und Ratgeberin. Sie malte Aquarelle von zarten Blumen und Landschaften. Wir verbrachten viele gemeinsame Stunden mit Malerei und tauschten Gedanken aus, bis sie eines Tages unerwartet verstarb. Vally bereicherte mein Denken und ich erinnere mich an sie mit Liebe und Dankbarkeit. Ihr größtes Geschenk an mich war mir zu vermitteln, dass Hass gegenüber jenen, die Unrecht ausübten, ein zerstörendes Gefühl sein kann. Und dass man nicht immer alle Aspekte, die zu einer Untat führen, erkennen kann und am allerwichtigsten, dass der Entschluss zu vergeben innerlich befreit.

Meine aktive Beteiligung in der MRA-Bewegung kam aus zweierlei Gründen allmählich zum Erliegen. Es war ernüchternd, als ich erkannte, dass innerhalb der Bewegung eine politisch ambitionierte Hierarchie bestand und dementsprechend manipuliert wurde. Der für mich entscheidende Grund war jedoch, dass ich erkannte, wie leicht es mir hätte passieren können, einer scheinbar idealistischen Bewegung anzuhängen - genau wie meine Eltern, die sich dem Nationalsozialismus verschrieben hatten, als dieser als das Ideal erschien, dem es zu folgen galt.

Dass mein Leben eine neue Richtung nahm, verdanke ich meinem guten Freund Hans, der Sekretär des CVJM (*Christlicher Verein Junger Menschen*) war. Er lud mich ein, ihm bei seiner Arbeit mit verschiedenen Flüchtlingsgruppen in und rund um München behilflich zu sein. Wie es nur ein selbstloser und wahrer Freund machen würde, teilte er anfangs nicht nur seine Arbeit, sondern auch sein Gehalt mit mir. Hans widmete sein Leben den Flüchtlingen, zunächst während der Nachkriegsjahre in Deutschland und später als Pfarrer in den Vereinigten Staaten. Unsere Freundschaft hat bis zum heutigen Tage gehalten. Vor einigen Jahren besuchten er und seine charmante Frau meinen

Mann und mich in Neuseeland und im Jahre 2000 verbrachte ich sonnige Tage bei ihnen in Kalifornien. Eine meiner ersten Aufgaben bei der Flüchtlingsarbeit war es, die Kinderbetreuung in einem Sommerlager in Prien am Chiemsee zu übernehmen. Wir wohnten in einem alten Hotel direkt am Ufer, wo wir Gruppen von 80 bis 100 Kindern für jeweils drei Wochen betreuten. Die Kinder waren zwischen acht und sechzehn Jahre alt, waren verschiedener Nationalität und kamen aus unterschiedlichen sozialen Verhältnissen. Sie hatten nur zwei Dinge gemeinsam: Alle hatten Schreckliches erlebt und überlebt und wussten selten, wo ihre Eltern waren oder ob sie überhaupt noch Angehörige hatten. Viele kannten ihren Nachnamen nicht. Das Rote Kreuz hatte sie »von der Straße aufgelesen«, aus dem Unterschlupf eines Trümmergrundstücks oder aus Barackenlagern herausgeholt oder sie hatten die Kinder bei US-Armee-Einheiten gefunden, denen sie sich als *Maskottchen* angeschlossen hatten. Einige hatten sich in Jugendbanden zusammen geschlossen, während andere *patriotische* Gruppen gebildet hatten. Manche waren hyperaktiv und aggressiv, andere dagegen verschlossen und passiv und reagierten kaum auf ihre Umwelt. Alle waren traumatisiert und litten unter Angstzuständen.

Meine erste Gruppe von zwölf Kindern und ich schliefen auf Campingliegen in einer geräumigen Dachkammer des Hotels. In der dritten Nacht, als ein Gewitter ausbrach, kamen wir uns näher. Nachdem es etwas gedauert hatte, alle Kinder in ihre Wolldecken zu packen, war ich selbst gerade am Einnicken, als grollender Donner und grelle Blitze die Kinder in Angst und Panik versetzten. Es erinnerte sie an die Bomben und Geschützfeuer und sie schrien, schluchzten, rannten umher und mussten beruhigt und getröstet werden. Schließlich landeten wir alle dreizehn in, unter, auf und neben meiner

Mit meinem guten Freund Hans.

Liege, umklammerten uns und zogen die Decken über unsere Köpfe, so dass wir uns vor den Blitzen sicher fühlten.

Die Kinder wurden im Sommerlager ausreichend versorgt. Es gab gutes gesundes Essen in großen Mengen, mehr als sie tatsächlich vertilgen konnten. In meiner Gruppe gab es einen kleinen 9-jährigen Jungen, der immer nach allem griff, was auf dem Tisch liegen blieb. Alles verschwand unter seinem Hemd. Er schaffte es nie, seine Beute aufzuessen, folglich versteckte er die Speisereste an geheimen Plätzen, in dunklen Ecken des Hotels oder draußen unter Sträuchern und Büschen. Der arme kleine Kerl hatte so oft hungern müssen, dass er sich seiner nächsten Mahlzeit sicher sein wollte. Ein anderer kleiner Junge trug stets ein gefährlich aussehendes Messer im Gürtel. Er wollte es für nichts auf der Welt abschnallen, doch zum Glück griff er niemanden damit an.

Irgendwie überwanden wir nach und nach die Sprachbarrieren, oft durch Mimik und Gestik. Aber als sich eines meiner Kinder, ein zierliches tschechisches Mädchen, laut schluchzend in meine Arme warf, konnte ich nicht verstehen, was ihr zugestoßen war, bis sie schrie: »Bzz mi au!« Eine Wespe hatte sie gestochen. Sie war eines der glücklichen Kinder, das sich an seinen Nachnamen erinnern konnte, und der Vater des Mädchens, ein Rechtsanwalt aus Prag, spürte sie mit Hilfe des Roten Kreuzes auf. Die Freude war groß, als ihre Eltern im Sommerlager auftauchten, um die Kleine abzuholen.

Für die Kinder gab es immer etwas zu tun. So planschten und schwammen sie hin und wieder im See, immer zu zweit. Sie mussten ihrem Partner die Hand geben und ihre Arme hochhalten, wenn wir mit der Trillerpfeife pfiffen. Das funktionierte gut, niemand geriet in Schwierigkeiten. Außerdem bastelten und sangen wir, lernten Volkslieder und Tänze und machten Geländespiele. Eines ihrer Lieblingsspiele war *Überfall*, eine Art Cowboy- und Indianerspiel. Ein Fort sollte verteidigt oder erobert werden. Man musste sich durch den Wald und durch die Verteidigungslinien schleichen. Jedes Kind hatte eine Seele, einen roten oder blauen Wollfaden, ums Handgelenk gebunden. Wenn ein Gegner den Faden abriss, musste das Kind als *Verlust* aus dem Spiel ausscheiden. Abends spielten wir in den bewaldeten Hügeln *Überfall*. Dabei gab es immer viel Geschrei und Balgerei und wir Betreuer waren vollauf damit beschäftigt, diese harmlosen Schlägereien nicht in Gewalt ausarten zu lassen.

Eines Abends stellten wir beim Durchzählen unserer Cowboys und Indianer fest, dass »mein« ungarisches Kind, ein 15-jähriges Mädchen, und »das Kind« unseres estnischen Sportlehrers, ein 16-jähriger jugoslawischer Junge, nicht ins Hotel zurückgekehrt waren. Wir eilten beide schnurstracks den Hügel hinauf, suchten mit unseren Taschenlampen das Gelände ab und riefen laut die Namen der Kinder. Der Sportlehrer ging nach rechts, ich nach links. Als wir uns wieder auf dem Hügel trafen, war ich der Verzweiflung nahe. Mein Kollege hielt mich am Ellenbogen fest und sagte: »Ich habe die beiden gesehen. Sie sind keine Kinder mehr. Lass sie. Sie werden schon von selbst heimkommen.« Das machten sie auch, Hand in Hand, mit verträumten Augen. Ich war froh, den Rat befolgt zu haben. *Mein* ungarisches Mädchen starb mit siebzehn Jahren an Lungenkrebs.

Ich wurde Sekretärin für die internationale Studenten-Organisation des CVJM, was meine finanzielle Situation verbesserte, da ich nun ein bescheidenes Gehalt erhielt. Der CVJM hatte eine Mensa für etwa zweihundert Studenten eingerichtet. Dort wurden gute Mahlzeiten zu angemessenen Preisen angeboten, und da die Studenten unter harten Bedingungen und von geringen Mitteln lebten, wurde die Mensa zum Mittelpunkt für ihr leibliches Wohlergehen und auch der Ort, wo man miteinander sprechen, Ideen austauschen und Freundschaften schließen konnte.

Die Studenten, die dem Internationalen CVJM angehörten, waren an den verschiedenen Fakultäten eingeschrieben. Es waren Zwangsvertriebene jeder Nationalität aus Zentral- und Osteuropa und alle waren sie bestrebt, die notwendigen Qualifikationen zu erlangen, um sich ein neues Leben aufzubauen. Die meisten von ihnen hatten vor, in die *neue Welt* in die USA, nach Kanada und Australien zu emigrieren, einige gingen nach Israel. Nicht ein einziger wollte in das Land zurück, aus dem er oder sie geflohen war. Trotz unserer unterschiedlichen nationalen und politischen Hintergründe wuchsen wir bald als eine Gruppe zusammen, deren Mitglieder sich gegenseitig unterstützten. Wir hatten viel Spaß miteinander und führten oft lebhafte Diskussionen über politische und ethische Themen. Zahlreiche Freundschaften, die damals entstanden, haben sich über Jahrzehnte hinweg bewährt und meine lieben *alten* Münchner Freunde, die nun weltweit verstreut leben, sind mir immer noch sehr nah. Ein ganz besonderer Mensch, den ich im CVJM kennen lernte, wurde schließlich mein Mann.

Die Mensa befand sich im Untergeschoss eines ausgebombten Gebäudes in der Kaulbachstraße. Wir strichen die Wände und malten einen Kreis an die Decke, der all die Fahnen all jener Nationalitäten enthielt, die in unserer Studentengruppe vertreten waren. Lange Holztische, lange Holzbänke und ein schwarzes Brett waren die gesamte Einrichtung. Aus der Küche, die sich hinter einer Schiebetür am Ende der Mensa befand, wurden die Mahlzeiten auf Metalltabletts serviert, welche die US-Armee gestiftet hatte. Wir stellten einige Köche ein, die wir aus den umliegenden Zwangsvertriebenen-Lagern rekrutierten. Sie kochten hervorragende Gerichte, gewöhnlich scharf gewürzt und charakteristisch für ihr jeweiliges Heimat-

Der Eingang zur Studenten-Mensa und mit Freunden in München.

land. Leider blieben unsere Köche nie lange bei uns. Die Guten fanden eine besser bezahlte Anstellung in »richtigen« Hotels und Restaurants. Die Unehrlichen klauten und mussten entlassen werden. Einige besaßen jenes aufbrausende Wesen, das kreativen Köchen öfters nachgesagt wird. Wir mussten zwei ausgezeichnete Köche entlassen, die sich während einer hitzigen Auseinandersetzung über die Esstische jagten, einer schwang ein Hackbeil, der andere ein langes Tranchiermesser.

Ich zog aus meinem Kellerzimmer in eine Wohnung nach Schwabing um, nicht weit von der Universität und der Mensa. Dieser Schritt verbesserte meine Lebensqualität deutlich! Nun bewohnte ich ein geräumiges Zimmer im zweiten Stock eines großen Mietshauses mit einem großen Fenster, aus dem ich auf eine Rasenfläche blickte, die den grandiosen Namen »Kaiserplatz« hatte. Obwohl das Zimmer möbliert war und einen Teppichboden hatte, konnte ich mit dem übrigen Mobiliar nichts anfangen, denn es bestand aus einem Flügel und einem Stapel mit vier dicken ledergebundenen Bibelbänden. Zweifellos waren dies antike Schätze, die mir allerdings von wenig Nutzen waren.

Die Wohnung hatte eine richtige Toilette, ein Badezimmer, wo man heiß baden konnte, wenn man den Gasofen mit genügend Zehnpfennigstücken fütterte, bis endlich fast kochendes Wasser herausspritzte, eine Küche mit ein paar Regalen und einem Gasherd, der ebenfalls Zehnpfennigstücke schluckte.

Es gab sechs vermietete Zimmer. Das zu meiner Rechten wurde von einer jungen Architektin und ihrem Mann bewohnt. Zu meiner Linken wohnte unsere Wirtin. Sie war um die vierzig, alleinstehend, sehr fromm und naschte leidenschaftlich gerne Süßigkeiten. Sie kassierte unsere Miete ein. Als die Elektrizitätswerke unsere Strom- und Gaszufuhr sperrten, stellten wir Untermieter bestürzt fest, dass die Wirtin das gesamte Mietgeld in ihrem Lieblingscafé, das sie täglich besuchte, verschlemmt hatte. Gegenüber wohnten zwei Schneider als glückliches homosexuelles Liebespaar – bis zum Morgen meiner Hochzeit, als sie einen furchtbaren Streit hatten. Alarmiert durch ein zunehmend lauter werdendes Schluchzen und Schreien, welches in: »Bring´ mich nicht um!« gipfelte, sprintete mein tapferer Ehemann in spe hinüber, stieß die Tür auf und entriss dem rachsüchtigen Schneider das lange Messer, mit dem er gerade auf seinen untreuen Partner losging.

Zwei weitere Zimmer lagen im Korridor, der zur Küche führte. Das eine wurde von einer alten Dame bewohnt, die einen penetranten Geruch verströmte und sich mit einem weißen Gehstock umhertastete. Sie sagte, sie wäre blind. Wir bemitleideten sie und bemerkten nicht, dass sie von den Lebensmitteln stahl, die man für einige Minuten unbeaufsichtigt in der Küche liegen ließ. Eines Tages überraschte ich sie dabei, wie sie einige Kaffeebohnen vom Fußboden auflas. Ihr Sehvermögen musste sich bei dieser Gelegenheit dramatisch verbessert haben.

Im anderen Zimmer lebte ein sehr schüchterner und zurückgezogener Herr. Die wenigen Male, die ich ihn zu Gesicht bekam, wenn er in oder aus der Küche oder dem Badezimmer huschte, sah ich eine rundliche Gestalt mit langem lockigem Haar und ängstliche Augen hinter dicken Brillengläsern. Er schien aus der Fassung zu geraten, wenn er auf die anderen Untermieter traf. Er raste stets in sein Zimmer zurück und verriegelte die Tür hinter sich. Er sei ein Schriftsteller, meinte unsere Wirtin. Vermutlich schrieb er Krimis und fühlte sich von seinen eigenen Fantasiegeschöpfen verfolgt.

Meine Münchner Freundin Erika und meine beste Freundin Inge.

Kapitel 24

Die Kalmücken

Meine Arbeit im CVJM führte mich oft in die Lager der Zwangsvertriebenen am Stadtrand von München. In einer ehemaligen Kaserne waren die Kalmücken, ein westmongolisches Volk, untergebracht. Es waren nur noch dreihundert von ihnen und kein Land wollte diese übrig gebliebene Minderheit eines verlorenen Nomadenstamms bei sich aufnehmen. Seit Menschengedenken waren sie durch die Steppen Asiens gezogen, stolz und unabhängig, nur von den wechselnden Jahreszeiten sowie vom verfügbaren Weideland für ihre Herden von Karakulschafen, Ziegen und Pferden *beherrscht*.

Ach ja, ihre Pferde! Klein, zäh, mit robusten Hufen und langen wehenden Mähnen und Schweifen. Sie waren ausdauernd und schnell wie der Wind. Die Kalmücken ließen sie wild grasen, dennoch waren die Stuten zahm genug sich melken zu lassen und die Hengste trugen behutsam die Kleinkinder auf ihren Rücken oder zogen die Schlitten, wenn es Zeit war, die Jurten abzubauen und nach frischem Gras zu suchen. Zu behaupten, die Kalmücken hätten ihre Pferde lieb, wäre eine glatte Untertreibung. Ihre Augen strahlten, wenn sie von ihren Pferden sprachen. Sie waren ein wesentlicher Bestandteil ihres Lebens und ihrer Geschichte gewesen. Ein Kalmücke und sein Pferd waren eins. Sie atmeten, dachten und bewegten sich als vollkommene Einheit. Schließlich waren sie die *Golde Horde* von Dschingis Khan gewesen! Ruhmreiche und siegreiche Reiter, die auf ihrem Weg in das Herz Europas nicht aufzuhalten waren. Damals kamen sie als Eroberer und nun waren sie wieder hier. Diesmal aber waren sie eingepfercht und lebten, nein existierten, in Baracken und waren ihrer Pferde, ihrer Herdentiere, ihrer Daseinsberechtigung beraubt.

Nun waren sie Zwangsvertriebene in einem Land, das mehr als genug eigene Flüchtlinge zu versorgen hatte und deshalb nicht in der Lage war, auch noch einen verlorenen Nomadenstamm willkommen zu heißen und zu versorgen, auch wenn die Kalmücken an der Seite deutscher Truppen gegen die Sowjets gekämpft hatten. Am Schwarzen Meer hatten sie damals die deutschen Soldaten als Freunde begrüßt und wurden deren Verbündete im Kampf gegen die verhassten sowjetischen Unterdrücker, die sie ihrer Freiheit und Rechte beraubt und ihnen ihre traditionellen Gebräuche verboten hatten.

Als die deutsche Armee nach Westen abzog, folgten die Kalmücken mit ihren Familien, Schafen, Ziegen und natürlich den Pferden. Sämtliche Tiere, viele Kinder und die meisten ihrer alten Leute waren auf dem langen Marsch umgekommen. Nur noch ein bemitleidenswerter Rest des Stammes schleppte sich mit wenigen Kindern und zerfetzten Bündeln auf dem Rücken über die Grenze. Nun waren sie *sicher* in den Holzbaracken einer alten Kaserne untergebracht. Sie waren auch ein Problem für die Internationale Flüchtlingsorganisation (IRO), die für sie sorgen musste. Als Einwanderer waren sie nicht geeignet und sie wollten auch nicht in ihre Heimat zurückkehren, denn es gab keinen Ort mehr, den sie *Heimat* nennen durften. Hätte man sie gewaltsam an die Sowjetunion ausgeliefert, wären ihnen das Konzentrationslager und der Tod sicher gewesen. Man konnte sie mit Lebensmitteln und Kleidung versorgen und sie sich selbst überlassen und hoffen, irgendeine Art von *göttlicher Vorsehung* würde früher oder später eine Lösung herbeiführen. Sie gehörten dem tibetischen Buddhismus an. Sie seien in spirituellem Kontakt mit dem Dalai Lama, sagten sie. Abends saßen sie im Kreis auf dem Boden einer schwach beleuchteten Baracke, drehten ihre Gebetsräder und stimmten ihre Gesänge an. Sie schienen mit großer Geduld auf seine Hilfe oder geistige Erleuchtung zu warten, aber der Dalai Lama war weit weg.

»Es hat Unruhe im Lager der Kalmücken gegeben. Möchtest du mitkommen und nachsehen, was dort los ist?«, fragte mich der Beamte der Internationalen Flüchtlingsorganisation. Die Kalmücken faszinierten mich und selbstverständlich fuhr ich mit. Als wir ankamen, war alles friedlich, niemand war getötet worden und sie hatten ihre eigene Lösung des Problems gefunden. Es hatte damit begonnen, dass sich ein Streit entfacht hatte, nachdem durch einen jungen Mann die Ehre einer jungen Frau verletzt worden war und ihre Familie sich rächen wollte. Dem Brauch entsprechend entschied der Ältestenrat, dass es eine Strafe geben müsste. Zwei dicke Holzpflöcke wurden in den harten Erdboden des ehemaligen Übungsplatzes gerammt und es wurden zwei Lederriemen daran befestigt, ein kurzer und ein langer. Der kürzere wurde um den Knöchel des Übeltäters gebunden, der längere um den Knöchel des Rächers. Beide Männer hatten ihre Oberkörper entblößt und bewaffneten sich mit langen geflochtenen Viehpeitschen, die sie mit tödlicher Genauigkeit einsetzen konnten. Der ganze Stamm bildete einen Kreis um die beiden und wartete schweigend auf die erhobene Hand, die das Signal der gekränkten Familie war, um das Duell zu beenden. Es musste Gerechtigkeit walten. Hätten sie den Tod des Schuldigen als verdient angesehen, wäre die Hand nicht erhoben worden. War dies barbarisch? Vielleicht. Es kommt darauf an, wie man die Sache betrachtet.

Sich mit der Peitsche zu duellieren, wurde als ehrenhafte Kampfform betrachtet. Auch wenn der Schuldige benachteiligt war, bekam er doch eine Chance sich zu verteidigen und alle wurden Zeuge der *strafenden Gerechtigkeit*. Als wir ankamen, standen alle dicht beieinander auf dem Übungsplatz und schwiegen. Sogar die wenigen Kinder gaben keinen Laut von sich. Sie beantworteten die Fragen des Dolmetschers gelassen und würdevoll. Nein, es gab keinerlei Schwierigkeiten. Der Streit war geschlichtet worden. Nein, es hatte kein Mord stattgefunden. Es war nicht notwendig, irgendeiner Sache nachzugehen.

Für die Kalmücken musste etwas getan werden. Irgendwie musste man sie in die Gesellschaft integrieren, ihnen Englisch und Deutsch beibringen und sie befähigen, irgendwann einmal einen Beruf auszuüben. Der CVJM bot ein entsprechendes Unterrichtsprogramm an und einer der ersten Schritte war, junge Kalmücken aus den Baracken zu einem 10-tägigen Sommerlager am Ufer des Murnausees zu bringen, um sie mit Jugendlichen anderer Nationalitäten bekannt zu machen. Über achtzig Mädchen und Jungen, Tschechen, Polen, Jugoslawen, Ungarn, Ukrainer, Russen, alle zwischen vierzehn und zwanzig Jahre alt, trafen sich dort mit sechzehn Jungen und vier Mädchen der Kalmücken. Anfangs noch schüchtern, nahmen sie schon bald an allen Aktivitäten im Lager teil und traten dabei stets als eine Gruppe auf. Die Mädchen trugen lange Pluderhosen und sie tauchten ihre Zehen ins flache Wasser, kicherten und beobachteten die anderen beim Herumtoben und Schwimmen. Aber sie selbst wollten nicht ins Wasser gehen.

Die Jungen behaupteten sich im Sport und waren sehr gute Bogenschützen und Tänzer. Als wir abends ein großes Lagerfeuer entfachten, führte jede nationale Gruppe ihre Tänze und Lieder vor: feurig oder traurig, aber mit viel Gefühl erzählten sie von ihrer Identität, ihrem Stolz und ihrem Heimweh. Auch wenn jede Vorführung einzigartig war, so war vieles doch vorhersehbar – außer bei dem Stück der Kalmücken. Ihre Vorführung schien keine Geschichte zu erzählen, es brach ein Sturm los: Die Jungen rasten herum, über und durch das Lagerfeuer, wirbelten, sprangen, schrien und tanzten zum Rhythmus immer schneller werdender Trommelschläge. Sie waren keine Jungen mehr, sondern Krieger der *Goldenen Horde*.

Den Zuschauern lief ein Schauer über den Rücken, sie waren hingerissen und zugleich froh, dass die Schwerter der Kalmücken nur Stöcke waren. Später, als das Lagerfeuer gelöscht war und alle wieder in ihren Zelten lagen, war ich doch froh, dass es verboten war, irgendeine Waffe mit ins Lager zu bringen. Die Kalmücken hatten mir nämlich anvertraut, dass das Einzige, was sie an diesem ansonsten gelungenen Abend vermisst hätten, die Gelegenheit gewesen war, jemanden ins Feuer zu werfen – am liebsten einen Russen.

Am Tag der Vereinten Nationen, am 24. Oktober 1949, veranstaltete der CVJM eine besondere Aufführung. In und um München lebtende Zwangsvertriebene aus siebzehn Nationen wurden eingeladen im Amerika-Haus bei einer Feier aufzutreten. Diese Veranstaltung war von hohem Prestigecharakter, denn alle, die Rang und Namen hatten, wurden eingeladen. Unter den Gästen befanden sich der Münchener Oberbürgermeister sowie der amerikanische Herausgeber der *Neuen Zeitung*, der ersten demokratischen und unparteiischen bayerischen Nachkriegszeitung.

Wieder stahlen die Kalmücken den anderen die Schau, doch diesmal waren es die Frauen, die das Publikum begeisterten. Nach der Reihe schwebten sie in bodenlangen Gewändern von leuchtenden Farben auf die Bühne: Rot, Gelb, Orange und Grün. Graziös verschlangen sie ihre Arme, wobei die weiten Ärmel wie Schmetterlingsflügel flatterten. Manchmal schnell, dann wieder langsam, so *webten* sie komplizierte Bewegungsmuster zum Rhythmus der leisen Trommeln. Ihre schillernden Körper, gekrönt von ernsthaften Gesichtern mit Augen, die zu schmalen Schlitzen geschlossen waren, gehörten einem Reich an, welches dem Publikum unzugänglich war. Die Tänzerinnen schienen sich wie hinter einer Glaswand zu bewegen. Sie blieben gelassen und unnahbar, sogar als ihnen das Publikum stehend applaudierte.

»Iss mit uns«, hatten sie gesagt, als ich sie eines Tages in ihren Baracken besuchte. Ich fühlte mich durch diese Einladung sehr geehrt. Es gab weder Tische noch Stühle, also saßen wir alle auf den Campingliegen. Schüsseln wurden mit sehr scharfem heißem Eintopf gefüllt und anschließend herumgereicht. Während des Essens verbeugten sie sich oft und schlürften und rülpsten, wie es ihre Etikette verlangte und was zeigen sollte, dass das Essen gut schmeckte und geschätzt wurde. Mein Mund brannte, als ich die Kohlsuppe mit schwarzen Bohnen, Chilipfefferschoten und Fleischstücken aß. Ich schlürfte und rülpste wie die Besten unter ihnen. »Ist gut?« »Ist sehr gut!« Wir waren Freunde. Später sagten sie mir, ich hätte Hundefleisch gegessen.

Was wurde aus den Kalmücken? Einige der jungen Männer fanden Arbeit beim Münchener Zirkus Krone. Sie traten in einer Nummer auf, die ›Indianerüberfall‹ hieß. Sie ritten ohne Sattel und mit Kriegsbemalung, Federschmuck und viel Geschrei in der Manege herum, knallten lange Peitschen und warfen Messer. Es machte mich traurig, dies zu sehen, aber sie schienen mit ihrer Arbeit zufrieden zu sein. Eine Gruppe von etwa sechzig Leuten emigrierte nach Texas und arbeitete auf einer Ranch, wo sie eine frei herumlaufende Herde Angora-Ziegen hüteten. Einer der jungen Männer studierte in Deutschland und wurde Ingenieur, doch über das Schicksal der anderen weiß ich nichts. Für mich war die Zeit gekommen, sie zu verlassen und an das Ende der Welt zu reisen.

Kapitel 25

Nick

Nick, Nikolaj Nikolajvich Tiscenko, mein russischer Ehemann, arbeitete als Verwaltungsbeamter für die IRO (*International Refugee Organisation*) in einem Büro am Stadtrand Münchens in der Nähe des Flüchtlingslagers Schleißheim, wo er mit seinen Eltern wohnte.

Wie sie dorthin kamen, ist eine lange Geschichte, die allein ein Buch füllen würde. Kurz gesagt: Die Familie hatte dem russischen Landadel angehört und besaß Ländereien in der östlichen Ukraine, in der Nähe von Donetsk, wo sie seit Generationen auf ihrem Gut lebte und Landwirtschaft betrieb. Dem Zaren treu ergeben, hatte Nicks Vater, Nikolaj Jaklevich, als Offizier im Ersten Weltkrieg gedient und später während der Revolution in der weißrussischen Armee als Patriot und leidenschaftlicher Anti-Bolschewik gegen *die Roten* gekämpft. Um der Gefangenschaft und dem sicheren Tod zu entgehen, flüchtete er 1918 in die Türkei, wo er und viele seiner Offizierskameraden interniert wurden. Als Frankreich den Weißrussen Asyl anbot, wurden sie quer durch die Balkanländer und die Tschechoslowakei nach Frankreich transportiert. Unterwegs stieg Nikolaj Jaklevich aus dem Zug, denn er wollte lieber in einem slawischen Land leben, das seinem geliebten Russland ähnelte. Er ging nach Prag, studierte dort und wurde Landvermesser. Seine Frau, Jekaterina Wassilevna und ihr kleiner Sohn Nick hatten in der Zwischenzeit angsterfüllte Hungerjahre in der Ukraine durchlitten, bis ihr Ehemann sie 1924 endlich von den Sowjets freikaufen konnte. Nick war sechs Jahre alt, als er seinen Vater zum ersten Mal sah. Die Familie ließ sich in Munkachevo nieder, einer Kleinstadt nahe der ungarischen Grenze. Um ihren einzigen Sohn in der Tradition des Heiligen Russlands zu erziehen, wurde Nick mit acht Jahren in ein russisches Internat geschickt, das sich tausend Kilometer weit entfernt in Mährisch-Türbau befand. Die ehemaligen Generäle und Professoren, die dort lehrten, leisteten ganze Arbeit: Bis auf den heutigen Tag, 75 Jahre später, hält Nick noch immer an den Vorstellungen fest, die ihm vor so langer Zeit eingeimpft wurden. Bis 1945 lebte die Familie in der Tschechoslowakei, bis sie erneut vor den Sowjets fliehen musste, diesmal nach Deutschland.

Es war im Herbst 1949, als Nick eines Tages in mein Büro kam, um eine Bücherspende der IRO an die Studentengruppe abzuliefern. Später behauptete er, er hätte im selben Augenblick, als er mich sah, gewusst: »Das ist das Mädchen, das ich heiraten werde.« Bei mir war es nicht wirklich Liebe auf den ersten Blick, doch ich fand ihn charmant, gutaussehend und liebenswürdig. Nachdem Nick der Studentengruppe beigetreten war, trafen wir uns beinahe täglich, und aus der Freundschaft entwickelte sich eine Liebesgeschichte, die nun mehr als 54 Jahre andauert.

Wir verlobten uns 1950 am Ostersonntag, in Meersburg am Bodensee, wo wir mit etwa zwanzig Studentenfreunden an einer Konferenz teilnahmen. Auf einem Spaziergang durch Meersburg entdeckten wir in einem kleinen Juweliergeschäft einen schlichten Ring, der uns als Verlobungsring sehr geeignet schien. Der Juwelier hatte nur noch diesen einen Ring und als er sah, wie enttäuscht wir waren, versprach er, noch am selben Tag einen zweiten anzufertigen. Er hielt sein Wort und wir feierten unsere Verlobung im Kreise unserer Freunde am Frühstückstisch des Konferenzzentrums. Anschließend fuhren Nick und ich nach Kreuth, wo er in aller Form bei meiner Mutter um meine Hand anhielt. Sie hatte Nick natürlich schon vorher kennen gelernt und mochte ihn auch. Aber sie hatte nicht gedacht, dass es uns mit der Beziehung so ernst war, dass wir heiraten wollten. Ehrlich gesagt, hatte ich auch nicht ans Heiraten gedacht – es ging alles so schnell. Ich segelte in den Hafen der Ehe, ohne wirklich über die Konsequenzen nachzudenken.

Jedenfalls stimmte meine Mutter zu und so heirateten wir am 11. Juni 1950. Ich war zwanzig, Nick elf Jahre älter. Einige

Freunde meiner Mutter waren schockiert, und meine liebe alte Tante Agathe nahm mich beiseite und flüsterte: »Musst du das wirklich tun? Warum denn ausgerechnet einen Russen?« Ich antwortete, dass ich es nicht tun *musste*, sondern dass ich meinen Nick aus freiem Willen heiraten wollte. Sie war großzügig genug, uns drei ihrer kostbaren Suppenlöffel als Hochzeitsgeschenk zu überreichen. Sie hatte auch große Bedenken, als wir im darauf folgenden Jahr nach Neuseeland emigrierten. »Das ist da so gefährlich mit all diesen Kannibalen, die da herumlaufen«, jammerte sie. Etliche Jahr später, bei meinem ersten Deutschland-Besuch, saßen wir während des Abendessens zusammen und sie stellte freudig überrascht fest, dass meine Tischmanieren trotz der Auswanderung noch immer recht annehmbar waren. Sie nickte mir anerkennend zu: »Ich bin ja so froh, dass du nicht vergessen hast, wie man mit Messer und Gabel isst.« Daraufhin erwiderte ich, dass wir in Neuseeland auch manchmal den Tisch deckten, obwohl wir gewöhnlich mit befreundeten Kannibalen im Urwald am Lagerfeuer hockten und das Fleisch mit bloßen Fingern und Zähnen von den Knochen rissen. Meine arme Tante wusste nicht so recht, was sie von dieser Antwort halten sollte.

Wir heirateten zweimal. Die erste Hochzeitszeremonie fand auf dem Standesamt statt, so wie es das deutsche Gesetz verlangt. Die bürokratischen Formalitäten dauerten nur zehn Minuten und danach hielten wir unsere Heiratsurkunde in der Hand. Die zweite Hochzeitszeremonie dauerte fast zwei Stunden. Sie fand in der russisch-orthodoxen Kirche statt und wurde eine bedeutungsvolle und denkwürdige Feier mit viel Gefühl, Gesang und Weihrauch. Sechs unserer Freunde wechselten sich darin ab, zwei goldene Kronen über

Unsere Hochzeit in der russisch-orthodoxen Kirche in München.

unsere Köpfe zu halten, während wir unser Eheversprechen auf Russisch und Deutsch sprachen. Bevor der orthodoxe Pfarrer, unser guter Freund Vater Benningson, uns Eheringe auf die Ringfinger der rechten Hand steckte, mussten wir auf eine weiße Matte treten. Der Brauch verlangte es, dass der Bräutigam zuerst auf die Matte tritt, gefolgt von seiner treuen Braut. Dies sollte die Autorität des Ehegatten symbolisieren. Diesem Brauch konnte ich nicht zustimmen. Also schritten wir gemeinsam auf die Matte!

Die kleine Kirche konnte kaum die vielen Hochzeitsgäste fassen und bei der anschließenden Feier in der Mensa ging uns das Essen aus. Meine Mutter krempelte resolut die Ärmel hoch und eilte in die Küche, wo sie Berge von belegten Broten zubereitete, um die wachsende Gästezahl zu versorgen. Es wurde eine sehr fröhliche und ausgelassene Feier, auch wenn es nur ein einziges Glas Sekt für die Gäste gab, die schlau genug waren, rechtzeitig zum Trinkspruch zu erscheinen. Nicks Mutter erschien zwar bei der kirchlichen Trauung, aber sein Vater blieb der Hochzeit fern. Erst Jahre später wurde mir das Ausmaß ihrer Ablehnung mir gegenüber bewusst. Nicks Eltern waren maßlos enttäuscht darüber, dass ihr einziger Sohn eine nicht-russische, nicht-orthodoxe Ehefrau hatte.

Nach einer kurzen Hochzeitsreise, die wir auf Einladung meiner Freundin Inge in Bad Harzburg verbrachten, ließen wir uns für unser Eheglück in meiner Einzimmer-Wohnung nieder und wir beide gingen wieder unserer Arbeit nach. Meine Kochkünste verbesserten sich. Ich konnte jetzt Spaghetti Bolognese und gefüllte Tomaten mit Kartoffelpüree so perfekt zubereiten, dass ich unseren Gästen stets diese beiden Gerichte auftischte. Ein häufiger und sehr gern gesehener Gast war Vater Benningson. Er war eine eindrucksvolle Erscheinung, bärtig, mit schulterlangem welligen Haar und in einen langen schwarzen Talar gekleidet, stieg er würdevoll aus seinem kleinen Auto. Er hatte immer einen kleinen schwarzen Lederkoffer bei sich. Man dachte natürlich, darin befänden sich die Sakramente oder alles für die letzten Ölung, aber weit gefehlt. Unser Frage- und Antwortspiel, welches sich bei jedem seiner Besuche wiederholte, verlief folgendermaßen: »Was denkt ihr, Kinder, hab' ich in dem Köfferchen?« Wir mussten sagen, dass wir keine Ahnung hätten, woraufhin er zu unserer *großen Freude und Überraschung* eine Flasche Cognac oder Wodka hervorholte. »Geistlicher Trost«, wie er sagte.

Der Münchner Freundeskreis bestand aus einem internationalen, interkonfessionellen und interethnischem Gemisch. Es war eine Ansammlung von Menschen, deren verschiedene Schicksale und unterschiedlichen Denkweisen keinen daran hinderte, sich gegenseitig anzuerkennen, zu unterstützen und Freundschaften entstehen zu lassen.

Da war Hans, mein besonderer Freund und Mentor, der die internationale Studentengruppe des CVJM gründete. Da war Don, der junge Baptistenpfarrer aus Amerika, der nach seinem Dienst in München gemeinsam mit seiner Frau Mary im Libanon und in mehreren afrikanischen Ländern Hilfe leistete. Die beiden zogen sich im Alter ins ländliche England zurück. Da war Janos, ein ehemaliger Offizier der rumänischen *Eisernen Garde*. Eines Tages verschwand er hinter dem Eisernen Vorhang und wollte dort »noch eine offene Rechnung beglei-

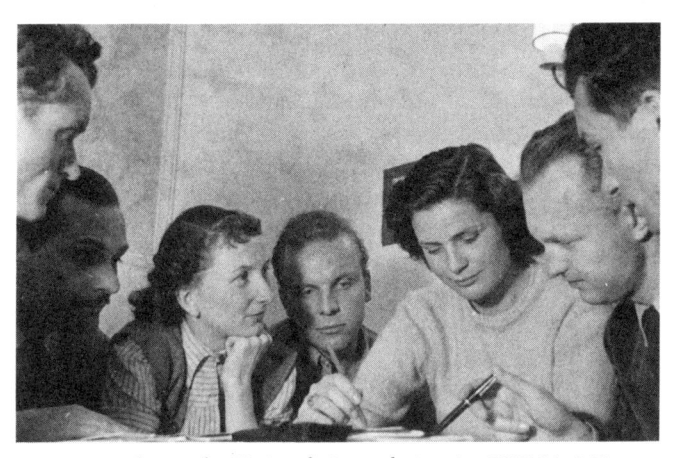

Junge Menschen vieler Nationalitäten arbeiten im CVJM in München. Auf diesem Foto sieht man Mitglieder aus Kanada, Rumänien, England, Russland, Ukraine, Deutschland und Ungarn.

chen.« Da war die Afro-Amerikanerin Ruth, die ein Quäker-Studentenheim leitete. Sie heiratete später einen Professor und ließ sich auf den Jungfrauen-Inseln nieder. Kolja, ein ehemaliger Offizier der Sowjetarmee, der ein erfolgreicher Geschäftsmann und Dozent in den Vereinigten Staaten wurde, ist noch immer ein enger Freund von uns; genauso Ursula, die elegante polnische Studentin, die heute mit ihrem italienischen Ehemann in Florida lebt. Da waren Gugas und Antaram, das armenische Geschwisterpaar, das es schaffte, ihre betagten Eltern mit in die USA zu nehmen.

Da war der unergründliche Poluski, auch ein Pole, der sich traurigerweise erhängte, als ihm sein Leben als Doppelagent unerträglich wurde. Da war Joshka, der ehemalige ungarische Offizier, und Anna, die aristokratische Russin, die eine erfolgreiche Pianistin wurde, und Hermännle, der jüdische Student, der netterweise anbot, meinen linken Unterarm mit einer KZ-Nummer zu tätowieren, um mir die Einwanderung nach Amerika zu ermöglichen. »Es tut kaum weh, und ich sag´, ich hab´ dich da gesehen und du sagst, du hast mich auch da gesehen.« Da war Fred, ein charmanter homosexueller deutscher Student, der zuverlässigste Freund, den ein Mädchen sich nur wünschen konnte. Da war die bulgarische Dantsche, die es in vollen Zügen genoss, ihrer konservativen Familie und deren einengenden islamischen Verhaltenskodex für Frauen, der *Purdah*, entronnen zu sein. Im Laufe einer hitzigen Debatte musste Leonid, ein patriotischer Ukrainer, daran gehindert werden, seinen *links gerichteten* Diskussionsgegner am Kragen zu packen. Da war Herb, ein amerikanischer Journalist, der seinen Pass zerriss und sich zum *Weltbürger* erklärte. Fedor, Professor für russische Literatur an der Münchner Universität, war unser Schirmherr und bemühte sich stets seine Gruppe zu fördern. Mehrere deutsche Journalisten und Mitglieder des Münchener intellektuellen Zirkels, der MRA-Sektion sowie Beamte der IRO (*International Refugee Organisation*) nahmen an unseren Treffen teil. Unsere Diskussionen über aktuelle und historische Themen gingen meist mehr als lebhaft zu.

Kapitel 26

Die Emigration

Nick und ich waren seit einem Jahr verheiratet. Wir arbeiteten und wohnten weiterhin in München, während Nicks Eltern immer noch in Flüchtlingslager Schleißheim lebten. Sie hatten die Absicht in die Vereinigten Staaten auszuwandern, wo Verwandte ihnen für den Anfang Arbeit und Unterkunft besorgen wollten. Und natürlich sollte ihr Sohn mit ihnen gehen. Aber seine Heirat mit mir, einer deutschen Staatsbürgerin, durchkreuzte ihre Pläne. Aufgrund der russischen Einwanderungsquote hätten sie beinahe sofort nach Amerika einwandern können, aber die Quote für deutsche Einwanderer war erfüllt, und das bedeutete eine unbestimmte Wartezeit. Sie wollten raus aus dem Land, das so gefährlich nahe der sowjetischen Bedrohung lag. Heute kann ich ihren Ärger und ihre Frustration über unsere Heirat verstehen, doch damals war mir nicht klar, dass dies ein weiterer Grund für ihre Abneigung mir gegenüber war.

Nick steckte in dem Dilemma, der Liebe zu seinen Eltern und der Liebe zu mir gerecht werden zu müssen. Auch er wollte auswandern. Es sah nicht danach aus, als ob er in naher Zukunft eine Aussicht hatte, in seinem Beruf als Bauingenieur arbeiten zu können. Der Ausbruch des Korea-Krieges und die mögliche Eskalation des Kalten Krieges waren zudem ein Grund mehr für ihn, Europa zu verlassen.

Im Juni 1951 bot sich wie aus heiterem Himmel eine glückliche Lösung an. Im Gespräch mit einem ungarischen Arzt erfuhr Nick von einer australischen und neuseeländischen Gesandtschaft, die in München war, um Einwanderer für ihr jeweiliges Land zu rekrutieren. »Aber für eine Bewerbung ist es schon zu spät«, sagte der Arzt, »die Bewerbungsfrist ist bereits abgelaufen.« Nick sagt, er wäre sich bereits in diesem Moment sicher gewesen, dass es ihm gelingen würde, nach Neuseeland auszuwandern. Noch am selben Tag schaffte er es, ein

Vorstellungsgespräch mit der neuseeländischen Gesandtschaft zu arrangieren. Ich war überrascht, als er in mein Büro raste und aufgeregt und glücklich rief: »Schnell, steig´ in den Jeep. Wir fahren zu einem Bewerbungsgespräch mit der neuseeländischen Gesandtschaft.«

Die Gesandtschaft bestand aus drei offiziell aussehenden Herren, die hinter einem mit Akten beladenen Tisch saßen. Sie musterten uns schweigend und mit strenger Miene. Ich fragte mich, was Neuseeland wohl für ein Land war und wo es genau lag? Irgendwo in weiter Ferne? Im unendlichen pazifischen Ozean? Waren die Neuseeländer ein ernstes Volk, denen es schwer fiel zu lächeln? Ich stellte mir mürrische Missionare vor, die von einem verlangten, sich ihrem Glauben und Maßstäben anzupassen. Bei diesem Gedanken fühlte ich mich unbehaglich. Nick stupste mich eindringlich. Die Herren hatten eine Frage gestellt und warteten auf meine Antwort.

»So, Sie wollen nach Neuseeland auswandern?«, fragte einer von ihnen. »Neuseeland ist ein *Pionierland*. Sind Sie sich dessen bewusst?« Nick und ich nickten. Ich bemühte mich interessiert zu wirken. »Sie müssen sich verpflichten, die ersten zwei Jahre *dort* zu arbeiten und zu wohnen, wo und wie es die neuseeländische Regierung bestimmt. Sie müssen jegliche Arbeit annehmen, ob handwerkliche Arbeit oder Pionierarbeit. Sind Sie dazu bereit?« Im Geiste sah ich mich in einer kleine Hütte im dichten Dschungel leben. Ich machte wohl einen etwas verunsicherten Eindruck, denn die folgende Frage des am strengsten blickenden Gesandten war direkt an mich adressiert: »Sind Sie imstande, Pionierarbeit zu leisten?« »Was, zum Beispiel?«, fragte ich vorsichtig. »Etwa Bäume fällen?« »Ja«, entgegnete er und deutete ein leichtes Lächeln an. »Wenn es kleine Bäume wären, könnte ich es schon tun«, sagte ich und wusste, dies war die richtige Antwort und Nick war mit mir zufrieden. »Na, gut. Ihre Bewerbung wird bearbeitet und Sie werden bald von uns hören.« Wir durften gehen.

»Bald« war in der Tat sehr bald. Wir wurden angenommen und schon vierzehn Tage später waren wir bereits unterwegs. Ich hatte kaum Zeit gehabt, Neuseeland auf dem Atlas ausfindig zu machen. Es sah so klein und so weit weg aus. Neuseeland war eines der wenigen Länder, die ältere Einwanderer als Teil einer Familiengruppe aufnahmen. Folglich wurden Nicks Eltern auch aufgenommen, obwohl die beiden schon in den Sechzigern waren. Nicks Eltern waren ganz und gar nicht erfreut, nun nach Neuseeland anstatt nach Amerika auszuwandern, aber Nick war fest entschlossen. In seinem Herzen wusste er, die richtige Wahl getroffen zu haben, und er behielt Recht.

Meine Mutter war sehr tapfer, als sie erfuhr, dass wir plötzlich so weit in die Ferne auswandern würden. Sie machte alles, was sie mit begrenzten Mitteln und in der kurzen Zeit tun konnte, um uns für dieses abenteuerliche Unternehmen auszustatten. Sie besorgte sogar zwei Tropenhelme. Kein einziges Mal gab sie mir zu verstehen, wie schwer es ihr fiel, ihre Tochter zu verlieren. Ich war so selbstsüchtig mit meinen eigenen Zukunftsplänen beschäftigt und erkannte nicht, welchen großen Kummer ich ihr bereitete. Ich glaube, weder sie noch ich waren uns beim Abschied darüber im Klaren, wie weit fort ich reisen würde – und dass ich dann für immer in der Ferne leben würde. Erst zwölf Jahre später, als ich meine Mutter an ihrem Lebensende wieder sah, gestand sie, dass mein Fortgehen sie wie eine offene Wunde schmerzte – noch immer. Erst dann begriff ich, wie sehr ich versagt hatte, den letzten Wunsch meines Vaters zu erfüllen. Er hatte mich gebeten, immer für meine Mutter zu sorgen, und schon vier Jahre nach seinem Tode reiste ich ans Ende der Welt und ließ meine Mutter zurück. Meiner Verpflichtung nicht nachgekommen zu sein, lastet schwer auf mir und ist das Einzige, das ich bezüglich der Auswanderung nach Neuseeland zutiefst bedauere.

Durch regelmäßigen Briefwechsel blieben wir in liebevollem Kontakt miteinander, doch wir vermissten die besondere Freude einer Umarmung, die unmittelbare Erfahrung, gemeinsam zu lachen oder zu weinen. Meine Mutter musste mit ihren Problemen fertig werden und ich mit den meinen – wir waren so weit voneinander entfernt. Während der ersten Jahre nach meiner Abreise war das Leben nicht einfach für meine Mutter. Dann verbesserte sich ihre finanzielle Lage langsam. Einige Jahre genoss sie es, in der Bergwelt zu wandern, am Dorfleben teilzunehmen, Freundschaften zu pflegen und in Gesellschaft ihrer Hunde zu sein.

Sie war sehr glücklich über die Geburt unseres Sohnes Michael und unserer Tochter Sonja. Liebend gerne hätte sie ihre Enkel kennen gelernt, aber es kam nicht dazu. Als wir endlich genug Geld für ihren Besuch zusammengespart hatten, musste sie sich einer Operation unterziehen, da der Verdacht auf Krebs bestand.

Zunächst schien sie sich gut zu erholen und erneut schmiedeten wir Pläne für ihren Besuch. Aber Anfang März 1963 musste sie umgehend operiert werden, denn man hatte Metastasen entdeckt. Uns erreichte die unerwartete Nachricht, dass sie an Leberkrebs erkrankt war. Dank der Hilfsbereitschaft unserer neuseeländischen Freunde, die sich sofort anboten, für die beiden kleinen Kinder sowie für Nick und unseren Hund zu sorgen, konnte ich sofort zu meiner Mutter fliegen. Sie freute sich sehr, es schien ihr wesentlich besser zu gehen und wir schöpften neue Hoffnung. Ich konnte sechs Wochen bei ihr bleiben, dann musste ich zurückfliegen. Meine Mutter verstarb im Juni.

Als wir 1950 heirateten, ahnte ich einfach nicht, wie einschneidend die Konsequenzen sein würden und dass sich mein Leben für immer verändern würde. Wir liebten uns, wollten eine gemeinsame Zukunft aufbauen. Mir war nie in den Sinn gekommen, dass diese Zukunft bedeutete, alles, was ich kannte und liebte, zurückzulassen, eine Reise ins Ungewisse zu unternehmen und selber eine D.P. (*Displaced Person*) zu werden. Vielleicht war es auch Schicksal, dass unsere Abreise damals so schnell und unwiderruflich vonstatten ging. Ehe ich es mir anders überlegen konnte, war ich bereits ein winziges Teilchen der Menschenmasse von Auswanderern, eine der Vertriebenen, die nach Neuseeland verfrachtet wurde.

Kapitel 27

Nummer 169

Meine Identifikationsnummer für den Transport nach Neuseeland war die 169. Mit dieser Nummer wurde ich unter den anderen D.P.s eingereiht. Nummer 169 wurde auch auf meine wenigen Habseligkeiten gestempelt, die aus einer Metallkiste und einem schäbigen alten Lederkoffer bestanden. Als Nummer 169 wurde ich identifiziert, klassifiziert und transportiert. Helga war zur Nummer 169 geworden und als solche Anhängsel ihres neuen Ehemanns und seiner Eltern, eine bloße Nummer unter weiteren fünfhundert Auswanderern. Obgleich 169 die geographische Lage des Reiseziels kannte, hatte sie nur eine vage Vorstellung von den dortigen Lebensbedingungen. Sie erkannte plötzlich, wie einschneidend die Trennung von ihrer Familie, ihrer Heimat, ihren Wurzeln war, und dass sie aufhörte, eine Person zu sein. Sie wusste, wie sehr sie ihren Nick liebte und dass sie versprochen hatte, dorthin zu gehen, wo auch er hinging, und dass ihr Ehemann davon überzeugt war, dass Neuseeland das richtige Land für ihn und seine Familie wäre.

Von der 10-stündigen Zugfahrt von München nach Neapel erinnerte sich 169 nur an die Überquerung des Brenner-Passes, wo hohe Lärchen graziös ihre Äste bewegten, wie tanzende Ballerinas im Abendwind. Der Zug ratterte durch die Nacht, südwärts nach Bagnoli, das Transitlager bei Neapel. Es war einst eine Kaserne gewesen, wo sich die Truppen des *Duce* auf den Feldzug nach Afrika vorbereitet hatten. Nun war Bagnoli das Transitlager der IRO, von wo aus die Auswanderer nach Australien und Neuseeland eingeschifft wurden.

In Bagnoli stellte sich 169 an lange Schlangen an und wartete, aufgerufen zu werden, Essen zu bekommen, einen Schlafplatz zugewiesen zu bekommen, untersucht, geimpft, abgestempelt und schließlich auf ein Schiff verladen zu werden. Bagnoli hatte weiße glatte Betonwände und graue glatte Betonböden und heiße staubige Plätze zwischen Gebäuden, wo das fahle Sonnenlicht in den Augen und auf der Haut brannte, während man in der Schlange stand. Eine tiefe Benommenheit befiel Nummer 169. Sie wurde passiv und fühlte sich krank. »Das kommt von dem Essen, du bist nicht an dieses Olivenöl gewöhnt. Komm´, du musst essen, sie dürfen nicht denken, dass du nicht reisefähig bist«, sagte ihr Mann. Er konnte nicht verstehen, wie sie sich fühlte. Er sah dem neuen Leben mit seiner jungen Frau in einem fernen Land entgegen und begriff nicht, dass sich eine Tür hinter 169 geschlossen hatte. Sie war eine Nicht-Person, die ins Ungewisse reiste.

Das wunderschöne Neapel: Pastellfarbene Häuser, glitzernd blaues Wasser in der Bucht, Urlauber auf den Promenaden. 169 schwankte auf der Ladefläche eines offenen Lastwagens hin und her, eingekeilt zwischen den anderen Nummern. Von zwei bewaffneten Carabinieri bewacht, fuhren sie hinunter zum Hafen. Unter den Blicken der Passanten kam sie sich wie eine Schwerverbrecherin vor. Sie wurde ausgeladen und die Gangway hoch auf die SS *Goya* befördert, die im Hafen angelegt hatte.

Die *Goya* fuhr unter norwegischer Flagge und war von der IRO gechartert worden, um Immigranten nach Australien und Neuseeland zu transportieren. Das Schiff hatte eine bewegte Geschichte hinter sich. Zuerst war es ein Bananenschiff, später dann hatte die *Goya* als Versorgungsschiff für die U-Boote gedient. Da sie ursprünglich ein Frachter war, mussten die riesigen Laderäume umgebaut werden, und sie enthielten jetzt dreistöckige Kojen, jeweils in Sechser-Blöcken, mehrere Waschräume und Toiletten, einen Speiseraum für etwa 150 Menschen, eine Krankenstation mit zwei kleinen Kabinen und ein Gefängnis. Die Klimaanlage war uralt und eher auf Bananen- als Menschenfracht ausgerichtet. Das Kühlsystem versagte im Suezkanal und funktionierte erst wieder, als wir die Tasman-See erreichten, wo es so kalt war, dass es nicht mehr benötigt wurde.

Auf ihrer zweiten Neuseeland-Fahrt, im Juli/August 1951,

transportierte die *Goya* 560 Immigranten, darunter auch Nummer 169, die in einem dunklen Laderaum untergebracht war. Der Laderaum befand sich unterhalb des Wasserspiegels und es gab daher keine Bullaugen. Im Laderaum waren 48 Kojen, 47 davon wurden von griechisch und italienisch sprechenden Frauen belegt; Koje 48, jene oben rechts im mittleren Block, wurde von Nummer 169 belegt.

Das Mittelmeer war rau und stürmisch und wir waren keine kühnen Seefahrer. Obgleich wir uns bemühten, einander zu helfen, den Kopf der Seekranken über den Eimer hielten, Tränen und Schlimmeres trockneten und aufwischten, wurde die Situation im Laderaum unerträglich für 169, und sie taumelte nach oben an Deck und lehnte sich gegen die Reling. Dort übergab sie sich – gegen den Wind. Dieser Fehler führte zu einer Situation, die sie nie vergessen wird, und leiete den Wendepunkt ein. Zornig über sich selbst, war sie nun entschlossen ihr Leben zu meistern, egal was das Schicksal für sie vorgesehen hatte. In diesem Moment wurde Nummer 169 wieder zu einer Person.

Ich wurde nie wieder seekrank. Selbst dann nicht, als wir bei großer Hitze durch den Suezkanal tuckerten und die Hauptmahlzeit aus einem Stück gekochter Leber, umringt von rote Beetescheiben und einem grauen Matsch aus angerührtem Kartoffelpüree, bestand. Sogar dann nicht, als der heulende Wind im Pazifik die Wellen so hoch peitschte, dass fliegende Fische auf dem Deck landeten.

Die Schiffsreise nach Neuseeland dauerte fünfeinhalb Wochen. Achtzehn endlose Tage lang sahen wir nur Wasser und Himmel, manchmal Möwen und nur einmal ein anderes Schiff draußen am Horizont. Auf der Fahrt durch den Golf von Aden und den Indischen Ozean kampierten mein Mann und ich an Deck. Wir hatten unsere Matratzen an einen geschützten Platz beim Schornstein geschleppt und hockten dort zusammen mit einem anderen jungen Paar, Inge aus Hamburg und Ljubo aus Monte Negro. Ljubos Landsmann hatte Glück und arbeitete als Hilfskoch in der Kombüse. Er steckte uns heimlich frische

Brotscheiben und gelegentlich ein Stück Obst zu. Diese Gaben waren ein wahrer Segen, denn die Mahlzeiten waren weiterhin unappetitlich und auch die sanitären Verhältnisse ließen zu wünschen übrig. An Bord gab es nichts, womit wir uns beschäftigen konnten; nichts, was uns die Langeweile nahm und unsere Spannung löste. Wir saßen den ganzen Tag auf unseren Matratzen und schauten aufs endlose Meer und in den endlosen Himmel, bis wir uns Australien näherten. Allerdings trieb uns dann der raue Seegang und die Kälte zurück zu unseren Kojen.

Meine Schwiegermutter wurde seekrank und lag tagelang auf der Krankenstation, bleich und schwach und sich übergebend, aber immer noch stur genug, um die Salztabletten zu verweigern, die gegen die Austrocknung des Körpers geholfen hätten. An dem Tag, als sie mir das Wasserglas mit einer aufgelösten Salztablette aus der Hand schlug, erahnte ich zum ersten Mal, wie tief ihre Abneigung gegen mich sein musste.

Wir umschifften Australien und ankerten kurz im Hafen von Freemantle, um Proviant zu laden. Wir durften nicht von Bord gehen und natürlich standen alle an der Reling, begierig, einen Eindruck von den Antipoden zu gewinnen. Unsere naiven Vorstellungen eines tropischen Paradieses ver-blassten sofort. Es war Anfang August und bei Tagesanbruch lag Raureif auf dem Deck. Freemantles Hafengebäude sahen schäbig aus und die wenigen Arbeiter, die dort herumschlenderten, wirkten grobschlächtig. Ein Betrunkener winkte mit einer Flasche und rief uns unverständliche Worte zu. Wir waren froh, dass wir nicht in Australien bleiben mussten. Ich erinnere mich, dass dies der erste Moment auf der Reise war, in dem ich mich wirklich auf das Ankommen in Neuseeland freute.

Kapitel 28

Ankunft in Neuseeland.

Früh am Morgen des 15. August 1951 erreichten wir unser Reiseziel: Wellington in Neuseeland, das gelobte Land. Doch wer lobte dieses Land und warum wurde es eigentlich gelobt? Neugierig und voller Zweifel standen wir an der Reling, als die *Goya* in den Hafen einlief.

Dunkle Hügel hinter Wolkenfetzen, schroffe Felsbrocken bedrohlich nahe im Wasser, hier und da winzige Häuser an schmalen Strandstreifen und steilen Abhängen, das war der erste Eindruck von Neuseelands Hauptstadt. Böige Wellen und ein nebliger Regen umgaben das Schiff. Es war sehr kalt und glich in keiner Weise dem tropischen Paradies, das meine Mutter erhofft hatte, als sie uns zwei Tropenhelme überreichte. Ein kleiner griechischer Junge war nun der stolze Besitzer dieser Tropenhelme.»Wir können sie hier bestimmt nicht brauchen«, hatte Nick gemurmelt. Doch zu unserer großen Freude sahen wir mehrere Delfine durch die Bugwellen gleiten. Sie begleiteten unser Schiff bis in den Hafen. Das musste doch ein gutes Omen sein!

An diesem Morgen war ich schon vor Tagesanbruch aufgestanden, um die Erste in der Gemeinschaftsdusche zu sein. Ich schrubbte die Ausdünstungen der langen Reise von meinem Körper, denn ich wollte ganz sauber sein, wenn ich in meiner neuen Heimat Neuseeland, dem Land in Übersee, von Bord gehen würde. Andere Mitreisende dachten wohl ähnlich. Ich erinnere mich besonders an eine ungarische Prinzessin, die sich – splitternackt in einer der türlosen Duschkabine stehend – von Kopf bis Fuß gründlich einseifte. Da alle Gangways des Schiffs zu dieser Zeit bereits geöffnet waren, strömten Männer, Frauen und Kinder durch den Waschraum, um ihr Gepäck an Deck zu bringen. Erstaunt und amüsiert gafften sie auf die eingeseifte Prinzessin. Mein Angebot, sie mit ihrem Badetuch vor neugierigen Blicken zu schützen, wurde jedoch abgelehnt. »Lass sie nur schauen, meine Liebe, es macht mir gar nichts aus. Diese Leute sind doch bloß Landarbeiter und die zählen nicht. Es ist mein Wunsch, bei der Ankunft in meiner Wahlheimat sauber zu sein.«

Die *Goya* legte am Kai an. Es war ein sehr kleiner Kai. Eisenbahnwagen standen bereit, um uns nach Pahiatua zu bringen, dem Aufnahme- und Trainingslager für Einwanderer. Wir stiegen mit unserem Handgepäck in den Zug, setzten uns auf die Holzbänke und warteten. Einige robuste und angemessen gekleidete Damen erschienen im Abteil und gaben jedem von uns eine kleine Keksschachtel. »Willkommen in Neuseeland«, lächelten sie. Das hob unsere Stimmung. Der Zug setzte sich in Bewegung und ratterte an weiteren kleinen Häusern vorbei, die an von Büschen übersähten Abhängen zu kleben schienen. Als ein Schaffner zu uns hereintrat, fragte ich ihn: »Bitte, wann kommen wir nach Wellington?« Er schaute mich verwundert an und erwiderte: »Da waren Sie doch gerade, meine Dame.« Oh. Ich hatte eine Hauptstadt erwartet, die jenen Europas ähnelte, mit großen Gebäuden und belebten Straßen. Ich versuchte, durch die nassen Zugfenster zurückzublicken, aber Neuseelands Hauptstadt war bereits im Nebel und Regen verschwunden.

August 1951, Ankunft in Wellington, Neuseeland.

Wir saßen auf Holzbänken und über glühend heißen Heizröhren unter den Sitzen. Der Dampf unserer feuchten Kleidung hüllte uns ein und der Geruch von nassem Kohlenstaub umgab uns. Die Rinnsale an den Scheiben machten es schwer, genaueres von der Landschaft zu erkennen: Verschwommene Landschaftsbilder huschten vorüber, graue Wellen schäumten über dunkle Felsen und eine Reihe von Tunnels mündeten nach kurzer Dunkelheit in enge, dunkelgrüne Schluchten. Dann dehnten sich saftig-grüne Weideflächen aus, überseht mit grau-weißen Punkten, den Schafherden. Stämmige Kiefern trotzten dem Sturm und niedrige, immergrüne Bäume und Büsche deren Äste sich der Gewalt des Seewindes gebäugt hatten, klammerten sich an die steilen Hänge. Zäune kletterten die Hügel hinauf oder durchschnitten die Weiden der Ebenen. Adlerfarn in dunkelbrauner, dunkelgrüner und silbergrauer Schattierung wucherte an den Böschungen. Es gab keine Ansiedlungen, die deutschen Dörfern geähnelt hätten. Stattdessen sah man einsame Bauernhöfe, die durch hohe Hecken vor dem Wetter geschützt waren. Scheunen, Garagen und Gatter umgaben das *Farmhouse*. Zwei Kabelstränge verbanden hölzerne Strommasten und waren ein Zeichen dafür, dass die Farmen trotz ihrer isolierten Lage mit der modernen Welt verbunden waren.

Ich kann mich kaum an die Ortschaften erinnern, an denen unser Zug zwischen Wellington und Pahiatua vorbeiratterte. Aber der Name Eketa–huna blieb in meinem Gedächtnis haften. So reizend fremdländisch und unaussprechbar! Während dieser Zugreise redeten wir nur wenig miteinander, ängstlich und müde zog sich jeder mit seinen Gedanken, Erwartungen und Befürchtungen in sich selbst zurück. Wir wussten so wenig über dieses Land, in dem wir uns jetzt befanden. Was mochte vor uns liegen? Was erwartete man von uns? Wie würden wir uns hier einleben?

Ich dachte an die oberflächlichen Informationen, die ich über Neuseeland erhalten hatte. Neuseeland hatte ein paar aktive Vulkane, der König von England war der Souverän. Das Land war zweimal entdeckt worden: Zuerst von Polynesiern,

Maori genannt, die unter dem Häuptling Kupe ihre Kanus von Hawaiki hierher gepaddelt hatten. Und später noch einmal von dem britischen Kapitän Cook, der auf einem Segelschiff die ersten weißen Pioniere mitbrachte. Es gab Krieg zwischen den englischen Siedlern und den Maori. Die Siedler setzten sich durch und begannen das Land zu roden und zu bewirtschaften. Dann fand man Gold und ein *Goldfieber* breitete sich aus.

Es existierten keine gefährlichen Raubtiere oder Schlangen, dafür aber ein Nachtvogel, der Kiwi, der das Fliegen verlernt hatte. Die Einwohner Neuseelands wurden auch Kiwis genannt. Und alle liebten Pferderennen. Letzteres hatte ich auf der *Goya* herausgefunden. Das Schiffsradio hatte eine neuseeländische Radiostation empfangen und wir hörten der Sendung gebannt zu. Wir konnten kein Wort verstehen, die Worte verschmolzen rasend schnell, die Stimme des Ansagers erhob sich zu einem schrillen monotonen Singsang, begleitet vom Crescendo einer aufgeregten Menschenmenge. Ich dachte, wir hätten einer fanatischen religiösen Zeremonie zugehört. Aber als ich mich bei dem anglikanischen Pfarrer, der uns begleitete, erkundigte, schmunzelte er und erklärte, dass dies die Übertragung eines Pferderennens gewesen wäre und dass jeder kleine Ort in Neuseeland eine eigene Pferderennbahn besaß. Von ihm erfuhr ich auch, dass die dunkelhäutigen Maori früher Kannibalen und furchtlose Krieger gewesen waren. Im Geiste sah ich sie als edle und schöne Krieger, die mit Federschmuck und Kriegsbemalung verziert und mit langen Speeren bewaffnet von den Hügeln heruntersturmten. Ich war entschlossen, sie als Gleichberechtigte in Freundschaft zu begrüßen und makellos korrekt und ehrlich mit ihnen zu verhandeln, ganz im Gegensatz zu den früheren weißen Siedlern. Ich hielt nach ihnen Ausschau und zu meiner großen Enttäuschung stürmte kein einziger Krieger von den Hügeln herab.

Das Pahiatua-Lager: Hohe Drahtzäune, ein breites Tor und ein Wachhäuschen. Würden sie das Tor verschließen, sobald wir im Lager waren? Den Nachnamen in alphabetischer Reihenordnung entsprechend, teilte man uns in Gruppen ein. Wir befanden uns in einer großen Halle, in der provisorisch Tische aufgestellt worden waren. An einem Ende der Halle befand sich ein Podest mit einem Pult und die neuseeländischen Flagge im Hintergrund. Am anderen Ende war eine Theke mit geschlossenen Holzläden, durch die Geschirrgeklapper und Essensgeruch drangen. Ein offiziell dreinblickender Herr, mit Klemmbrett und mehreren Ordnern ausgerüstet, bestieg das Podium und hieß uns in Neuseeland und insbesondere im Pahiatua-Lager willkommen. Er teilte uns mit, dass wir so lange im Lager bleiben würden, bis uns eine passende Arbeit und Unterkunft verschafft worden wäre. Er erinnerte uns daran, dass wir uns verpflichtet hätten, zwei Jahre lang dort zu leben und zu arbeiten, wohin uns die Regierung schicken würde. Außerdem müssten wir an Kursen teilnehmen, in denen man uns mit der neuseeländischen Lebensart vertraut machen würde. Das Publikum reagierte nicht mit Begeisterung. Es saß gehorsam, still und verwirrt zu seinen Füßen. Er schloss daraus, dass er vielleicht nicht verstanden worden wäre, und erhob seine Stimme: »Does anybody here speak English?« Betretenes Schweigen. Schließlich hob ich schüchtern meine Hand und wurde an seine Seite zitiert, um die Ansprache in Deutsch zu übersetzen.

Dann gab es etwas zu essen. Nie werde ich meine erste Mahlzeit in Neuseeland vergessen. In riesigen rostfreien Behältern schwappte eine grünlich zähe Soße, in der undefinierbar graue Formen schwammen. Andere Behälter enthielten bleiche, fast durchsichtige Blätter, die sich als Weißkohl entpuppten. Die Berge von gelben Rüben und der Kartoffelbrei hingegen waren leicht zu erkennen. Erst später fand ich heraus, dass die grauen »Dinger« *bangers*, Würstchen, waren. Die gebutterten Weißbrotscheiben und der starke Tee schmeckten gut, aber ich ahnte, dass die neuseeländische Lebensart gewöhnungsbedürftig sein würde, zumindest was das Essen betraf.

Einem bürokratischen Fehler zufolge war ich zwar als weiblich, aber auch als ledig und unabhängig klassifiziert worden, und bekam deshalb einen Schlafplatz für unverheiratete Frauen zugewiesen. Meine kleine Betonkabine war eiskalt und von den Wänden tropfte Wasser. Die Schaumstoffmatratze, die steifen weißen Bettlaken und die zwei grauen Armeedecken konnten mich weder wärmen noch trösten. Obwohl ich meine gesamte Kleidung trug und mich im Bett zusammenrollte, verbrachte ich die Nacht zitternd vor Kälte.

Am nächsten Morgen sah die Welt schon besser aus. Ich, »das Englisch sprechende Mädel«, wurde für Büroarbeit eingeteilt. Und man ernannte Nick zum Blockführer, was vermutlich daran lag, dass er sehr groß gewachsen ist und vertrauenswürdig wirkte. In dieser gehobenen Position war er für eine größere Baracke verantwortlich, die in Kabinen unterteilt war und für zwanzig Familien Unterkunft bot. An dem einen Ende der Baracke befanden sich die Waschräume und am anderen Ende war Nicks eigene Unterkunft. Es war ein kleines Zimmer mit richtigen Wänden, die bis zur Decke reichten. Unser erstes Zuhause in Neuseeland! Es war zwar klein, aber wir waren für uns. Es gab eine abschließbare Tür und ein Fenster, das sich öffnen ließ. Eine Glühbirne baumelte von der Decke, zwei Feldbetten und ein kleines Schulpult mit Klappdeckel vervollständigten die Einrichtung. Das winzige Ausmaß unseres Zimmers wurde uns erst bei einem besonderen Anlass bewusst. Der Nationalsekretär der YMCA (CVJM) Neuseelands stattete uns einen Besuch ab. Er wollte wissen, wie es uns erging, und wir versuchten einen guten Eindruck zu machen. Wir saßen uns auf den beiden Feldbetten gegenüber, unsere Knie berührten sich beinahe und wir sprachen über das Weltgeschehen. Plötzlich stand Nick auf und hob ein einzelnes Haar vom Boden auf, öffnete das Fenster und warf es hinaus. Unser Besucher schien etwas verwirrt zu sein, während wir nichts dabei fanden. Das Zimmer war eindeutig zu klein für drei Personen und ein herrenloses Haar.

Kapitel 29

Die Zeit in Pahiatua

Für den restlichen August und September blieben wir in Pahiatua. Nick war vollauf mit der Leitung seines Barackenblocks beschäftigt. Er kümmerte sich darum, dass sich alle an die Vorschriften hielten und dass jeder seinen Dienst versah. Nicks Eltern fiel es schwer, sich an die neue Umgebung zu gewöhnen. Sie bemühten sich ernsthaft Englisch zu lernen und sich mit den ungewohnten Sitten des Landes vertraut zu machen. Die Freizeit verbrachten sie mit Landsleuten, mit denen sie gemeinsam ihr Schicksal beklagten. Sie jammerten über die gegenwärtige Situation und machten sich immer wieder Sorgen um die Zukunft.

Ich war inzwischen im Lagerbüro angestellt und verdiente nach Abzug von Steuer, Unterkunft und Verpflegung, zehn Pfund in der Woche. Meine Arbeit im Büro bestand zunächst darin, fein säuberlich, korrekt und vertraulich die Personalien eines jeden, der mit der *Goya* angekommen war, von grauen auf gelblich-braune Karteikarten zu übertragen und diese dann alphabetisch in Kartons zu sortieren. Dieser Prozess ging ziemlich problemlos vonstatten. Schwieriger war es schon, die gefragte Karteikarte auf Anhieb wiederzufinden. Mein Leben lang ist es mir schwer gefallen, methodisch vorzugehen. Als sämtliche Menschen, Personalien und Karteikarten ordentlich sortiert worden waren, wurde ich zur Telefonistin befördert und war für die Telefonzentrale des Lagers verantwortlich. Die Zentrale bestand aus zwei Schalttafeln: Die vertikale Tafel hatte sechsundachtzig Nebenanschlüsse, nummerierte Metalltürchen, die mit einem entschuldigend klingenden Klick nach unten schwangen und kleine Steckdosen freigaben. Das horizontale Schaltbrett mit fünfzehn Steckdosen war anstrengender zu bedienen. Sobald ein Anruf kam, leuchteten rote Lichter auf und es summte nervtötend, bis die Stöpsel der Verbindungskabel in die entsprechenden Steckdosen gesteckt wurden. Da die Kabel ständig ineinander verheddert waren, durfte man sich nicht aus der Ruhe bringen lassen, während man die Verbindung herstellte und den vorgeschriebenen Spruch ins Mikrofon flötete, ohne sich dabei zu versprechen: »This is the office of the Pahiatua Reception and Training Center, may I help you?« (Dies ist das Büro des Aufnahme- und Trainingslagers von Pahiatua, was kann ich für sie tun?)

Es machte Spaß ein wenig zuzuhören und zu fragen: »Sind Sie richtig verbunden?« und dann den Stöpsel herauszuziehen und damit das Gespräch zu unterbrechen. Wenn der Anrufer dann zurückrief, sagte ich: »Oh, es tut mir Leid, die Verbindung wurde unterbrochen.« Dies entsprach der Wahrheit, abgesehen davon, dass es mir überhaupt nicht Leid tat.

Während unseres Lageraufenthalts besuchten wir freitagabends gelegentlich die Ortschaft Pahiatua. Wir schlenderten die Hauptstraße entlang und betrachteten die Schaufenster. Wir spazierten auf der linken Straßenseite hoch und auf der rechten wieder hinunter. Es nahm nicht viel Zeit in Anspruch, denn Pahiatua war weder groß noch besonders anregend. Obwohl die meisten Geschäfte auf der Hauptstraße nur aus einstöckigen Gebäuden bestanden, versuchte man, die Kunden mit imposanten falschen Fassaden zu beeindrucken. Entlang der Schaufenster verliefen Veranden. Mit Wellblech überdacht, von schmalen Holz- oder Eisenpfosten gestützt, manchmal in einem eleganten Bogen geschwungen, verbreiteten sie die Atmosphäre eines Wildwestfilms.

In eine Milchbar zu gehen, war etwas ganz Neues für uns. Etliche Tische, mit Resopal beschichtet und mit Plastikblumen geschmückt, standen an der einen Wand. Gegenüber war die lange Theke und dahinter ragten hohe Regale empor, worauf Keksdosen und Schachteln mit Leckereien, wie beispielsweise Lakritzstreifen, Zimtriegel und Schokoladenfische, ausgestellt waren. Eine Glasvitrine neben der Theke enthielt dreieckige Sandwiches. Es waren Kombinationen aus Tomaten, Eiern, Käse, Salatblättern und Schinken zwischen dünnen Brotscheiben. Gleich daneben sorgte eine beheizte Vitrine dafür, dass die *mince pies* (mit Dörrobst und Sirup gefüllte Pasteten), Bratwürste und Eierspecktörtchen zwar schön heiß, aber dermaßen ausgetrocknet waren, dass sie einen mumifizierten Eindruck machten. Auf der Theke standen große Glasbehälter, die mit riesigen Bonbons, bunten Dauerlutschern, weißrot-gestreiften Pfefferminzstangen und flugzeug- oder schlangenförmigen Weingummis gefüllt waren. Für drei oder sechs *Pennys* wurden diese sorgfältig abgezählt und in eine kleine Papiertüte gesteckt.

Man konnte *milkshakes* kaufen, in verschiedenen Geschmacksrichtungen und in unterschiedlichen Farben. Der *Shake* wurde in einem lärmenden Apparat schaumig gerührt und in schmalen, gerillten Metallbechern serviert und wenn man darum bat, sogar auch mit Strohhalm. Der kulinarische Höhepunkt war für uns immer, Eiscreme zu kaufen. Für einen *Schilling* und sechs *Pennys* erhielt man einen *tripledecker*, drei leckere Eisbällchen, die übereinander getürmt in einer Waffel serviert wurden. Unsere Lieblingssorte hieß *Hokey-Pokey*, ein sahniges Vanilleeis, worin sich knusprige Karamellstückchen versteckten. *Hokey-Pokey* war damals eine Kiwi-Spezialität und in der restlichen Welt wahrscheinlich noch unbekannt.

Wir gingen auch in ein Kino, das Parkett und Balkonsitzplätze besaß. Im Parkett war es billiger und laut, oben vornehmer und gediegener. Wir leisteten uns die Balkonsitze. Sie waren mit braunem Wachstuch bezogen und quietschten, sobald man sie hinunterdrückte oder wenn sie zurückschnellten. Rötliche Samtvorhänge glitten zur Seite und gaben die Leinwand frei, auf der die schwarz eingekreisten Zahlen 4-3-2-1 erschienen. Das musste der Beginn des Films sein, dachten wir. Aber nein. Nun ertönte Trommelwirbel, die Sitze quietschten und klapperten, als sich das Publikum erhob und *God save our gracious King* zu singen begann. Einige Blicke waren auf uns gerichtet und so standen wir auch auf. Am Ende der Hymne drückten wir wieder unsere quietschenden Sitze herunter und die Wochenschau begann. In Schwarzweiß konnten wir nun verfolgen, was in der so weit entfernten Welt geschah. Dann endlich begann der eigentliche Film. Als etwa die Hälfte des Streifens vorbei war, musste vermutlich die Filmspule gewechselt werden, denn es gab eine Pause. Die Lichter gingen an, einige Leute verließen ihre quietschenden Sitze und gingen nach draußen, während ein Mann im weißen Overall durch den Gang lief. An Schulterriemen befestigt trug er ein großes Tablett und verkaufte Vanilleeis in Waffeln. Ein wunderbarer Brauch, für den wir uns schnell begeisterten! Leider überlebte dieser ebenso wie das obligatorischen Singen der britischen Nationalhymne die nächste Modernisierung der Kinos nicht.

So viel hat sich seit den fünfziger Jahren in der Lebensweise und Lebensanschauung der Kiwis verändert. Damals stand Neuseeland noch als Dominion stark unter britischem Einfluss. Wenn ein Neuseeländer von *home* (Zuhause) sprach, dann meinte er Großbritannien. Die geografische Abgeschiedenheit des Landes trug dazu bei, die britischen Traditionen aufrechtzuerhalten; die neuseeländische Wirtschaft war fast vollkommen von Export und Import aus dem alten Heimatland, *the old country*, abhängig; das Justizsystem und die Regierung waren nach britischem Vorbild ausgerichtet und die öffentliche Meinung über Weltpolitik wurde im Großen und Ganzen durch die britische Presse geprägt. Das änderte sich, als Großbritannien der Europäischen Gemeinschaft beitrat und sich damit wirtschaftlich stetig von Neuseeland distanzierte. Mit Beginn der siebziger Jahre kristallisierte sich die nationale Identität der Bürger Neuseelands mehr und mehr heraus – bis hin zu jenem Nationalstolz, den *wir Kiwis* heute besitzen.

Als wir damals in Neuseeland ankamen, wurden Maori, mit einigen wenigen Ausnahmen, von der *Pakeha*-Mehrheit (den Europäern) als unterentwickelte Minderheit angesehen, die zwar vor dem Gesetz die selben Rechte hatten, jedoch soziologisch, ökonomisch und kulturell benachteiligt wurden. Zum Beispiel durften die Kinder der Maori in der Schule nicht ihre eigene Sprache sprechen. Inzwischen hat sich das geändert. Man erinnerte sich an den *Treaty of Waitangi*, jenem Vertrag, welcher 1840 von den Häuptlingen der Maoristämme und der britischen

Krone unter Königin Victoria unterzeichnet worden war. Darin wurde den Maoris Selbstständigkeit und Gleichberechtigung unter dem Schutz der Krone garantiert. Der Vertrag geriet zuerst in Vergessenheit. Während der Pionierjahre gingen viele Ländereien und Stammeseigentum in Pakeha-Hände über – des Öfteren unter Zwang oder durch Betrug. Unsere Regierung bemüht sich nun schon seit Jahren, das geschehene Unrecht wieder gut zu machen und die rechtmäßigen Ansprüche der Maoristämme anzuerkennen.

Obwohl die Wiedergutmachung viel Geld kostet und den Unwillen mancher Steuerzahler erregt, ist es der einzige Weg, die Identität der Maorikultur zu fördern, die Maori-Bevölkerung sozial und ökonomisch auf die gleiche Stufe mit der Pakeha-Bevölkerung zu stellen und damit, hoffentlich, ein fortdauerndes harmonisches Zusammenleben in der Zukunft zu garantieren.

Nach zwei Monaten fühlten wir uns genügend ›trainiert‹, um die Lebensweise der Neuseeländer einmal selber auszuprobieren und unsere neu erworbenen Kenntnisse einzusetzen. So reisten wir übers Wochenende nach Wellington. Die Bahnverbindung erfolgte damals mittels *railcar*, ich kann immer noch dieses klickende Geräusch hören, mit dem der motorisierte Eisenbahnwagen vorwärts ratterte. Die einfallsreiche Methode, die Post von unterwegs mitzunehmen, faszinierte mich. Die Posttaschen, die an Pfosten neben den Gleisen baumelten, wurden mit einem Haken von der vorbeisausenden *railcar* geschnappt.

1951 war Wellington noch lange nicht die dynamische Großstadt von heute. Die eleganten Hochhäuser, schicken Geschäfte, feinen Restaurants und gepflegten Anlagen, die der heutigen Innenstadt ihr kosmopolitisches Flair verleihen, all dies war für die damaligen Stadtplaner noch Zukunftsmusik. Die Innenstadt erschien uns wie eine solide und seriöse Kleinstadt, die unbedingt einen neuen Anstrich brauchte. Wellblech überdachte die Veranden, holprige Bürgersteige und hölzerne Strommasten mit kreuz und quer gespannten Drähten gaben ein etwas vernachlässigt wirkendes Stadtbild ab. Die meisten kleinen Läden sowie alle größeren Geschäfte waren dunkel und geschlossen. In den fünfziger Jahren konnte man am Wochenende nicht einkaufen gehen. Im Geschäftsviertel trennten hohe Backsteinmauern und enge Gassen die mehrstöckigen Gebäude, vor denen sich häufig der Abfall in Mülltonnen türmte. Die wenigen Fußgänger, denen wir begegneten, sahen weder schick noch interessant aus.

Wir übernachteten im *Peoples Palace* (Volkspalast), der von der Heilsarmee geleitet wurde und uns als sauber, sicher und günstig empfohlen worden war. All dies traf zu und unser Zimmer war schlicht, mit zwei züchtig getrennten Betten, einer Bibel auf dem Nachttisch und einer einsamen Glühbirne, die von der Decke hing und deren Schalter weit weg vom Bett war. Das Badezimmer befand sich am Ende eines langen, mit Linoleum ausgelegten Flurs. Das Emaille in der Badewanne war abgescheuert und aus der Dusche, die über dem Abfluss der Wanne befestigt war, kam nur ein schwach tropfender lauwarmer Wasserstrahl. Zum Frühstück wurden gummiartige Eier serviert, aber mit Toast und Marmelade sowie mit guten Ratschlägen war man großzügig.

Das Museum und das Parlamentsgebäude wollten wir unbedingt besichtigen, aber: »Haltet euch von der Cuba Street fern«, warnte man uns, ohne eine nähere Erklärung hinzuzufügen. Natürlich gingen wir als erstes dorthin. Die Andeutung, Cuba Street wäre verrucht, zog uns wie ein Magnet an. Schließlich waren wir hierher gekommen, um alles, was die Hauptstadt zu bieten hatte, kennen zu lernen. Wir waren sehr enttäuscht, dass Cuba Street zwar schmuddelig, ein wenig heruntergekommen und zwielichtig, doch keineswegs wie ein Ort tiefster Verdorbenheit wirkte. Wir konnten nicht verstehen, warum man uns abgeraten hatte, dorthin zu gehen. Nichts Lasterhaftes weit und breit. Wir betraten ein chinesisches *Fish and Chips*-Restaurant.

Der Eingang sah ordentlich aus, aber als man uns in den Speiseraum geleitete, fühlten wir uns etwas unbehaglich. Die Wände waren dunkelgrün, die Resopaltische rot und ein, zwei Laternen warfen mehr Schatten als Licht. »Lass uns mit dem Rücken zur Wand sitzen«, flüsterte Nick. Wir waren die einzigen Gäste, die speisten. Andere Gäste, allesamt Asiaten, huschten durch den Raum und verschwanden durch eine Schwingtür am anderen Ende. Immer wenn die Tür aufging, drang gedämpftes Stimmengewirr und ein undefinierbar beißender Geruch zu uns herein. Der Fisch und die Pommes frites schmeckten gut, aber wir wussten es nicht so recht zu würdigen und waren schließlich froh, als wir wieder auf der Straße standen, ohne dass uns ein Messer im Rücken steckte. War dies eine Opiumhöhle? Eine Spielhölle? Was auch immer es war, dieser Ort hatte eine negative Ausstrahlung.

Hand in Hand gingen wir weiter durch die Cuba Street. Plötzlich rief uns jemand aus einem oberen Fenster freudig zu: »Nick, Helga, wie schön euch zu sehen! Kommt rauf, kommt schnell rauf!« Sarah, Isaak und ihr kleiner Sohn Ralf waren unsere Reisegefährten auf der *Goya* gewesen. Sie blieben damals nur kurz in Pahiatua, denn das jüdische Komitee hatte ihnen diese Wohnung und Isaak einen Job vermittelt. Sarah hatte noch die tätowierte Nummer auf ihrem Unterarm, die sie als Insassin eines Konzentrationslager kennzeichnete. Isaak, Sarah und Ralph hatten das Glück, den Holocaust überlebt zu haben. Als pragmatisch denkende Menschen waren sie stets fest entschlossen, aus jeder Situation das Beste zu machen. Bei der Einschiffung hatte Ralph noch Wolfgang geheißen, doch sobald der Äquator überquert war, wurde er Ralph genannt. Er passte sich dieser Namensänderung problemlos an.

Isaak war mit einem Sack voll Knoblauch an Bord der *Goya* gekommen, um sich während der langen Überfahrt vor Skorbut zu schützen. Nick und ihm waren zwei benachbarte Kojen zugewiesen worden. Die Kojen waren nur durch einen Gitterstab getrennt. Die beiden verbrachten die ersten unbequemen Nächte damit, sich heimlich zu bekämpfen. Ihre Knie und Ellbogen stießen aneinander, der eine schnarchte laut und der andere atmete starke Knoblauchdämpfe aus. Pragmatisch wie Isaak war, hatte er bald eine friedliche Lösung vorgeschlagen. Sie würden sich immer gleichzeitig umdrehen, sich gegenseitig sanft in die entsprechende Richtung schubsen und gemeinsam den Knoblauchgeruch und das Schnarchen ertragen. Die körperliche Nähe, die präzise ausgeführten nächtlichen Ballettbewegungen und der Knoblauchdunst waren die Grundlagen unserer Freundschaft.

Wir waren sehr froh, uns wieder zu sehen, und es gab viel zu erzählen und zu lachen. Isaak brachte ein dickes und etwas klumpiges Federbett herbei. »Fühlt mal«, lachte er. »Was glaubt ihr, was da drin ist? Ich habe fünfundzwanzig goldene Uhren darin eingenäht.« Sarah wollte nicht hinten anstehen und winkte uns ins Schlafzimmer. Unter dem Bett stand eine 2-Literflasche mit *Chanel Nr. 5*-Parfüm. Um zu beweisen, das es echt war, bespritzte sie uns so großzügig damit, dass wir penetrant nach Parfüm rochen. Noch am nächsten Tag drehten sich Leute nach uns um und starrten uns an, als wir in eine Duftwolke gehüllt an ihnen vorbeigingen. Wir hielten einen gemütlichen Kaffeeklatsch, mit Spitzendecke, Rosenthal-Porzellan, Silberbesteck und allem, was dazugehörte. Auf einmal klopfte es unten an der Tür. Das jüdische Komitee stattete einen Besuch ab. Sarah und Isaak gerieten blitzschnell in Aktion: Porzellan, Silber und Tischdecke wurden weggerissen und in den Schrank gestopft. Als die Honoratioren die Treppen erklommen hatten, saßen wir bereits bescheiden um einen blanken Holztisch. Wir, die armen Flüchtlinge, dankbar für jede Mildtätigkeit.

Als wir uns später verabschiedeten, zwinkerte mir Sarah flüchtig zu.

Kapitel 30

Roxburgh

Als man uns im Oktober mitteilte, dass es für Nick eine Arbeitsstelle gab, waren wir hoch erfreut. Er sollte als Vermessungsassistent für das Landvermessungsbüro in Roxburgh, Central Otago, arbeiten. Dort wurde ein Staudamm durch den mächtigen Clutha Fluss gebaut, um Strom für das Überlandnetz zu liefern. In den fünfziger Jahren war der Roxburgh-Hydro-Damm ein sehr umfangreiches Projekt gewesen und neben Neuseelands Experten hatte man auch britische und Schweizer Firmen verpflichtet. Die Arbeiterschaft von 1.500 Mann setzte sich aus vielen Nationalitäten zusammen. Für ledige Männer gab es eine Unterkunft oben auf dem Hügel, an der westlichen Seite des Flusses und ganz in der Nähe der Baustelle. Sie lebten in separaten Hütten und teilten sich die Waschgelegenheiten. In einer Gemeinschaftsküche wurde für alle gekocht. Auf den gegenüberliegenden Uferterrassen befanden sich neben den Verwaltungsgebäuden ein Geschäftszentrum, eine große Gemeinschaftshalle und die Häuser für die Manager mit ihren Familien. Diese Häuser waren größer und hatten umzäunte Gärten. Auf den unteren Terrassen, im »Hydro-Dorf«, wohnten die verheirateten Arbeiter mit ihren Familien in kleineren Häusern, die alle nach dem gleichen Grundriss gebaut waren. Diese Häuser reihten sich an kurvenreichen Straßen entlang, deren Namen an den Goldrausch erinnerten.

Die Versorgungsstraßen verliefen durch die kieselsteinige Flussebenen zwischen dem Hydro-Dorf und dem Clutha hindurch. *Euclid*-Lastwagen, die Krane, Turbinen, schwere Maschinenteile sowie Felsbrocken transportierten, rumpelten dort unten fauchend entlang. Die Erde bebte, wenn riesige Maschinen, Urzeitmonstern gleich, sich in die Felsen bissen und bohrten, den Konturen der engen Schlucht und des Flussbetts eine neue Form gaben und schließlich die wilden Gewässer des Clutha durch die Schleusen des Staudamms zähmten.

Die Landschaft der Provinz Otago auf der Südinsel Neuseelands hat grandiose Ausmaße. Im Westen von den schneebedeckten *Southern Alps* und dem *Lake District*, im Osten von den steilen Klippen und breiten Sanddünen der Pazifikküste begrenzt, ist das Landschaftsbild sehr vielfältig. Die einsamen Hügelketten und ausladenden Hochebenen in Central Otago ähneln den schottischen Highlands. In *Gabriels Gully*, nicht weit von Roxburgh, war 1861 Gold entdeckt worden und Goldgräber waren zu Tausenden gekommen, um das wertvolle Metall aus dem Erdreich zu buddeln. An vielen Orten kann man noch die Narben ihrer Arbeit sehen genauso wie ihre kleinen Steinhütten und Höhlenunterschlüpfe.

Mächtig und steil erheben sich die Hügel beidseitig des Clutha-Tals bei Roxburgh. Dunkel, felsig und karg ragen sie südwestlich des Tals empor und sind nur spärlich mit *snowgrass*, *tussock* (rotbraune oder gelbliche Grasbüschel) und dornigen *Matagouri*-Sträuchern bewachsen.

Nur wenige Merinoschafe grasten dort. Damals ging man davon aus, dass diese harsche Landschaft nur Nahrung für fünf Schafe pro Hektar hergab. Diese einsamen Hügel gehörten den Kaninchen. Sie waren vor etwa hundert Jahren von britischen Pionieren eingeführt und freigelassen worden. Sie vermehrten sich millionenfach, da sie keine natürlichen Feinde hatten und das Klima ihnen gestattete, drei bis vier Würfe jährlich zu haben. Als wir einmal über einen Bergkamm kamen, erkannten wir das Ausmaß der Kaninchenplage. Der ganze Abhang schien sich zu bewegen, als tausende pelziger Tierchen zu ihrem Unterschlupf hoppelten.

Das schlechte Wetter kam meist von dieser felsigen Hügelseite. Graue Wolkenschleier krochen die Hänge hinunter und hüllten das Tal in kalte Nebelschauer. Manchmal türmten sich bedrohlich wirkende Wolken höher und höher in den sich verdunkelnden Himmel, bevor sie als strömender Regen oder Graupelschauer niederprasselten. Die östliche Hügelkette, die *Nobbies*, hat ebenfalls felsige Spitzen, aber ihre sanfteren Abhänge sind der Sonne zugewendet. Dort blühen Obstplantagen, welche sich über die Terrassen bis zum Fluss hinunterstrecken. Die berühmten Roxburgh-Aprikosen sowie Pfirsiche, Nektarinen, Kirschen, Pflaumen, Äpfel, Himbeeren und andere Früchte reifen hier während der sonnig- heißen Sommerzeit.

Unser erstes richtiges Heim in Neuseeland wurde uns im Hydro-Dorf zugewiesen. Kohinoor Street 152 war ein Holzhaus, das in T-Form gebaut war. Es bestand aus zwei kleinen Schlafzimmern, eines zu jeder Seite des offen angelegten Küchen-, Ess- und Wohnbereichs, mit einem schwarzen *Shacklock*-Kohlenherd fürs Kochen, Wasser erhitzen und Heizen. Man betrat das Haus durch einen überdachten Vorbau, wobei eine Tür in die Küche, die andere out *the back* führte, wo sich das Betonspülbecken, der kupferne Waschkessel, die Zinkbadewanne und hinter einer Trennwand die Toilette einen Raum teilten. Das Haus stand auf zylinderförmigen Betonpfosten, hatte einen dunkelbraunen Teeranstrich mit einem Hauch von Weiß um die Fenster herum. Das Dach war mit dicker, schwarz geteerter Pappe bedeckt. Das Fleckchen Erde um unser Haus war steinig, hier und da sprießte etwas Unkraut und einige Lupinensträucher.

Unser erstes Haus im Roxburgh Hydro-Dorf.

Hängebrücke über den Clutha, mein Weg zur Arbeit.

Hinter dem *Grundstück* erhob sich eine steile Böschung zu der Versorgungsstraße. Die Häuser zur Linken und Rechten und so weit das Auge reichte, sahen alle gleich aus. Doch einige machten schon einen wohnlicheren Eindruck, hatten Briefkästen, etwas Rasen und Blumenbeete vorm Haus und Wäscheleinen, Holzstapel und Gemüsegärten dahinter.

Wir schlossen unsere Tür auf. Es stellte sich heraus, dass die Schlüssel sämtlicher Häuser in unserer Straße identisch waren. Das war sehr praktisch, denn es erleichterte den Zutritt ins Nachbarhaus, um die Katze zu füttern und die Hauspflanzen zu gießen, wenn die Nachbarn verreist waren. Man schloss das Haus sowieso nur ab, wenn man für einige Tage fortging. Gewöhnlich lag dann der Schlüssel unter der Türmatte. Einbrüche waren in diesen Zeiten völlig unbekannt und soweit ich weiß, wurde im Dorf nie etwas gestohlen.

Im Haus, mitten auf dem blanken Boden, standen die zwei Kisten, die all unser Hab und Gut enthielten. Außerdem warteten fünf große Büchsen cremefarbener Anstreichfarbe und ein Pinsel auf uns. Wir schauten uns stumm an. Die Pioniertage hatten begonnen und ebenso die Pioniernächte. Die erste Nacht in unserem neuen Heim verbrachten wir auf dem nackten Boden schlafend, angezogen und zugedeckt mit allem, was wir greifen konnten, doch es war bitterkalt.

Irgendwann gegen Morgen hörten wir einen lauten Schlag vor der Tür. Ein hilfsbereiter Nachbar, wir fanden nie heraus, wer es war, hatte einen Sack mit Holzscheiten und Anzündholz vor dem Haus abgesetzt. Es gelang uns, im Herd ein Feuer zu entfachen. Nachdem wir erfolgreich mit dem Rauchabzug und der Luftklappe experimentiert und den Qualm hinausgefächelt hatten, wurde es warm und fast gemütlich. Es ging bergauf.

Wir lernten unsere Nachbarn kennen. Die Leute von nebenan, Joy und Sid, wurden unsere guten Freunde und Mentoren. Sid war Lastwagenfahrer. Während der Arbeitsstunden donnerte er in einem der riesigen Ungetüme umher und in seiner Freizeit verdiente er als Taxifahrer etwas Geld dazu. Er war es, der unser Problem mit der Innendekoration löste. »Besorgt einfach einen Kasten Bier, einen Haufen *saveloys* (Siedewürste), Tomatenketchup, Brot und Butter. Und ich komme mit ein paar Jungs und helfe euch beim Anstreichen.« Sid hielt sein Wort. Am nächsten Morgen erschienen er und die Jungs. Es waren handwerklich begabte Männer, ausgerüstet mit Pinsel, Farbenroller und Transistorradio. Fachmännisch und zügig klatschten sie die Farbe an die Wände und die Decke. Gutmütig unterwiesen sie Nick, wie man einen Pinsel schwingt, und zeigten mir, wie man Würste siedet, nachdem bei der ersten Portion die Pellen geplatzt waren. Das Bier floss, die Farbe floss, die Musik wurde lauter und lauter und die Witze immer lustiger, bis sie in Pointen gipfelten, die wir längst nicht mehr verstehen konnten. Mit der Zeit konnte ich sogar die Würste perfekt zubereiten. Wir hatten einen Riesenspaß und alles, was sich im Haus nicht bewegte, mit Ausnahme des Kohlenherds, wurde an diesem Tag cremefarben angestrichen. Natürlich waren wir hocherfreut und dankbar – wenn auch etwas verwirrt. Der legendäre *fair dinkum Kiwi spirit*, die waschechte Kiwi Hilfsbereitschaft, war über uns hinweg gerollt wie eine Dampfwalze. Unsere erste Erfahrung mit dem Pioniergeist war wundervoll! Trotzdem habe ich bis heute keine Vorliebe für *saveloys* entwickeln können.

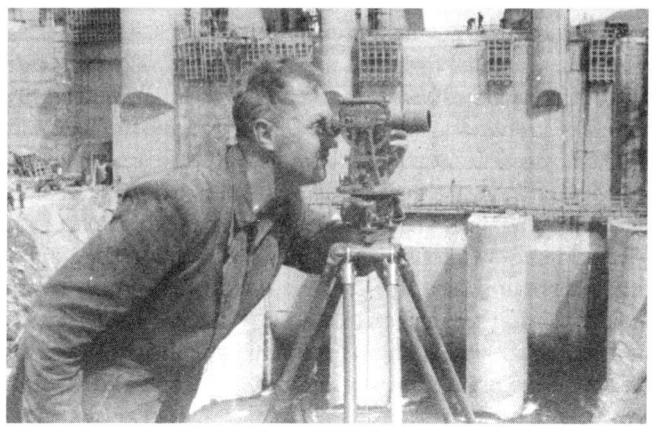

Nick arbeitet am Roxburgh-Staudamm.

Den Boden legten wir mit *congoleum* aus, einer dicken Pappe, die auf der Unterseite schwarz geteert und oben mit glänzenden Mustern lackiert war. Da congoleum billiger als Linoleum und leicht sauber zu halten war, bedeckte es die meisten Böden in den Hydro-Häusern. Unsere Möbel, die wir *on tick* (auf Ratenzahlung) gekauft hatten, wurden geliefert und ich hängte selbst genähte Gardinen vor die Fenster. Wir pflanzten fünf Pappeln, legten ein Gemüsebeet *round the back* (hinterm Haus) sowie ein Blumenbeet im Vorgarten an und bearbeiteten zwei steinige handtuchgroße Fleckchen Erde, wo zukünftig ein Rasen wachsen sollte; dies alles unter Sids fachkundiger Anleitung. Joy wurde meine Beraterin für Haushaltsangelegenheiten und später meine Geschäftspartnerin. Unsere Freundschaft begann an jenem Tag, als sie an den Zaun trat und mir zurief: »Bitte entschuldige, aber wenn du so weitermachst, werden keine Bettlaken übrig bleiben.« Ich war gerade dabei, die Bettwäsche zu waschen. Ich hatte den Küchentisch nach draußen geschleppt, ein Laken darauf ausgebreitet und bearbeitete es mit einer harten Bürste, die ich immer wieder in seifiges Wasser tauchte. Dies hielt ich für die richtige Waschmethode, denn so waren, meiner vagen Erinnerung nach, die griechischen und italienischen Frauen im Lager von Bagnoli verfahren. Sie hatten die Wäsche geschrubbt und dann gegen große Steine geklatscht. Hätte es hier einen geeigneten Felsbrocken gegeben, hätte ich das auch gemacht. Joy zeigte mir, wie man es richtig machte: Man füllte den Kupferkessel mit kaltem Wasser und entfachte darunter ein Feuer. Mit einer Käsereibe wurde ein Stück *Sunlight*-Seife ins Wasser gerieben. Sobald es sprudelnd heiß war, kam die Bettwäsche in den Kessel und wurde ab und zu mit einem langen Holzlöffel umgerührt. Das Schwierigste war dann, die kochend heiße Wäsche herauszufischen und in das kalte Wasser im Spülbecken zu tauchen. Die Wäsche musste zweimal gespült werden, bevor man sie auswringen und auf die Leine hängen konnte. Die Wäscheleine bestand aus einem lange Stück Zaundraht, der durch das obere Ende zweier Stangen gefädelt war. Sid hatte sie netterweise für uns im Depot ›gefunden‹. Die Wäsche wurde mit Hilfe langer, sich oben gabelnder *Manuka*-Äste hinauf in den Wind gehievt. Die ›kleinen Sachen‹ zu waschen, war viel einfacher, denn sie mussten nicht gekocht werden. Man seifte sie nur ein und rubbelte sie auf dem gewellten Waschbrett hin und her, bevor sie zweimal gespült wurden.

Wäsche waschen wurde mein erstes geschäftliches Unternehmen in Neuseeland. Eines Tages kamen Joy und ich auf die brillante Idee, den Hunderten von alleinstehenden Dammarbeitern anzubieten, ihre Wäsche zu waschen. Wir malten ein Pappkarton-Plakat auf dem wir unseren Service anboten, und nagelten es an die Tür der Gemeinschaftsküche im *single men's camp*. Vom ersten Tag an erwies sich unser Unternehmen als voller Erfolg. Die Männer arbeiteten schwer und verdienten gut. Sie wollten sich nicht damit abmühen, ihre Hemden und Socken zu waschen. Also übernahmen wir es für sie und verlangten dafür unverschämte Preise: *Two Shillings* für ein Paar Socken, *One Shilling* für ein Taschentuch, *Seven Shillings* and six Pence für ein Hemd.

Wir waren sehr gut organisiert. Montagmorgens sammelte der Taxifahrer die schmutzigen Wäschebündel ein und gab sie bei uns ab. Dann saßen Joy und ich auf der Stufe des Vorbaus und markierten die Sachen. Dies war eine unangenehme und übelriechende Beschäftigung, doch es musste gemacht werden, um sicherzugehen, dass unsere Kunden die richtigen Wäschestücke zurückerhielten. Den ganzen Montag und nahezu auch ganzen Dienstag wuschen wir. Das war gar nicht so schlimm, da wir in zwei *Pallo*-Waschmaschinen investiert hatten. Es waren die neuesten Modelle, mit motorisierter Wrangel über dem Bottich. Wir konnten eine Ladung Wäsche nach der anderen auf den kreuz und quer im Garten gespannten Wäscheleinen im Wind flattern lassen. Mittwochs und donnerstags bügelten wir. An einem Sommertag musste ich bei 42 Grad Celsius 79 Hemden bügeln. Freitag war der erfreulichste Tag unser Arbeitswoche. Die Wäsche, schön gefaltet, wurde in sauberes braunes Papier geschnürt und die Rechnung, die natürlich bar beglichen werden musste, wurde oben im Knoten befestigt. Der Taxifahrer lieferte die Pakete ab und sammelte das Geld ein. Unsere Kunden waren stets einverstanden bei Lieferung zu zahlen und er brachte das Geld gleich zu uns. Wir zogen sein Honorar, unsere Ausgaben für Waschmittel und die Ratenzahlung für die Waschmaschinen ab und deponierten den Rest – ein ansehnlicher Haufen von Scheinen und Münzen – in eine Keksdose. Jedesmal, wenn sie überquoll, marschierten wir zur Postsparkasse. Alles lief prächtig, von kleinen Pannen abgesehen. Einmal wurde eine ganze Maschinenladung weißer Hemden rosa verfärbt. Wahrscheinlich hatte sich ein Kugelschreiber in der Wäsche versteckt. Nach einigen verzweifelten Versuchen fand ich schließlich die Lösung. Jedes einzelne Hemd wurde mit *Janola*-Bleiche im Schnellkochtopf gekocht. Das brachte alles in Ordnung, die Hemden waren wieder schneeweiß. Allerdings wirkte das Gewebe nach dieser drastischen Behandlung etwas angegriffen. Das Geschäft florierte und wir erweiterten unsere Dienstleistungen. Zum Beispiel schickten wir die weißen Krägen der Frackhemden, welche perfekt gestärkt werden mussten, zu einer chinesischen Wäscherei in Dunedin. Es war amüsant, gelegentlich unsere Kunden an ihrer Kleidung zu erkennen. Doch wir hielten uns zurück und widerstanden dem Drang, »Mister blau kariertes Hemd« oder »Mister rot-grün-schwarz gemusterte Socken´ wie alte Bekannte zu begrüßen.

Es kam uns niemals in den Sinn, eine Genehmigung für unser Geschäft zu beantragen, geschweige denn Steuern zu zahlen. So waren wir erstaunt und betreten, als eines Tages ein »gemeiner« kleinlicher Beamter auftauchte, um uns auf unser Fehlverhalten und die möglichen Konsequenzen aufmerksam zu machen. Zum Bedauern unserer Kunden gaben wir daraufhin den Wäscheservice auf. Joy entschied sich, ihr zweites Kind zu bekommen und begann Babysachen zu stricken. Ich fand einen Job in der Marmeladenfabrik in Roxdale, die sich auf der anderen Seite des Clutha Flusses befand.

Auf dem Weg zur Arbeit musste ich eine Hängebrücke aus Holzplanken und seitlichem Maschendraht, hoch über dem wirbelnden Wasser überqueren. Die Brücke schwang hin und her und ich wagte es nicht, nach unten zu schauen. Vielmehr fixierte ich meinen Blick auf das andere Ufer, während ich mich mit beiden Händen am Maschendraht festhielt.

Ich arbeitete im Büro, das heißt, *ich war* das Büro. Der Manager kümmerte sich um das angelieferte Obst, überwachte den Koch- und Abfüllvorgang und den landesweiten Versand der Konserven. Er war viel zu beschäftigt, um sich mit den Büroangelegenheiten zu befassen. Er sagte mir einfach, ich sollte mich um alles, was ins Büro käme, kümmern und ich würde dann schon bald verstehen, was los sei, *get the hang of it*. Zwei ›Freunde‹ waren mir dabei behilflich: Die Registrierkasse und ein rotes Büchlein, the *ready reckoner* (handliche Rechner), mit dessen Hilfe ich mit den seltsamen britischen Geld- und Gewichtseinheiten umgehen konnte.

Die eindrucksvolle Registrierkasse war über ihr gesamtes gusseiserne Gehäuse mit silbernen Metallverzierungen geschmückt und hatte seitlich einen Hebel. Wenn man ihn betätigte, bimmelte es, eine Schublade flog auf und brachte niedliche kleine Fächer zum Vorschein, die Münzen und Geldscheine enthielten. Es gab darin verschiedene Pfundscheine sowie die Münzen: *Ha´pennies, Pennies, Threepenny*-Stücke, *Thrapence* genannt, *Sixpence, Shillings, Half-Crowns* und *Florins*, die den doppelten Wert von *Half-Crowns* hatten. Wenn der Manager von der Bank zurückkehrte, brachte er die Pfundnoten in grauen Leinensäckchen und die Münzen in festen braunen Papiertüten mit und ich sortierte anschließend das Geld in die Fächer der Kassenlade. Später musste es für den Lohn der Arbeiter wieder herausgenommen und in Papiertütchen gesteckt werden. Auf jedes Tütchen schrieb ich den Namen, den Stundenlohn und die Arbeitszeit mit den Überstunden, die mit einem höheren Satz bezahlt wurden, den Bruttobetrag, die Abzüge und schließlich den Nettobetrag. All dies wurde von den Stundenzetteln berechnet, die jeder Arbeiter täglich ausfüllte und auf einen langen Nagel am Fabrikausgang spießte. Morgens sammelte ich sie als Erstes ein und vermerkte die Einzelheiten in einem dicken Buch, woraus später der wöchentliche Lohn kalkuliert wurde. Hierfür war *the ready reckoner* von unschätzbarem Wert. Das Büchlein war auch mein Helfer in der Not, wenn die Bezahlung der Obstbauern ausgerechnet werden musste. Das Obst wurde in seltsamsten Gefäßen mit unterschiedlichen Gewichten angeliefert, die dementsprechend bezahlt wurden. Eine komplizierte Angelegenheit! Himbeeren, Loganbeeren, Boysenbeeren und schwarze Johannisbeeren kamen in Kerosinkanistern, Erdbeeren auf Tabletts. Aprikosen, Nektarinen, Pfirsiche und Pflaumen wurden entweder in *bushels* (Scheffeln) oder als *hundredweight* (hundert Pfund) geliefert. Ein *hundredweight* wog aber nicht 100 Pfund, sondern 112 Pfund; ein Pfund statt 500 Gramm nur 450 Gramm und ein bushel 56 Pfund zu je 450 Gramm.

Die Himbeeren, Loganbeeren und Erdbeeren kamen von so weit her wie Waimate in Canterbury, während die anderen Früchte in den Obstplantagen des Clutha Tals geerntet wurden.

Das Fabrikpersonal setzte sich aus Saisonarbeitern zusammen, hauptsächlich Studenten, die nur kurze Zeit während der Sommerferien blieben und in einer Schlafbaracke wohnten. Sie arbeiteten Schichtdienst, machten Überstunden und verdienten gut. Ihre Aufgabe war es, das Obst zu sortierten und zu entkernen, bevor es über die Fließbänder in die Kessel gelangte. Das Einkochen wurde von den Festangestellten erledigt. Sie waren zuverlässig und kannten den genauen Moment, wann das brodelnde Gemisch aus Zucker und Früchten in die Dosen abgefüllt werden musste.

Um Punkt zehn und drei Uhr machten wir *smoko* (Tee-und Raucherpause) an einem blanken Holztisch im *smoko room* (Raucherzimmer), welches mit Werbeplakaten für *Roxdale*-Produkte und Vorschriften für den Feueralarm geschmückt war. Die *tealady* servierte Tee und Buttergebäck.

Die Arbeit in der Marmeladenfabrik gefiel mir sehr und ich habe dort viel gelernt. Ich hörte erst auf zu arbeiten, als es mir zu beschwerlich wurde, über die Hängebrücke zu balancieren und meinen schwangeren Bauch zwischen den Bürotisch und Hocker zu zwängen. Beim letzten *smoko* hatte ich, wie es der Brauch verlangte, Sahnetörtchen gebacken und meine Kollegen schenkten mir zum Abschied niedliche Babysachen.

Inzwischen hatte Nick die ersten Stufen der beruflichen Erfolgsleiter erklommen. Anfangs war er als Arbeiter im Vermessungsbüro angestellt, wurde aber nach sechs Monaten zum Assistenzvermesser befördert und durfte daraufhin eine hölzerne Vermessungsstange sowie eine Vermessungsspule und ein Klemmbrett mit sich herumtragen. Gelegentlich war es ihm erlaubt den Theodolit zu benutzen, um Vermessungen in solch ungewohnten Maßstäben wie *inches, feet, yards chains* und *miles* durchzuführen. Natürlich ging er noch immer um sieben Uhr zur Arbeit, ausgerüstet mit Brotdose und Thermosflasche und kam staubig und müde nach fünf Uhr heim. Aber sein Lohn erhöhte sich und er konnte sich ein gebrauchtes klappriges Fahrrad leisten. Wir hatten beide zusätzlich einen Feierabendjob. Die wohltätigen Paten der YMCA (CVJM) wussten, dass wir Geld benötigten und hatten Nick den Job als Türsteher im Kino der Gemeindehalle angeboten. Es war seine Aufgabe, vor den Vorstellungen die Türen aufzuschließen, sie später wieder abzusperren und zwischendurch für Ordnung unter den Zuschauern zu sorgen. Als Zeichen seiner Autorität hielt er eine grell leuchtende Taschenlampe in der Hand. Er machte seine Sache gut und niemand machte ihm je Schwierigkeiten. In der flackernden Dunkelheit brauchte er nur den Strahl der Taschenlampe auf einen möglichen Unruhestifter zu richten. Das genügte. Der Grund für diesen unmittelbaren Gehorsam? Nun, jemand hatte das Gerücht verbreitet, Nick wäre ein ehemaliger Karate-Champion in der Roten Armee gewesen und wir widersprachen dieser Geschichte nicht.

Mein Job war weniger glamourös. Ich war eine von drei Frauen, damals ›Mädels‹ genannt, die im Foyer arbeiteten. Wir wechselten uns dabei ab Eintrittskarten zu verkaufen, dieselben am Eingang durchzureißen, zu spät Kommende zu freien Plätzen zu geleiten oder Süßigkeiten zu verkaufen. Letzteres war die beliebteste Aufgabe, denn uns wurde gestattet, jede beschädigt verpackte Süßigkeit zu behalten, das hieß zu vertilgen. Wir sagten: »Hoppla, was für ein Pech, es ist beschädigt!«, und teilten uns freudig den Packungsinhalt. Meine Vorliebe für Schokolade entwickelte sich wahrscheinlich in dieser Zeit.

Kapitel 31

Die Lehrjahre

Die ersten fünf Jahre in Roxburgh waren unsere Lehrjahre. Wir lernten, uns dem Lebensstil unserer neuen Heimat anzupassen und uns in das soziale Umfeld einzufügen. Wir kamen mit den alltäglichen Anforderungen im Haushalt und am Arbeitsplatz zurecht und gewöhnten uns an das Klima und die »umgekehrten« Jahreszeiten. Weihnachten war am schwierigsten. Die traute Weihnachtsstimmung mit Kerzenschein und traditionellen Gebräuchen kam mitten im Sommer bei über 30 Grad Hitze nicht auf. Statt Schlitten zu fahren, gingen wir schwimmen, statt Gänsebraten, Knödel, Marzipan und Lebkuchen gab es Lammkeule mit Minzesoße, frische Erbsen, neue Kartoffeln und *Pavlova*-Dessert mit Erdbeeren. Luftballons und buntes Krepp-Papier hingen am Christbaum und Weihnachtsgeschenke gab es erst am Morgen des 25.! Es war nicht leicht, gegen das Heimweh anzukämpfen.

Die Arbeiterschaft des Dammprojekts war international. Die Spitze der Hierarchie bildeten die neuseeländischen Fachkräfte und das Personal der Britischen und Schweizer Bauunternehmen. Die Arbeiter kamen von überall in Neuseeland und es gab außerdem zahlreiche Immigranten aus England und Holland sowie vereinzelt aus Polen, Griechenland, Jugoslawien, der Tschechei und uns beide, einen Russen und eine Deutsche.

In den fünfziger Jahren wurden aufgrund der jüngsten historischen Ereignisse und der darauf folgenden Propaganda Russen und vor allem Deutsche als Bösewichte betrachtet. Fünfzig Jahre und zwei Generationen nach dem Zweiten Weltkrieg wird diese Sicht bis zu einem gewissen Grade auch heute noch von einigen Medien aufrechterhalten. Es ist den vielen Menschen, die wir in den Anfangsjahren kennen lernten, zugute zu halten, dass sie darüber hinwegsahen und sich mit uns anfreundeten. Die in Roxburgh entstandenen Freundschaften haben bis zum heutigen Tage gehalten.

Manchmal brachten die damaligen Vorurteile komische Situationen hervor: Zum Beispiel, als sich ein Freund über die *Central European Cutthroats*, die mitteleuropäischen Halsabschneider, aufließ und wir ihn darauf aufmerksam machten, dass wir beide Mitteleuropäer seien. »Oh, ich habe natürlich nicht *euch* gemeint!«, rief er. »Ihr seid doch ganz anders.«

Nick hatte größere Sprachschwierigkeiten als ich, doch unser beider Wortschatz erweiterte sich rasch. Besonders schnell lernten wir den Kiwi-Slang, der uns von unseren Nachbarn und Kollegen beigebracht wurde. Viele Wörter und Ausdrücke, die mir so leicht über die Lippen gingen, ließen mich Jahre später erröten, als mir deren Bedeutung von den konservativen Bürgern von Stratford in Taranaki erklärt wurden.

Nicks Aufnahmezeremonie, um als *one of the real blokes* (einer der echten Kerle) zu gelten, fand bei einer Garagenparty statt, die unser guter Nachbar Sid organisierte. »Keine Frauen erlaubt, aber bring ›ein Dutzend‹«, hatte Sid angeordnet. Also zog Nick mit seinen Bierflaschen los, kehrte jedoch nach einigen Minuten zurück. »Schnell, gib mir ein paar Scheiben trockenes Brot und eine Tasse Olivenöl, es wird ein ernsthaftes Trinkgelage werden.« Dermaßen gestärkt machte er sich wieder auf den Weg und kam erst im Morgengrauen heim, blass, aber dennoch triumphierend. »Sid und ich waren die Einzigen, die um zwei Uhr morgens noch aufrecht stehen konnten«, verkündete er, »und etwas später rutschte auch Sid unter den Tisch.« Keiner der echten Kerle kannte den russischen Trick, wie man ein Saufgelage gut überstand: Trockenes Brot absorbierte den Alkohol und Öl schwamm als ›Siegel‹ oben drauf.

Bei der Arbeit am nächsten Tag zwinkerten die anderen Nick zu, klopften ihm auf die Schulter und nannten ihn *mate* (Kumpel). Er hatte sich ihren Respekt verdient und war nun einer von ihnen. Später sammelte er weitere Kiwi-Erfahrungen mit Alkohol.

»Trevor weiß, wie man's macht«, sagten sie. Trevor hatte

seit Jahren sein eigenes Bier gebraut, starkes Bier, das es ganz schön in sich hatte. Trevors Gebräu ließ einem Haare auf der Brust wachsen und war wesentlich billiger als das gekaufte Zeug. Ganz einfach zu brauen, sie bräuchten nur Trevors Anleitungen folgen. Kinderleicht!

Trevor besaß die gesamte Ausrüstung fürs Bierbrauen und sie wollten alles an einem Morgen erledigen. Es sollte nur ganz wenig kosten, denn sie wollten sich die Kosten teilen und die Zutaten waren sowieso billig. Alles, was sie mitbringen sollten, waren jeweils fünf Dutzend leere Flaschen. »Spült sie ein bisschen aus«, lautete der einzige Hinweis. Und so begab es sich, dass eines schönen Samstagmorgens zwei Bierbrauer-Lehrlinge und ein Experte auf den Stufen unseres Waschhaus saßen: Jos, der Holländer, Trevor vom Vermessungsbüro und mein Nick. Sie führten Männergespräche, lachten herzhaft und befolgten Trevors einfachen Anleitungen. Er hatte den Kupferkessel gefüllt, schürte das Feuer, bis das Wasser kochte. Dann fügten sie unter seiner Aufsicht abwechselnd geheime Zutaten hinzu und rührten diese mit einem Besenstiel um. Die Mischung roch recht angenehm nach Hefe, Malz und Zucker, aber nicht unbedingt nach Bier. Irgendetwas fehlte: *a bit of oomph*, ein bisschen scharfer Geschmack. »Ah«, sagte Trevor, »ich weiß, was fehlt. Wir brauchen ein wenig Thymian. Thymian hebt den Geschmack.« Jos brauste auf dem Fahrrad los und kam mit etwas wildem Thymian zurück, den er am Straßenrand gepflückt hatte. Sie warfen den Büschel in das blubbernde Gebräu und sogleich entwickelte sich ein starker Kräutergeruch. »She'll be right now« (jetzt wird's schon werden), sagte Trevor. »Fertig zum Abfüllen.«

Er hatte alles Nötige dabei: Gießbehälter, Trichter, Siebe, richtige Metalldeckel und ein Gerät, um die Deckel fest auf die Flaschen zu drücken. Gegen Spätnachmittag hatten sie einhundertacht Flaschen gefüllt und verschlossen. Die Flaschen sahen hübsch aus, wie sie da so aufgereiht standen. »Ihr müsst sie jetzt hinlegen und reifen lassen«, meinte Trevor. »Ich denke, sechs Wochen genügen. An einem kühlen Platz, am besten unterm Haus.« Jos war der Schlankste und so schlängelte er sich an den Betonpfosten vorbei und fand den kühlsten Platz, genau unter unserem Schlafzimmer. Nick reichte ihm vorsichtig die Flaschen und Jos legte sie behutsam nebeneinander in den steinigen Sand. Trevor wischte den Kessel sauber und ruhte sich anschließend auf seinen Lorbeeren aus, genoss eine Zigarette und die Bewunderung seiner Lehrlinge.

Sechs Wochen vergingen und Freunde waren zur festlichen Bierprobe eingeladen worden. Jos krabbelte wieder unters Haus und die ersten sechs Flaschen wurden triumphierend hervorgeholt, abgewischt, bewundert und geöffnet. Das Gebräu schäumte über, es war der Beweis, dass es richtig fermentiert war. Es war also das ›kräftige gute‹ Zeug, das Trevor ihnen prophezeit hatte. »Down the hatch« (runter damit), riefen sie fröhlich und: »Cheers« (zum Wohl), als sie einen anständigen Schluck nahmen. Aber ihre Gesichter verzogen sich: »God«, sagte einer, »Shit«, sagte ein anderer. Niemand schaute Trevor an, als er murmelte: »Muss am verdammten Thymian liegen«. Einhundertundzwei Flaschen blieben unter unserem Haus beerdigt.

Die Bierbrauer: Jos, Trevor und Nick.

In den folgenden Monaten wurden wir nachts häufig durch einen lauten Knall geweckt. Doch die Explosionen unter dem Schlafzimmer beunruhigten uns nicht sonderlich. Aufgrund des fauligen Gestanks fermentierten Thymians, der durch die Dielen drang, wussten wir, dass wieder einmal eine Bierflasche in tausend Stücke zerborsten war.

Das gesellschaftliche Leben der verheirateten Frauen im Hydro-Dorf kreiste um die Nachmittagstee-Partys, die entweder zu Hause oder bei den Treffen der Women's Division (Frauen-Abteilung) oder des Country Women's Institute (Landfrauen-Institut) stattfanden.

Diese Zusammenkünfte wurden monatlich in der Gemeindehalle abgehalten. Man zog sich immer schick an. Zum Women's Division Meeting trug man sogar in der Sommerhitze Hut und Handschuhe und es wurde erwartet, dass man ›einen Teller‹ mitbrachte. Bring a plate, hieß es auf der Einladung. Dies war stets eine Herausforderung, etwas auf dem Teller mitzubringen, was einen nicht vor all den anderen erfahrenen Kochkünstlerinnen blamierte. Gewöhnlich hielt eine Dame einen Vortrag: ›Mein Besuch in…‹

war ein beliebtes Thema. Manchmal wurde auch vorgeführt, wie man einen Kuchen kunstvoll mit Zuckerguss dekorieren kann oder wie man Blumengebilde aus Krepp-Papier bastelt und dergleichen. Diesem Unterhaltungsprogramm ging das Protokoll des vorherigen Treffens voraus, wichtige Angelegenheiten wurden erörtert, neue Projekte besprochen und Vorschläge für die nächste Sitzung diskutiert. Es waren alles ernsthafte Dinge, zu denen wir »Aye« sagten und somit zustimmten.

Kein Mitglied ließ sich je dazu hinreißen, eine gegenteilige Meinung zu den Vorschlägen zu äußern. Die Treffen wurden damals stets mit God save the Queen eröffnet und schlossen feierlich mit dem Women´s Division Gebet. Man ging erschöpft und erbaut zugleich wieder nach Hause.

Ein Nachmittagstee im Hause einer Freundin verlief weniger formell, doch wurde auch hier eine gewisse Etikette eingehalten. Als Gastgeberin bot man etwas mit Butter Bestrichenes an, außerdem selbst gebackene Plätzchen, etwas Glasiertes, etwas Sahniges und etwas Pikantes. Man servierte Tee. Damals tranken wir noch keinen Kaffee. Von dem Gast wurde erwartet, nicht vor halb drei und nicht später als ein paar Minuten nach drei Uhr zu erscheinen und sich pünktlich um fünf Uhr zu verabschieden, wenn die Sirene zum Feierabend aufheulte.

Dinner Parties (Einladungen zum Abendessen) waren noch nicht in Mode. Eine Einladung am Abend war eine zum supper, einem Imbiss, der spätestens um halb zehn serviert wurde, bevor man nach Hause ging. Bei den abendlichen Einladungen waren wir in gemischter Gesellschaft. Allerdings unterhielten sich Frauen und Männer in getrennten Gruppen; die Männer versammelten sich in einer Ecke des Zimmers, wir Frauen in einer anderen. Unsere Gespräche drehten sich um Kinder, Frauenleiden, häusliche Zwischenfälle. Worüber redeten die Männer? Nur ein einziges Mal ging ich in ihre Ecke, um dies zu erfahren. Die Frauen durchbohrten mich mit bösen Blicken und den Männern war es äußerst peinlich, mich in ihrer Mitte zu finden. Ich hatte einen gewaltigen Fauxpas begangen, den ich nie mehr wiederholte.

Alle Häuser im Hydro-Dorf waren nach dem gleichen Entwurf gebaut, obgleich man die Häuser größerer Familien um eine Hütte an einer Seite des Hauses erweitert hatte. Der identische Grundriss erwies sich als äußerst praktisch. Wenn man jemanden besuchte, wusste man genau, wo sich sämtliche Einrichtungen befanden. Die Ausstattung war auch sehr ähnlich: Congoleum oder Linoleum auf den Fußböden des ganzen Hauses. Die Familien, die schon länger hier waren und sich etwas Luxus leisten konnten, hatten Teppiche im Wohn- und Essbereich. Die Teppiche waren in Herbsttönen gemustert. Vorhänge und Tagesdecken waren aus Chenille und Frottierplüsch, entweder rötlich braun, beige, rosé oder grün. Tüllgardinen hatten komplizierte Blumenmuster und Rüschen. Sofas und Lehnstühle waren mit Möbelplüsch überzogen und die meisten Möbelstücke dunkelbraun lackiert. Bei schönem Wetter wurde die Eingangstür mit einem Türstopper offen gehalten. Das beliebtestes Model schien die Gipsfigur eines schwarzweiß-gefleckten Spaniels zu sein. Winterliche Zugluft, die unter den Türen durchdrang, wurde mit einem langen wurstförmigen Gegenstand, das niedlich wie ein Hund oder eine Katze zurechtgemacht war, zurückgehalten. Damit die Fliegen draußen blieben, wehten lange bunte Plastikstreifen in der Eingangstür. Um die Fliegen, die es trotzdem nach innen geschafft hatten, loszuwerden, baumelten meist klebrige mit Fliegenleichen verziert Papierstreifen von den Lampen.

Eine gute Hausfrau erkannte man daran, dass sie ihren Shacklock-Herd so schön schwarz polierte, dass sie sich darin spiegeln konnte. Um dies zu erreichen, trug man Graphitstaub mit einer Bürste auf. Gewöhnlich endeten meine Bemühungen damit, dass meine Hände und mein Gesicht fast so schwarz wie der Herd waren.

Pastellfarbene Nylonstoffe, knitterfreies Trevira, glänzende Baumwollstoffe mit kühnem Rosenmuster, gestärkte Petticoats und toupierte Hochfrisuren waren damals in Mode. Bei der Hausarbeit und beim Kochen trug man eine Schürze. Tüchtige und sparsame Hausfrauen nähten diese aus gebleichten Mehlsäcken und ihre Topflappen aus den dickeren Zuckersäcken.

Zu Beginn unserer Ehe waren Spaghetti Bolognese, gefüllte Tomaten und Paprikaschoten mit Kartoffelpüree sowie einige Salate schon die Bandbreite meines kulinarischen Repertoires. In Roxburgh musste ich meine Kochkunst schnell erweitern, denn die einzige Alternative zum Selberkochen war, uns fish n´ chips zu besorgen. »Du genießt es doch sicher, all das wunderbare Essen hier in Neuseeland zu haben?«, wurde ich des Öfteren gefragt. Lächelnd nickte ich höflich und fragte mich insgeheim, welche Vorstellung die Kiwis wohl von der europäischen Küche hatten.

Es stimmt, dass Neuseeland damals wie auch heute das Land ist, »wo Milch und Honig fließen«. Aber in den Fünfzigern floss beides in sehr einfacher Form. Milch war Milch. Sie war weder entrahmt noch angereichert oder homogenisiert. Der Milchmann schöpfte sie aus großen Metallkannen, die auf seinem offenen Lieferwagen standen, in das milk billy (kleineres Metallgefäß). Rohes Fleisch und Wurst kaufte man aus dem Lieferwagen des Metzgers. Als Wurst gab es hauptsächlich bangers (Bratwurst) und saveloys (rötliche Kochwurst), die anscheinend meterweise verkauft wurden. Eine gummiartige Scheibenwurst in rosa und grauer Schattierung (luncheon sausage) nebst Blutwurst, (blackpudding!) waren auch ab und zu erhältlich. Doch ich hielt mich stets zurück, diese Köstlichkeiten zu kaufen.

Ein Eisschrank galt damals noch als Luxusartikel. Verderbliche Ware wurde im safe gelagert. Das war eine Kiste mit Maschendraht an drei Seiten, die außen an der Küchenwand hing, und sich von innen öffnen ließ.

Die Einkaufsliste las sich weniger kompliziert als heute. Supermärkte gab es noch nicht. Wir kauften beim grocer (Lebensmittelhändler) oder beim greengrocer (Gemüsehändler) ein. Man hatte die Wahl zwischen Weißbrot und Braunbrot, mildem oder pikantem Käse, Lang- und Rundkornreis, weißem und braunem Mehl. Es gab Macaroni, aber andere Nudelsorten waren fremdländisch und nicht erhältlich. Beim Gemüsehändler konnte man das Gemüse kaufen, das sich im eigenen Gärtchen nicht anbauen ließ, und er versorgte einen kistenweise mit Obst, welches eingekocht oder zu Marmelade verarbeitet wurde. Man war sehr stolz auf die Gläser mit eingemachtem Obst, die reihenweise in den Regalen standen.

Eines Tages war es an der Zeit, mir einen neuen Büstenhalter zu kaufen. Wie sich herausstellte, war es keineswegs eine einfache Angelegenheit, denn das englische Wort für dieses Kleidungsstück war mir unbekannt. Mein umgangssprachliches Englisch zeigte sich dieser Anforderung nicht gewachsen und mein kleines Taschenwörterbuch enthielt nicht das Wort BH. Vielleicht verbot es der Anstand, weil brassière französisch war und deshalb als zu gewagt erachtet wurde?

Die Gemeinde Roxburgh war mit einem Textilgeschäft gesegnet, das den Gebrüdern Laloli gehörte. Messingbuchstaben zierten die Schaufenster und eine polierte Mahagoni-Verkaufstheke, dunkle Schränke mit mehreren Schubladen, Vitrinen und Regalen zeichneten es als ein altehrwürdiges Unternehmen aus. Ich schaute mich vergebens nach einem Büstenhalter um. In den beiden Glasvitrinen lagen Hüte und Handschuhe aus, mehrere Stoffballen ruhten auf den Regalen, sämtliche Schubladen waren geschlossen. Kein einziger Büstenhalter in Sicht. Hinter der Theke stand Herr Laloli, ein älterer Gentleman, rundlich und glatzköpfig. Er hatte meine Suche mit wachsender Sorge beobachtet und murmelte schließlich: »Darf ich Ihnen behilflich sein?« Er musterte mich über seine halbrunden Brillengläser hinweg. Und ich, frustriert von meiner erfolglosen Suche und noch schlimmer, frustriert über meinen unzureichenden Wortschatz, ging zu ihm hin, schaute ihm geradewegs ins Gesicht und sagte mit entschlossener Stimme: »I want a bosom holder!«, worunter man hätte verstehen können, dass ich jemand suchte, der meinen Busen festhielt. Der arme Herr Laloli wusste nicht, dass dies lediglich die wortwörtliche Übersetzung des deutschen Wortes für Büstenhalter war und nicht der dreiste Annäherungsversuch einer jungen Ausländerin. Die Wirkung meines Ersuchens überraschte mich. Er errötete, nahm seine Brille ab und hielt sich einen Augenblick an der Theke fest, bevor er floh. Mit drei langen Schritten hatte er einen Samtvorhang erreicht, hinter welchem er verschwand. Es folgte eine gedämpfte Unterhaltung.

Schließlich lugte sein Kopf vorsichtig durch einen Spalt des Vorhangs. »Meine Frau wird gleich bei Ihnen sein«, sagte er mit zitternder Stimme. Die vernünftige Matrone erschien und löste mein Problem innerhalb einer Minute: »It´s a bra you want, dearie« (Sie möchten einen BH, mein Kind) und der Kauf ging problemlos vonstatten. Herr Laloli trat nicht mehr in Erscheinung und als ich einige Zeit später sein Geschäft erneut betrat, zog er sich sofort hinter den Vorhang zurück.

Kapitel 32

Michael

Wir wollten eine Familie sein, hofften auf ein Kind. Aber in unserer vierjährigen Ehe hatte sich bisher nichts getan.
 Ich wusste kaum Bescheid übers Kinderkriegen. Da es peinlich gewesen war mit meiner Mutter darüber zu sprechen, hatte ich sie nicht weiter danach gefragt. Die Damen im Hydro-Dorf sprachen über sexuelle Themen nur im Flüsterton. Ich beteiligte mich nicht daran. Als es mir gelegentlich übel wurde, kam mir nicht in den Sinn, meinen Kalender zu überprüfen. Ich war bereits im vierten Monat, als unser Arzt die Schwangerschaft feststellte. Etwa um diese Zeit sehnte ich mich nach deutscher Leberpastete, die in Neuseeland nicht zu haben war. Meine Mutter, hocherfreut über die Nachricht Großmutter zu werden, schickte prompt zwei Dosen. Die Zollbehörde informierte uns jedoch, dass das Päckchen in Dunedin beschlagnahmt worden war. Da die Einfuhr von Fleischprodukten wegen der Gefahr von Maul-und Klauenseuche streng verboten war, sollte meine Leberpastete vernichtet werden. Ich rief den Zoll an, erklärte meinen empfindsamen Zustand und fragte, ob ich in das Zollbüro kommen und die Pastete unter ihrer Aufsicht vertilgen dürfte. Ja, das war möglich. Und so begab ich mich, mit Dosenöffner und zwei Päckchen Kräcker ausgerüstet, auf die dreistündige Busreise nach Dunedin.

Anfangs betrachteten mich die Zollbeamten etwas verwirrt, aber nachdem ich sie überreden konnte, ein paar Kräcker mit Leberpastete zu kosten, amüsierten wir uns prima und aßen alles auf. Ich muss zugeben, dass es mir bereits nach der ersten Dose ein wenig übel war, aber ich gab mir keine Blöße und mein Heißhunger nach diesem Zeug wurde mehr als befriedigt. Danach war es mir etliche Jahre lang unmöglich, an Leberpastete zu denken, geschweige denn sie zu verzehren.

Unter Anleitung meiner guten Nachbarin Joy und anderen erfahrenen Freundinnen strickte ich nun Jäckchen, Schühchen, Häubchen und Hemdchen, nähte Nachthemdchen, Unterröckchen, Kleidchen, Kissenbezüge und Bettlaken, häkelte Verzierungen um Trockenunterlagen und Wolldecken. Wir investierten in einen Kinderwagen, einen Babykorb und ein Kinderbett. Als ich beunruhigende Körpermaße angenommen hatte, betrachtete mich Nick ängstlich wie eine Zeitbombe und fragte jedesmal wenn ich ein Zucken verspürte, ob ›es‹ jetzt ankäme.

An dem Abend, als das Zucken wirklich ernst wurde, geriet er in Panik, sprang über den Zaun zu den Nachbarn und holte Sid mit seinem Taxi. Sie setzten mich auf den Rücksitz und wir rasten zum Entbindungsheim nach Roxburgh. Dort angekommen, sprangen die zwei aus dem Wagen, rannten zum Eingang und riefen: »Schwester, Schwester!«, während sie mich wie einen gestrandeten Wal auf dem Rücksitz meinem Schicksal überließen. Die Oberschwester erschien und fragte, welcher der Herren unter Geburtswehen leide, worauf sie mit betretenen Gesichtern umkehrten und mich und meinen Koffer aus dem Auto holten.

Ich wurde ins Bett gesteckt, die Fruchtblase platzte, der Arzt untersuchte mich und dann passierte überhaupt nichts. Sid fuhr mit Nick zurück nach Hause. Später in der Nacht spitzte sich die Lage zu, ich benötigte die Hilfe eines Spezialisten. Nick wurde benachrichtigt, ein Krankenwagen angefordert und um zwei Uhr früh brachen wir nach Dunedin auf. An die lange Fahrt über die kurvenreiche Schotterstraße kann ich mich kaum erinnern, denn immer wenn ich stöhnte, verabreichte mir der Arzt Lachgas. Da er und Nick mit mir hinten im Wagen saßen, bekamen sie selber jedesmal einen Hauch des Gases ab. Als wir schließlich das *Queen Mary Hospital* erreichten, konnte keiner der beiden mehr so richtig auf seinen Füßen stehen. »Ihr armer Mann und der arme Arzt, es war ihnen so schlecht« sagte die Stationsschwester, als ich mittags endlich zu mir kam. Sie schien mehr Mitgefühl für die beiden Männer zu haben als für mich und das Baby.

Michael war ein großes Baby von über vier Kilo. Er war nach der Zangengeburt ziemlich lädiert und musste seine ersten Lebenstage im Brutkasten verbringen. Erst am dritten Tag sah ich meinen Sohn zum ersten Mal. »Es geht ihm gut«, sagte man mir, »machen Sie sich keine Sorgen, wir kümmern uns um ihn.« Doch ich machte mir natürlich Sorgen. Etwas anderes konnte ich nicht tun. Ich musste vollkommen ruhig auf einer unbequemen Gummiunterlage im Bett liegen, war wegen Blutungen »unten herum« fest verpackt und am »oberen Ende« mit mehreren Schläuchen verbunden. Wären Michael und ich im Kreissaal beinahe ums Leben gekommen? Dunkelbraune Augen über einer Gesichtsmaske hatten mich prüfend angesehen, während ich unter grellen runden Lampen lag. Jemand hatte gesagt: »It does not matter now«, (jetzt macht das nichts mehr aus). Ich weiß, dass ich dachte: »Das bedeutet, dass es zu spät ist. Ich sterbe jetzt.« Ein schwarzer Tunnel lag vor mir und am anderen Ende war eine große Helligkeit. Ich glitt den schwarzen Tunnel hinab, hatte keine Angst und staunte, dass es so war, wie es war.

Als mein Baby endlich zu mir gebracht wurde, sah ich nur sein kleines rotes Gesicht mit den Abschürfungen an beiden Wangenknochen. Seine Augenlider waren geschwollen und sein Näschen wirkte platt gedrückt. Die zarte Haut fühlte sich feucht an, als ich ihn küsste. Ich wollte ihn auswickeln und nachsehen, ob alles ›dran‹ war. Die Krankenschwester, eine Angst einflößende Frau, deren Statur einer unbezwingbaren Festung glich, wusste solch ein Verhalten zu verhindern. »Er ist hier, um gestillt zu werden«, verkündete sie. »Machen sie schon. Zehn Minuten an jeder Seite.« Ich wusste nicht so recht, wie man es machte. Es tat weh auf meinen Stichen zu sitzen, es war mir peinlich, mich zu entblößen, meine Brüste waren hart und schmerzhaft. Mein Baby wusste auch nicht, was es tun sollte. Wir beide wurden immer aufgeregter und uns wurde zunehmend heißer. Wir waren frustriert, als wir das verlangte Ergebnis nicht erreichten. Als Mutter hatte ich versagt. Ich brach in Tränen aus und mein Baby schrie. Die Schwester kam zurück und gab uns deutlich zu verstehen, dass sie von unserer

Darbietung wenig beeindruckt war. Sie wickelte Michael etwas auf und ich erhaschte einen Blick auf seine Finger und Zehen. Gott sei Dank, es war alles okay. Souverän klemmte sie mir den Kleinen an die Brust. Das arme Kerlchen wand sich und wimmerte, doch schließlich trank es ein wenig. Es tat weh. »In vier Stunden wird er wieder gestillt«, erklärte sie dann, wobei sie ihn erneut zu einem Bündel verpackte und mit ihm verschwand. »Sie werden nicht nach Hause gehen, bevor Sie richtig stillen können. Haben Sie ihn schon einmal gebadet?« Nein, das hatte ich noch nicht getan. Es war wahrscheinlich genauso schwierig wie das Stillen. Für beide Aufgaben fühlte ich mich völlig ungeeignet – als Mutter war ich eine absolute Niete. Ich schluchzte wieder. Es gab häufig Tränen während dieser zehn Tage im *Queen Mary Hospital* in Dunedin. Nick, der frisch gebackene Vater, schien über seinen neuen Status und die damit verbundenen Anforderungen etwas verwirrt und beunruhigt zu sein. Er musste zur Arbeit nach Roxburgh zurück, und war, wie ich glaube, insgeheim erleichtert, sich von all dem Babykram distanzieren zu können.

Ein älteres deutsch-jüdisches Ehepaar in Dunedin, mit dem wir befreundet waren, besuchte mich hin und wieder. Doch es gab niemanden, mit dem ich meine Gefühle teilen oder den ich vertrauensvoll um Rat hätte fragen können. Nach sieben Tagen durfte ich aufstehen und mein Baby zum Baden aus dem Säuglingssaal holen. Ich war entsetzt, als ich Michael dort als eines von mehreren identischen Bündeln vorfand, die fest in weißen Flanell gewickelt in einer Reihe identischer Körbchen lagen. Die Bündel waren nur an den Namenskärtchen zu erkennen, die mit rosa oder blauem Band an den Körbchen befestigt waren. *Tiscenko, Male*, plärrte mit den anderen Bündel im Chor.

Es ist sehr schwierig für eine unerfahrene Mutter, ihr Erstgeborenes zum ersten Mal zu baden. Ein Säugling ist so glitschig und zerbrechlich und so klein. Man benötigt mindestens drei Hände, um zu verhindern, dass er unter Wasser gleitet und ertrinkt, während man versucht, ihn von Kopf bis Fuß einzuseifen und die winzigen Falten und verborgenen Stellen zu säubern. Zudem muss man aufpassen, dass er einem nicht durch die Finger rutscht und auf den Boden klatscht, wenn man ihn aus dem Wasser hebt, um ihn auf den Wickeltisch zu legen. Ihn trockenzutupfen, anzuziehen und die Windeln mit einer Sicherheitsnadel ordentlich festzumachen, ohne den eigenen Finger oder das Baby dabei aufzuspießen, verlangt ebenfalls viel Geschick.

Am Tag der Entlassung nahmen unsere Freunde aus Dunedin Michael und mich mit zu sich nach Hause, um dort auf Nick zu warten. Holländische Freunde hatten uns einen Reisekorb für Michael geliehen und englische Freunde kamen in ihrem *Vintage Buik* und holten uns zur Heimreise ab. Nachdem wir uns von unseren Gastgebern verabschiedet hatten und einsteigen wollten, fragten sie: »Habt ihr nicht etwas vergessen?« Dieses Etwas war unser Baby, das niedlich in seinem Reisekorb im Gästezimmer schlummerte. Michael erzählt noch immer gern die Geschichte, wie er im zarten Alter von zehn Tagen um ein Haar von seinen Rabeneltern verlassen worden wäre.

Eltern zu sein, bedeutete eine ganz neue Erfahrung. Wir stellten fest, dass wir rund um die Uhr eingespannt waren, sieben Tage in der Woche. Wir entwickelten bald eine Routine, die ›seiner Majestät‹, dem Baby, am besten zusagte. Jede Stunde des Tages und auch der Nacht kreiste um sein Wohlergehen. Wir wurstelten uns mit Hilfe von Magnesium-Präparaten und mit Unterstützung der *Plunket Nurse* (Säuglingspflegerin) durch die ersten Kolik-Monate. Die *Plunket Nurse* war wesentlich freundlicher und hilfsbereiter als die Schwester im *Queen Mary Hospital*. Sie kam regelmäßig, um nach Michaels Fortschritt zu sehen, und gab

Baby Michael, unser kleiner Kiwi.

gute Ratschläge. So führten wir zum Beispiel das *Plunket book*, ein Büchlein, in dem die Fortschritte des Babys eingetragen wurden. *Fortschritt* hieß Gewichtszunahme, was sie mit einer einfachen Methode feststellte. Das Baby, in einer Windel eingepackt, wurde mittels eines Hakens, woran eine Waage befestigt war, emporgehoben. Ich ängstigte mich jedesmal vor den schrecklichen Folgen, falls sich der Haken oder die Windel gelöst hätten. Aber dies passierte zum Glück nie.

Die Winter waren sehr kalt in Roxburgh; Baby Michael trug nachts ein Wollmützchen und Fausthandschuhe und wenn die Wärmflasche zu Boden fiel, fand man sie am nächsten Morgen hart gefroren. Falls die Windeln zu früh draußen auf die Wäscheleine gehängt oder zu spät hineingeholt wurden, gefroren sie zu starren Formen.

Um die Obstblüten vor Frost zu schützen, wurde in den Plantagen unter jedem Baum ein mit Öl brennender *smokepot* (Räuchertopf) angezündet und eine rußige Wolke schwebte über das Clutha-Tal. Normalerweise löste sich die Wolke gegen zehn Uhr auf, aber wenn der Wind aus der falschen Richtung wehte, zog die Wolke von den Plantagen, die flussaufwärts bei Alexandra lagen, durch das Roxburgh-Tal und hinterließ ihren schwarzen Rußfilm auf den Windeln. Heutzutage, wenn es starken Frost gibt, besprüht ein leichter Wasserstrahl die Bäume. Dadurch bildet sich ein dünner Eisfilm um die Blüten und schützt sie so vor Frostschäden.

Da es in den fünfziger und sechziger Jahren solche Errungenschaften wie Wegwerfwindeln, Babywischtücher, Babynahrung in Dosen und ›mitwachsende‹ Babykleidung noch nicht gab, war die Kleinkindpflege recht mühsam. Die erste Festnahrung wurde durch ein Sieb gepresst. Solange es sich dabei um Obst oder Gemüse handelte, ging das ganz gut. Aber rohe Leber auf diese Weise zu verarbeiten, verlangte Willenskraft und mütterliche Hingebung. »Rohe Leber ist sooo gut für das Baby«, hatte die *Plunket*-Schwester gesagt. Beim Einflößen des sooo gesunden Lebertrans, den mein Baby nur widerwillig entgegennahm, stellten wir beide fortan unsere Ausdauer und Beharrlichkeit unter Beweis.

Und Michael wuchs. Blondes Haar spross so weich und fein wie Frühlingsgras. Bald zeigte er uns seine ersten Zähnchen setzte sich im Kinderwagen selbst auf und begann schon bald umherzuwackeln. Er bestand sehr früh darauf, sich selbst mit viel Geklecker zu füttern, was seinen Vater vom Essen ablenkte. Der kleine Kerl entwickelte sich zu einem entschlossenen Persönchen, redete in Babysprache und ließ sich nur schwer davon abhalten, die Kieselsteine im Garten zu essen. Zuerst war ich deshalb beunruhigt, doch die verschluckten Kiesel klickerten eine Weile später wieder harmlos in sein Töpfchen. Ich war voll und ganz damit beschäftigt, Mutter zu sein, und dies half ein wenig, die Anfälle von Heimweh zu überwinden, die ich in jener Zeit so oft erlebte. Noch immer hatte ich jeweils einen Fuß in Deutschland und einen in Neuseeland und fühlte mich zu keinem Land richtig zugehörig. Dennoch war mir klar, dass es meine Aufgabe war, für meinen kleinen Kiwi-Sohn und für Nick hier in Neuseeland ein glückliches Familienleben zu schaffen.

Michaels erste Geburtstagsfeier.

Kapitel 33

Stratford

Nachdem wir fünf Jahre in Roxburgh gearbeitet und somit unsere Verpflichtung gegenüber der Regierung Neuseelands erfüllt hatten, schien es an der Zeit weiterzuziehen. Die Vermessungsarbeiten für den Staudamm näherten sich ihrem Ende. Nick hatte nun die Wahl: Entweder arbeitete er an neuen Projekten bei *Lake Hawea* und danach *Benmore* weiterhin für das Arbeitsministerium oder aber er würde sich um einen Posten in einem anderen Landkreis bewerben.

Wir hatten unsere Zeit in Roxburgh genossen, hatten viele Freundschaften geschlossen und die Sicherheit einer festen Anstellung und Unterkunft schätzen gelernt. Es war ein guter Anfang unseres Pionierlebens gewesen und es fiel uns nicht leicht zu gehen. Aber wir wollten herausfinden, wie es uns unter *echten* neuseeländischen Bedingungen ergehen würde und ob wir uns auch ohne das unterstützende Regierungsprogramm behaupten konnten. Wir durchforsteten die Stellenangebote in den Zeitungen und schickten Bewerbungen ab.

Der Landkreis Stratford, Taranaki, bot Nick die Position des Ingenieur-Assistenten an und so hissten wir unsere Segel für die Nordinsel. Nicks Eltern, die sich in Lawrence, Central Otago, niedergelassen hatten, waren natürlich enttäuscht, dass wir so weit fortgehen wollten. Lawrence liegt nur eine Fahrtstunde von Roxburgh entfernt und wir hatten uns oft besucht. Nicks Vater, der Landvermesser war, wurde vom Arbeitsministerium angestellt, um bei der Modernisierung der Hauptverkehrsstraße nach Central Otago mitzuarbeiten. Bis zu seinem siebzigsten Lebensjahr war er berufstätig. Die guten Bürger von Lawrence hatten Nicks Eltern freundlich aufgenommen und respektierten sie. Von ihren Ersparnissen kauften sie sich ein kleines Haus in der Whitehaven Street, die in die Mitte des Städtchens führt. Sie legten einen großen Garten an, pflanzten Himbeeren, schwarze Johannisbeeren und Unmengen von Gemüse, hielten ein paar Hennen und erfreuten sich der Gesellschaft ihrer wohlerzogenen Katze. Auch wurden sie treue Mitglieder der anglikanischen Kirchengemeinde und hatten hilfreiche Nachbarn und gute Freunde, von denen die meisten – genau wie sie – im Ruhestand lebten. Nicks Mutter war für ihre Backkünste berühmt. Die beiden führten ein geruhsames Leben in Lawrence, abgesichert und zufrieden, bis Nicks Vater viele Jahre später verstarb. Seine Mutter zog dann nach *Timaru* und lebte bei uns.

Nicks Eltern in Lawrence.

»Wenn du den Berg sehen kannst, dann hat es entweder gerade geregnet, oder es wird gleich regnen«, lautet eine (wahre) Redensart in der Kleinstadt Stratford, die am Fuße des *Taranaki* liegt. Der Berg ist der mächtige Taranaki, der an der Westküste der Nordinsel emporragt und die Regenwolken von der Tasman-See regelrecht aufspießt. Die Kegelform des erloschenen Vulkans mit dem ewigen Schnee auf der Spitze ähnelt dem Fujijama in Japan. Einer Maori-Legende zufolge gehörte Taranaki zur Reihe der noch aktiven Vulkane in der Mitte der Nordinsel: Tongariro, Ngauruhoe und Ruhapehu. *Taranaki* hatte eine Affäre mit Ngauruhoe, der Angetrauten Ruhapehus. Der erzürnte Ruhapehu bedrohte Taranaki, und Taranaki entfloh in zwei Riesenschritten bis zur Küste, wo die kalten Wellen des Ozeans seine Leidenschaft erlöschten. Ein kreisförmiger

Stumpf mitten im Plateau der Nordinsel bezeugt die Wahrheit dieser Legende, dort landete Taranaki nach dem ersten Schritt für eine Atempause.

Die schöne *Ngauruhoe*, scheinbar sittsam und kegelförmig zwischen *Ruhapehu* und *Tongariro* gelegen, sendet noch heute gelegentlich verführerische Rauchsignale zu ihrem ehemaligen Liebhaber *Taranaki*. Aber dieser Vulkan ist vollkommen erloschen. Es gibt nicht einmal eine heiße Quelle am Berg.

In der Provinz *Taranaki* besiegten britische Streitkräfte nach langem Kampf die ansässigen Maoristämme, die sich gegen die Annexion ihrer Ländereien zur Wehr gesetzt hatten. Britische und irische *settlers* (Pioniere) rodeten Urwald und Busch, um Weideland für Rinder und Schafe zu gewinnen. Sie gaben dem Berg *Taranaki* seinen englischen Namen, *Mount Egmont*. Herden von siebenhundert bis zu tausend Milchkühen grasen heute auf den saftigen Wiesen rund um Taranaki. Neuseelands größte Milchverarbeitungsanlage exportiert Milchpulver und Käseprodukte in alle Welt.

»Ein Haus ist im Job inbegriffen«, hatte man uns gesagt. Und es war in der Tat so. 120 Celia Street, unsere neue Behausung, erwies sich als ein alter Bungalow aus Holz mit einem Wellblechdach, einer überdachten Veranda an der Vorderseite, Toilette und Waschküche im Anbau hinterm Haus und natürlich dem unvermeidlichen Kohlenherd in der Küche. Wieder ein *Shacklock*, doch eine edlere Ausgabe, mit einer cremefarbenen Ofentür und grün getupfter Emaille-Verkleidung.

Die Holzböden, Wände und Decken des Hauses waren allesamt fleckig-braun lackiert und mit Bohrkäfern bevölkert. Diese hinterließen überall kleine Löcher und Häufchen von Holzmehl. Die Wände der beiden Schlafzimmer und des Wohnzimmers waren vor langer Zeit mit einer beige-braunen Blumentapete beklebt worden, die sich nun an etlichen Stellen ablöste. Um die Schiebefenster öffnen oder schließen zu können, musste man die obere Hälfte des Fensters mit gewaltiger Kraft bewegen, denn das Rollseil-System war kaputt. Vielleicht lag es an den Bohrkäfern.

Die Haupteisenbahnlinie verlief entlang der Celia Street und ein *Stop and Go*-Signal befand sich unmittelbar vor unserer Gartentür. Die Züge knarrten und quietschten, wenn sie anhielten, um dann mit zischendem Dampf auf das Go-Signal zu warten. Wenn ihnen die Wartezeit zu lange wurde, pfiffen sie so laut, schrill und ausdauernd, dass die Fenster des Hauses vibrierten und unsere Katze, unser Schäferhund sowie Kleinkind Michael in Panik gerieten. Die Redewendung *To live on the wrong side of the track* (auf der falschen Seite der Schienen zu leben) bedeutet, dass man in einem minderwertigen Stadtteil lebt, und dieser Spruch gab unsere Lebenssituation in Straford treffend wieder. Die steile Böschung hinterm Garten endete in einem schlammigen Bach, wo angeblich fette Aale lauerten. Hinter der Hecke neben dem Haus befand sich ein *county yard*. Das war ein eingezäuntes Gelände, das als Werkstatt für die Lastwagen, Bulldozer und Straßenbau-Maschinen des Landkreises diente. Ein Stückchen die Straße hinunter befand sich der Müllabladeplatz des Städtchens.

Nicks Vorgesetzter, der Bezirksingenieur und der Bezirkssekretär sowie deren Ehefrauen waren besonders freundlich und hilfsbereit. Der Ingenieur verkaufte uns zwei alte Sessel zu einem günstigen Preis, als er sein Wohnzimmer neu einrichtete. Der Sekretär bot mir an, das Bezirksbüro zu putzen. Ich machte diesen Job mehrere Monate. Das brachte uns das nötige Geld für Linoleum, Filzteppich, Tapeten und die Ratenzahlung für den Eisschrank. Ich muss gestehen, dass ich keine hingebungsvolle ›Frau Mopp‹ war. Ich schaffte es zwar, den langen Tisch und die Lehnstühle im Sitzungssaal auf Hochglanz zu polieren, die anderen Büromöbel abzustauben und die mit Linoleum bedeckten Fußböden zu ölen, aber die Herrentoiletten mit den alten fleckigen Urinalen zu schrubben, war eine Herausforderung, vor der ich mich drückte. Ein paar Spritzer des Desinfektionsmittels und ein rasches Herumschwenken mit der seifigen Bürste war alles, wozu ich mich überwinden konnte.

In jener Zeit war Stratford ein recht konservatives Provinzstädtchen. Außer uns hatten sich dort nur wenige Ausländer niedergelassen. Als Fremde waren wir eine Neuheit, die beäugt und beurteilt wurde. Ich war mir dessen bewusst und bemühte mich, durch nichts in meiner Haushaltsführung, meinem Benehmen oder äußeren Erscheinung den Kommentar zu rechtfertigen: »Typisch deutsch. Typisch russisch. Was soll man anderes erwarten?« Die Leute, mit denen wir durch Nicks Arbeit in Kontakt kamen, zeigten sich zwar freundlich, waren uns gegenüber allerdings ein wenig herablassend und ich fühlte mich einsam. Wir brauchten Freunde, wollten in der Gemeinschaft akzeptiert werden. Wir besuchten die anglikanische Kirche, wo ich beim Gottesdienst im Kirchenchor mitträllerte und wurde Mitglied in der ehrwürdigen Organisation *Liga der Mütter*. Die Treffen ähnelten jenen der *Womens Division* in Roxburgh, doch zusätzlich wurde am Anfang und Ende des Programms gebetet. Wir schlossen uns einer religiösen Diskussionsgruppe an und dort fanden wir endlich die guten Freunde, mit denen wir noch heute eng verbunden sind.

In einem Abendkurs lernte ich Tischlern. Ich sägte, hobelte und schmirgelte Bretter ad infinitum, bis sie sich schließlich in ein Bücherregal mit einem Nachttisch an jeder Seite verwandelt hatten. Obwohl es keine Kunstwerke waren, waren die Nachttische doch so solide gebaut, dass sie nach fast fünfzig Jahren noch immer in unserer Garage stehen und wir darin Gartensprays und Tiermedizin aufbewahren.

In einem Fernlehrgang lernte ich, wie man ›richtig‹ näht. Mein erstes Stück war ein Tweedrock mit drei Falten vorne und einem Reißverschluss hinten. Das Ding pendelte monatelang zwischen meinen Lehrerinnen und mir hin und her, bis es endlich zu unserer Zufriedenheit fertig genäht war.

Als Michael in den Kindergarten ging, konnte ich in der Verwaltung des örtlichen Krankenhauses als Teilzeitsekretärin arbeiten. Das machte mir enorm Spaß. Nun ja, ich musste wieder einmal kleine braune Karten ausfüllen und Diagnosen in Codes umschreiben, doch die Krankheitsgeschichten zu lesen, war faszinierend. Die Patienten hatten solch interessante und manchmal haarsträubende Leiden! Etwas grausig war es, die Proben aus dem Leichenschauhaus, die sich in Gläsern befanden, zu verpacken und zu versenden. Ein Teil von einer krebszerfressenen Lunge und das traurige Herzchen einer Totgeburt machten mir schwer zu schaffen. Telefonanrufe zu beantworten und Nebenanschlüsse zu verbinden, war stets eine anregende Tätigkeit, besonders wenn es sich um einen Notfall handelte. Doch am liebsten arbeitete ich am Empfang. Die Leute kamen mit den unterschiedlichsten Fragen und Anliegen und jeder sollte mit ›beruhigender Tüchtigkeit‹ empfangen werden, und das gelang mir auch meistens. Doch eines Tages erschien dieser Kerl, der an der Empfangstheke läutete, als ich gerade alleine im Büro war. Sein stoppeliges sonnenverbranntes Gesicht war mit einem roten Frotteehut gekrönt, das karierte aufgeknöpfte Hemd entblößte seine behaarte Brust, die Khakihose steckte in Gummistiefeln. Er strotzte vor Kraft, sah bemerkenswert gesund aus und wirkte aggressiv, was mich beunruhigte.

»Also, wo wollen Sie ihn hinhaben?«, schnauzte er.

»Wie bitte?«

»Was soll ich mit ihm machen? Kommen Sie, ich habe nicht den ganzen Tag Zeit!«

»Mit wem?«

»Na, dem Erstarrten in meinem Kofferraum. Kommen Sie schon, Mädchen, hat man ihnen denn nicht Bescheid gesagt?«

Das hatte man nicht und die ›beruhigende Tüchtigkeit‹ war so gut wie weg, als ich mit bebender Stimme fragte: »Eine Leiche?« Ich rannte den Korridor hinunter, um Hilfe zu holen. Es stellte sich heraus, dass der Farmer den Verunglückten und dessen Motorrad in einem Graben entdeckt hatte. Da er den Leichnam nicht am Straßenrand liegen lassen wollte, hatte er ihn in den Kofferraum seines Wagens verfrachtet und am nächstgelegenen Farmhaus angehalten, wo er der dortigen ›dummen Frau‹ gesagt hatte, dass sie das Krankenhaus benachrichtigen solle, weil er eine Leiche abliefern würde. Die arme Seele, wahrscheinlich hatte sie sich zu sehr erschrocken und nichts dergleichen gemacht.

Mit der Umgangssprache hatte ich noch oft meine Schwierigkeiten. Manche Ausdrücke, die mir und meinen Roxburgher Freunden so leicht über die Lippen gekommen waren, waren nicht gesellschaftsfähig und auch deren wirkliche Bedeutung war mir mitunter unbekannt geblieben.

Bei einem Nachmittagstee nannte ich meinen süßen Sohn the *little sod*, woraufhin eine beunruhigende Stille im Salon herrschte. Eine der anwesenden Matronen klärte mich mit verkniffenem Mund auf: »*Sod* bezieht sich auf Sodomie«, und sie fügte hinzu, »Sodom und Gomorrha.« Als ich offensichtlich nicht verstand, was damit gemeint war, zischte sie mir zu: »Fragwürdige sexuelle Aktivitäten.« Liebend gern hätte ich eine nähere Erklärung erhalten, doch die blieb aus. Meines Fauxpas bewusst, entschuldigte ich mich errötend und unterließ es, dieses Wort jemals wieder in den ›höheren‹ Kreisen Stratfords zu verwenden.

Damals war das Thema Sprache von besonderer Bedeutung. Es drehte sich dabei nicht darum, welche Worte ich wählte, sondern wir mussten uns entscheiden, welche für unseren Sohn und weiteren Kinder die Erstsprache sein sollte. Sollte es Deutsch sein? Russisch? Englisch? Wir dachten damals, es könnte für unsere Kinder schwierig werden, dreisprachig aufzuwachsen, und glaubten, sie würden sich vielleicht halb als Deutsche und halb als Russen und somit wie Fremdlinge in ihrer neuseeländischen Heimat fühlen. Wir entschieden, dass sie als unbeschwerte Kiwi-Kinder aufwachsen und sich hierher gehörend fühlen sollten. Deshalb wurde Englisch ihre Muttersprache. Wenn ich heute an unsere Entscheidung zurückdenke, habe ich gemischte Gefühle. Ja, wir haben es geschafft, unsere drei Kinder als Kiwis großzuziehen. Sie sind hier zu Hause, Neuseeland ist das Land, wohin sie gehören. Alle sind glücklich mit Neuseeländern verheiratet und unsere beiden Enkelkinder sind waschechte Kiwi-Küken. Dennoch, unbeschwert aufgewachsen sind sie nicht.

Als sie erwachsen waren, sagten mir alle drei, dass sie sich in der Schule stets bewusst waren, ›anders‹ zu sein. Und es war ihnen peinlich oder sie ärgerten sich, wenn sich herausstellte, dass sie einem Volk angehörten, ob nun dem deutschen oder russischen, dessen Geschichte im Sozialkunde-Unterricht als außerordentlich negativ betrachtet wurde.

Alle drei lernten in der Schule und an der Universität freiwillig Deutsch. Auch reisten sie nach Europa, um dort nach ihren Wurzeln zu suchen. Mittlerweile genießen sie es, ein bisschen anders zu sein, denn *multicultural* zu sein und ›exotische‹ Eltern zu haben, wird heute als ein Vorteil angesehen.

Fünf Jahre nach unserer Einwanderung teilte man uns mit, dass wir berechtigt waren, neuseeländische Staatsbürger zu werden. Für Nick war das kein Problem, da er und seine Eltern als staatenlos galten. Ebenso wie zahlreichen andere Exilrussen, die aus dem russischen Zarenreich geflohen waren, als es zur Sowjetunion wurde, war ihnen der *Nansen Pass* ausgestellt worden. Dieser Reisepass war nach dem norwegischen Forscher Fridjof Nansen benannt worden, der ein Vertreter des Humanitätsgedankens und Träger des Friedensnobelpreises war. Sein Konzept eines international anerkannten Reisepasses ermöglichte staatenlosen Menschen, die Grenzen jener Länder zu passieren, die der Liga der Nationen angehörten.

Unser Traum wurde wahr. Wir wurden Neuseeländer und zogen aufs Land.

Nick wollte neuseeländischer Staatsbürger werden. Schließlich war er es gewesen, der von Anfang an davon überzeugt gewesen war, dass dieses Land seiner Familie eine sichere Zukunft bieten würde.

Unser kleiner Sohn war bereits Neuseeländer. Ich dachte, dass es auch für mich problemlos wäre eingebürgert zu werden, da Neuseeland die doppelte Staatsbürgerschaft anerkennt und ich so meine deutsche Staatsbürgerschaft behalten könnte. Erst dreißig Jahre später stellte sich heraus, dass ich sie aufgrund meines Versäumnisses, sie offiziell zu beantragen, als ich die neuseeländische Staatsbürgerschaft annahm, nicht mehr hatte. Die deutsche Bürokratie verlangte neben kostspieligen Gebühren auch ausführliche Beweise dafür, dass ich mindestens drei Generationen deutscher Abstammung war, bevor die Erneuerung meines deutschen Reisepasses überhaupt in Erwägung gezogen werden könnte.

1956 wurden wir also neuseeländische Staatsbürger. Die feierliche Zeremonie fand im Rathaussaal von Stratford statt.

Alle Anwesenden waren feierlich gekleidet, Hüte und Handschuhe waren selbstverständlich und der Bürgermeister trug seine Amtskette mit dem Siegel. Wir schworen auf die Bibel gute Bürger zu sein und ihre Majestät zu ehren und der Bürgermeister hielt eine Ansprache: »Wir gratulieren euch beiden dazu, nun neue Bürger Neuseelands und insbesondere neue Bürger von Stratford und der Provinz Taranaki zu sein.« Dann fuhr er fort: »We welcome people like you, people of good european stock.« Nun, *stock* ist ein Wort, das mehrere Bedeutungen hat. Zum Beispiel kann *good stock* als ›edles Zuchtvieh‹ übersetzt werden. Da Taranakis Milchkühe hauptsächlich aus gezüchteten Frieslandkühen deutscher Abstammung bestanden, fiel es mir schwer, ein Kichern zu unterdrücken und nicht ›Muh‹ zu sagen, als der Bürgermeister uns die Hand schüttelte.

Mit dieser Zeremonie wurde ich Neuseeländerin, ein beglaubigter legaler Import, eine Kiwi aus freier Wahl. Ob es wirklich eine freie Wahl war oder die Konsequenz früherer Entscheidungen oder eine Fügung des Schicksals, wer kann das sagen?

Eines bin ich mir allerdings gewiss: Es war ein überaus gnädiges Schicksal gewesen, das uns nach *Aotearoa*, in das *Land der langen weißen Wolke* verschlug. Dieses wunderschöne Land am Ende der Welt hat unsere Herzen erobert und ist unsere Heimat geworden. Nick und ich genießen die Freiheit und den Frieden eines entspannten und einfachen Lebensstils. Wir schätzen die Liebenswürdigkeit, Offenheit, Hilfsbereitschaft ebenso wie die Exzentrik unserer Kiwi-Landsleute. Mein Akzent wird mich immer als Neuankömmling entlarven, aber das war nie ein Hinderungsgrund für Freundschaften. Trotzdem muss ich gestehen, dass dieses Gefühl der Zugehörigkeit nicht einfach so vorhanden war, sondern etliche Jahre harter geistiger und körperlicher Anstrengungen erforderte. Und dann kam die Erkenntnis vollkommen unerwartet wie ein Geschenk: Als ich eines Abends zu der Hügelkette hinter unserem Haus blickte und sah, wie sich die Silhouette der *Hunter Hills* in violetten Farbtönen gegen den strahlend orange-roten Himmel abhob, da wusste ich plötzlich: »Ja, ich gehöre hierher. Hier möchte ich für den Rest meines Lebens bleiben.« Mein Heimweh nach Deutschland, unter dem ich so lange gelitten hatte, löste sich in diesem Augenblick auf, aber die Liebe für mein Vaterland besteht weiter.

Im Geiste sehe ich ein Blatt auf dem Wasser treiben, zunächst in einem sonnendurchfluteten Bach, der über Kieselsteine plätschert, schützend umgeben von grünen Ufern. Dann rauscht der Bach in eine dunkle Schlucht, fällt in Kaskaden über Felsen und stürzt hinab, tief hinunter in einen dunklen See. Das Blatt wird mitgerissen, wirbelt in den aufgewühlten Wassern umher.

Steil zerklüftete Felsen ragen empor, während der Bach über Felsbrocken und umgestürzte Bäume fließt. Schließlich überwindet der Bach seine Hindernisse, mündet bei den Ausläufern der Berge und trägt das Blatt mit sich zu sonnenbeschienenen Wiesen. Jetzt ist der Bach zu einem Fluss geworden, stärker, tiefer, sich gemächlich bewegend. Noch immer trägt er das Blatt mit sich, bis er die schimmernden Wasser des Ozeans erreicht. Ich bin jenes Blatt.

Kapitel 34

Nachtrag 1

Als ich im Jahre 2000 die englische Version dieses Buches schrieb, schien es richtig zu sein, dass meine Geschichte mit unserer Einbürgerung endet. Das englische Original beinhaltet jenen Teil meiner Lebensgeschichte, der die Reise von meiner Kindheit im Dritten Reich bis in meine Wahlheimat Neuseeland beschreibt.

Das Buch erweckte sofort großes Interesse in Neuseeland und wurde *Bestseller No.1*. Seit seiner Veröffentlichung habe ich bei über hundert Veranstaltungen sowie in den Medien darüber gesprochen. Meine Geschichte ist nur eine unter so vielen anderen, die von einer Frau berichtet, die die turbulenten Zeiten durchlebt hat.

Nicht wenige der Ereignisse, die ich beschreibe, sind noch immer mehr als schmerzhafte Erinnerungen für mich: Gefühle von Verrat, Schrecken und Schuld sind mein Erbe.

Für die Unmenschlichkeit, die mein Volk dazu trieb, andere Menschen nicht mehr als ihresgleichen, sondern als Bedrohung ihrer eigenen Weltanschauung anzusehen und sie kaltblütig auszutilgen und anderen Völkern unsagbares Leid und Tod zuzufügen, kann es nie eine Entschuldigung geben.

Heute glaube ich, dass Propaganda damals die entscheidende Rolle spielte. Sie wurde so erfolgreich angewendet, dass gesunder Menschenverstand faktisch aus dem Fenster flog und man nur noch vom ›gottgegebenen Recht‹ der eigenen Seite überzeugt war und die Opponenten als ›verbrecherische Übeltäter‹ betrachtete. Leider ist es immer noch so, dass Propaganda dazu eingesetzt wird, ein Klima zu schaffen, das skrupellose Machtpolitik rechtfertigt. Blaise Pascal (1623-1662), der französische Mathematiker und Philosoph, schrieb vor mehr als 300 Jahren:

»Nie tut man Böses so vollkommen und so freudig, als wenn man es im Einklang mit seinem Gewissen tut.«
(*Pensées Nr. 813 - Nummerierung Lafuma*)

Fanatismus – welcher Art auch immer – kann nur Übel bedeuten. Es bleibt jedoch meine Hoffnung, dass sich heutzutage mehr und mehr Menschen überall in der Welt gut genug informieren können, um skrupellose Propaganda zu durchschauen und dass sie den Mut finden, sich für Wahrheit und Gerechtigkeit einzusetzen.

Kapitel 34

Nachtrag 2

Viel Erfreuliches hat sich in den fast fünfzig Jahren seit unserer Einbürgerung ereignet. Unsere Familie vergrößerte sich. Tochter Sonja erblickte in Stratford das Licht der Welt. In glücklicher Ehe mit ihrem Mann Richard lebt sie schon seit mehreren Jahren als *Expat* in Übersee, momentan in Prag. Katerina, unsere jüngste Tochter, wurde in Te Kuiti im *King Country* geboren. Sie wohnt mit ihrem Mann Mark in der Nähe von Wellington. Sie sind liebevolle Eltern für Tatjana und Ruby, unseren goldigen Enkelkindern. Seit zwei Jahren glücklich verheiratet, leben Michael und seine Frau Amanda ebenfalls auf der Nordinsel, in Palmerston North.

Alle unserer Schwiegerkinder sind prächtige Menschen und wir empfinden dankbar die Liebe und das Verständnis unserer drei Kinder und deren Ehepartner. Eine harmonische Familie ist doch das höchste Glück auf Erden.

Mehr über die Ereignisse der vergangenen Jahrzehnte zu berichten, wäre hier nicht angebracht und würde außerdem ein weiteres Buch füllen, denn wir haben viel unternommen und viel erlebt.

Abschließend möchte ich noch kurz beschreiben, wie Nick und ich unseren Lebensabend verbringen: Wir genießen jeden Tag auf Rohan, unserer kleinen Farm außerhalb von Timaru, auf der Südinsel. *Te Maru* ist ein Maori-Name und bedeutet ›geschützter Platz‹ und Timaru ist für uns der sichere Hafen geworden, wo wir unseren Lebenstraum, uns auf einem eigenen Stück Land anzusiedeln, verwirklichen konnten.

Umgeben von den mehr als zweitausend Bäumen, die wir vor dreißig Jahren anpflanzten, sind die sanften Hügel unserer kleinen Farm ein sicherer Nistplatz für viele Wildvögel und ein

Refugium für zahme Pfauen. Die drei Pferde, die schwarzen Schafe, die Rinder und die Angora-Ziegen, welche hier früher friedlich grasten, sind nicht mehr hier. Mehrere Katzen, drei Hunde und das letzte Pony, alle einst heiß geliebte Familienmitglieder, liegen unter den Bäumen begraben.

Obwohl sich das Lebenstempo etwas verlangsamt, sorgen Max und Phoebe, die beiden Riesenschnauzer, dafür, dass wir etwas für unsere Gesundheit tun und regelmäßig spazieren gehen.

Bereichert durch unseren Freundeskreis hier in Timaru und überall in Neuseeland, sind wir zufrieden, *Kiwis* geworden zu sein. Unser Freundeskreis in Deutschland und in aller Welt ermöglicht es uns, auch an Ereignissen teilzunehmen, die sich weit weg von diesem kleinen Paradies, am Ende der Welt, ereignen.

Die Vergangenheit machte mich zu dem, was ich jetzt bin.
Was weiter geschieht, liegt im unbekannten Land der Zukunft.
Das Hier und Heute ist gut. Ich bin dankbar.

Mit Nick und unseren guten Freunden Max und Phoebe.

Die 30 Jahre alte Indi lebt in Rente – wie wir.